J'ai choisi d'être libre

Témoignage écrit en collaboration
avec Florence Bouquillat

Henda Ayari

J'ai choisi d'être libre

Flammarion

ISBN : 978-2-0813-8818-5

À mon père, à mes enfants…
À mon ange gardien Latifa, paix à son âme…

Prologue

C'était il y a près d'un an, le lundi 23 novembre 2015. Dix jours exactement après les attentats de Paris et de Saint-Denis. Tant de morts. Tant de blessés. Tant de familles endeuillées.

Comme tous les Français, comme tous ceux qui vivent, ou non, en France, et qui l'aiment, comme tous ceux que ces assassinats horrifient, je ressentais une immense tristesse, mais aussi une intense colère. J'étais, je suis toujours, musulmane, et je suis terriblement meurtrie par la violence de ces terroristes qui manipulent l'islam pour justifier leurs actions perverses et sanglantes.

En janvier 2015, déjà, bien avant l'attaque du Bataclan, du stade et des terrasses de cafés, il y avait eu les douze morts de *Charlie*, les quatre morts de l'Hyper-Cacher et le meurtre d'une policière municipale à Montrouge. En avril, l'assassinat d'une jeune femme dans sa voiture à Villejuif. En juin, un patron décapité à Saint-Quentin-Fallavier. En août, une attaque du Thalys empêchée à la dernière seconde par des héros.

Toutes ces horreurs revendiquées par Al-Qaïda et l'État islamique, des barbares qui appartiennent au courant salafiste de l'islam, celui qui revendique l'islam « des origines », celui des « pieux prédécesseurs » : les compagnons du Prophète. Tous les salafistes ne sont pas terroristes dans l'âme, mais un certain nombre d'entre eux, si : ceux-là revendiquent le jihadisme.

Je n'ai jamais été extrémiste, je n'ai jamais excusé le terrorisme, mais j'ai été salafiste. J'ai vécu durant de longues années selon les préceptes du fameux « islam des origines », j'ai ainsi appartenu à la famille des musulmans que l'on peut qualifier d'« ultraorthodoxes », ou d'islamistes.

Le lundi 23 novembre 2015, donc, j'ai publié deux photos de moi sur ma page Facebook. Sur la première, j'ai la vingtaine, je suis vêtue d'un immense voile noir, le *jilbab*, ma tenue habituelle de salafiste. Sur l'autre, toute récente, je suis en pantalon et petite veste noire élégante, tee-shirt et tête nue.

Toujours sur Facebook, j'ai accompagné ces photos d'un long message dans lequel j'expliquais mon passé de salafiste, et comment je me suis libérée de ce carcan. J'ignorais alors que ces photos et leur message chambouleraient ma petite vie tranquille.

Prologue

La publication de ces deux photos fit l'effet d'une bombe sur les réseaux sociaux : ma page Facebook devint soudain un vrai champ de bataille. Elle ne m'appartenait plus : des milliers de personnes, du monde entier, se l'étaient appropriée. En quelques jours, plus de 80 000 femmes ou hommes de tous bords avaient *liké* ma publication, et 32 000 la partageaient. La plupart utilisaient mes photos pour s'insurger contre l'extrémisme religieux et l'oppression de la femme. Mais d'autres, des musulmans, m'insultaient et me menaçaient. Et, comme toujours sur Facebook, les gens commentaient, se répondaient, se félicitaient, s'insultaient… J'étais sidérée par l'ampleur que prenait l'affaire. Mais le plus touchant, pour moi, ce fut ces toutes jeunes filles qui me contactèrent discrètement en privé : elles me disaient leurs doutes, et me demandaient à moi, si, vraiment, elles étaient obligées de porter le voile… Des épouses m'avouaient leur souffrance : elles rêvaient de suivre le même chemin que moi, de quitter un mari violent, un entourage étouffant. Mais elles se sentaient perdues. Démunies, elles ne trouvaient pas le courage de faire le grand saut dans l'inconnu. Elles n'avaient aucun moyen de subsistance : comment allaient-elles nourrir leurs enfants ? Et comment leur communauté réagirait-elle si elles s'enfuyaient ? Je ne doute pas qu'elles se reconnaîtront dans ce livre : nos chemins vers le salafisme se sont forcément ressemblés à un moment ou à un autre. Nous sommes sœurs. J'espère qu'elles trouveront un peu de force dans l'histoire de ma vie, un peu de force pour se débarrasser des liens qui les entravent. Et c'est d'abord pour elles que j'écris.

Chapitre 1

MES PARENTS

Je suis née à Rouen, à l'Hôtel-Dieu, et je suis issue d'un mariage forcé. Voilà qui plante le décor…

Mon père et ma mère sont tous deux de culture arabe, et pourtant de « cultures différentes » : ma maman est tunisienne, mon papa algérien. Ma mère a grandi avec toute sa famille dans le petit village de Bou Kornine, au pied du « Jebel Bou Kornine », un massif montagneux de quelques centaines de mètres de hauteur. La ville la plus proche, Hammam Lif, est à dix kilomètres : c'est une petite ville côtière dans la banlieue sud de Tunis, la capitale.

C'est là-bas, à Bou Kornine dans cette Tunisie bleue et blanche, sous un soleil écrasant, que j'ai passé chaque été de mon enfance dans ma famille maternelle, avec ma grand-mère, mes tantes, mes cousines, mes cousins, les voisins… Nous étions une bande d'enfants joyeux, tellement heureux de nous retrouver et de dévaler ensemble les ruelles étroites du village.

Mon père est né en 1940 à Douar Ferdjioua, dans la *wilaya* (le département) de Constantine, au nord-est de l'Algérie, pas très loin de la frontière tunisienne. Son père, mon grand-père, est mort lorsqu'il n'avait que 6 ans. Il avait sept frères et sœurs, mais un grand nombre d'entre eux sont morts jeunes, de maladie. À cette époque, au fin fond de l'Algérie, la mortalité infantile était très importante. Ma grand-mère paternelle s'est remariée lorsqu'il avait 11 ans, et son beau-père était un homme dur. C'était une famille pauvre, une famille d'ouvriers. Très vite, son beau-père est parti à la guerre servir la France en Indochine. Il fallait qu'un homme prenne le relais à la maison : mon père a arrêté l'école, et a fait des petits boulots par-ci par-là pour aider sa mère. En 1954, la guerre d'Algérie à son tour a éclaté, mais à 16 ans, lui ne s'intéressait pas beaucoup à la politique. La vie était dure, à Douar Ferdjioua il n'y avait pas de travail. Il a décidé de partir à Alger : dans la capitale, il était sûr de trouver un emploi, même mal payé, cela lui permettrait d'envoyer de l'argent à sa mère. Et ça a marché : il a tout de suite travaillé pour un commerçant sur les marchés. Dans le quartier de Bab El Oued, il a loué une petite chambre, et a vécu deux ans comme ça, satisfait de son sort, ses maigres besoins lui permettant de retourner au village deux fois par an pour les fêtes. À Ferdjioua, ça allait mieux : en plus de l'argent qu'il leur faisait régulièrement parvenir, son beau-père, rentré sain et sauf d'Indochine, touchait une pension militaire. Le quotidien était moins pénible.

C'est en 1958, deux ans après qu'il eut quitté son village, que le cours de sa vie fut bouleversé. Arrivant au village pour *l'aïd* (la fête qu'on appelle « fête du mouton »), il découvrit avec stupeur que non seulement son beau-père n'avait pas pu acheter de mouton, faute de moyens, mais que la famille vivait depuis plusieurs mois dans un plus grand dénuement encore qu'avant son départ, car son beau-père ne touchait plus sa pension de guerre. Des hommes du FLN étaient venus à la maison, avaient pris son carnet militaire et l'avaient accusé d'être un traître : il avait fait la guerre pour la France en 1939-1945 puis en Indochine, pour eux il s'était battu du mauvais côté. Les fellaghas étaient très nombreux dans la région, ils se cachaient dans les forêts car la caserne française n'était pas loin.

Le lendemain de son arrivée, avec ses économies, mon père alla à la caserne demander un laissez-passer pour acheter à manger à sa famille. Sur la mule il chargea de la semoule, du café, du savon, de l'huile, du pétrole. Mais au retour, la nuit était tombée. À cinq cents mètres de la maison, trois hommes sortirent d'un buisson et lui barrèrent la route : des combattants du FLN. Ils l'accusèrent d'être allé les dénoncer à la caserne. Ils avaient des couteaux et menaçaient de l'égorger. Il s'en défendit bien sûr, et leur expliqua qu'il cherchait seulement à nourrir sa famille. Ils prirent la mule, confisquèrent la marchandise, et le laissèrent partir, non sans lui avoir dit : « On sait que c'est toi qui nous dénonces, tôt ou tard, tu paieras. »

Se méfiaient-ils vraiment de lui ? Voulaient-ils lui faire peur ? Pour mon père, il était clair en tout cas qu'ils l'avaient vu se rendre à la caserne. Ses faits et gestes, comme ceux sans doute de tous les villageois, étaient surveillés. Il était tout jeune et impressionnable. Craignant qu'ils ne changent d'avis et le poursuivent pour le tuer, il se cacha toute la nuit dans la forêt, guettant le moindre bruit, tremblant de tous ses membres. À l'aube, sa décision était prise : il fila jusqu'à la caserne, à trois kilomètres. Aux militaires français il expliqua qu'il avait peur, qu'il était menacé par le FLN. Ils lui ouvrirent la lourde porte entre les miradors. Son destin était scellé.

Trois jours plus tard il passait la visite médicale au quartier général, et intégrait l'armée française le 15 octobre 1958.

Pour lui la guerre dura quatre ans, mais ses vrais ennuis commencèrent le 19 mars 1962. Ce jour-là, les gradés lui retirèrent ses armes : la guerre était finie, les accords d'Évian signés. En remerciement de son combat à ses côtés, la France lui fit don d'une petite maison…

Durant quatre mois, il profita de sa vie civile. Puis le 5 juillet au soir une dizaine d'Algériens débarquèrent chez lui : ce n'était pas des militaires de l'armée algérienne, mais des civils, décidés, paix ou pas paix, à se venger de tous ceux qu'ils appelaient les traîtres. Ils le capturèrent, et durant trois jours l'humilièrent, le torturèrent, avec la complicité de tout le village. Une nuit, il fut enfermé dans une petite baraque avec les chèvres, sous la garde d'un seul gendarme qui s'endormit ; il en profita pour s'enfuir, blessé, traînant la jambe, et marcha le plus loin possible. Il se cacha huit jours durant dans la forêt et les grottes, sortant la nuit pour manger du raisin et des pastèques dans les jardins.

Le 13 juillet, il prit un car qui montait sur Alger. Trois jours après son arrivée dans la capitale, il fut arrêté par l'armée et emprisonné pendant un an. Il s'échappa et trouva refuge auprès des militaires français encore en poste à Alger. Il fut rapatrié en France 24 heures plus tard, il était toujours militaire, et il parvint à se débrouiller pour se loger et trouver un petit boulot. Deux ans durant il alla de caserne en caserne, jusqu'à ce qu'il revienne à la vie civile, en 1967, et qu'il s'installe à Rouen, là où les usines cherchaient de la main-d'œuvre : il devint ouvrier à l'usine chimique Kühlmann.

Il vivait dans un foyer de travailleurs, comme à l'époque la plupart des ouvriers célibataires d'origine nord-africaine. C'est là qu'il rencontra celui qui allait devenir son beau-frère : Tayeb. Ils vivaient dans le même foyer, et chaque jour, tous deux jouaient ensemble au rami, un jeu de cartes typique du Maghreb. Tayeb était venu tenter sa chance en France, mais il avait loupé la dernière vague d'embauche à l'usine. Il cherchait du travail : mon père réussit à le faire entrer à la fabrique. On était dans les années 1970, mon père en avait assez du foyer et du célibat, il songeait au mariage : Tayeb, en quelque sorte, lui « offrit » sa sœur, une sorte de remerciement pour l'avoir aidé... Il lui dit :

— J'ai une petite sœur que tu pourrais épouser, si tu viens en Tunisie avec moi, je te la présenterai.

Cette façon de faire, je le sais, choquera plus d'un lecteur, mais à l'époque, c'était très courant dans les familles arabes. Et cela perdure aujourd'hui.

Ma mère avait 18 ans, c'était une très jolie jeune fille, vive et remuante, un brin raisonneuse : c'était la rebelle de la famille. Mon père fut aussitôt séduit. Pas elle : elle le trouvait vieux – il avait quinze ans de plus qu'elle –, et de toute façon, elle n'avait aucune intention de se marier, sauf, espérait-elle, plus tard, peut-être, avec le garçon qu'elle aimait bien, et qu'elle voyait parfois dans le quartier, en cachette bien sûr, après l'école, jusqu'à ce que sa mère s'en aperçoive et lui interdise de le revoir.

Lorsque Tayeb lui présenta mon père, elle comprit, et refusa tout net de l'épouser. Emportée comme elle l'était, elle lui lança à la figure :

— Tu peux rentrer en France, tu perds ton temps, je ne t'épouserai jamais. Et si on me force, je m'enfuirai.

Tayeb la gifla de toutes ses forces en présence de mon père qui ne protesta pas…

Mais à l'époque encore bien plus qu'aujourd'hui, une jeune fille tunisienne ne se rebellait pas longtemps. Le poids de la famille, de la culture et des traditions eut raison des rêves de ma mère : quelques mois plus tard, infiniment triste, elle épousait cet Algérien inconnu qu'elle n'aimait pas, mais qui avait tout de même un intérêt : il allait l'emmener en France. Les copines de ma mère lui vantaient les charmes de ce pays dont elles rêvaient toutes, à travers la télévision. Elles l'enviaient, lui rappelant sans cesse à quel point elle avait de la chance de partir vivre dans le pays « où les femmes sont libres »… Leur mariage civil fut célébré le 20 septembre 1975 à Tunis.

En tant qu'ancien militaire, mon père avait gardé la nationalité française : aucun problème pour emmener sa jeune épouse à Rouen. Ils partirent de Tunis en voiture, et firent la traversée en bateau de Tunis à Marseille. C'était l'été, le soleil brillait, ma mère ouvrit grand les yeux en débarquant au port de la cité phocéenne. Toujours rebelle, dans leur voiture qui filait sur les routes de France, elle eut ce geste incroyable à l'époque : elle alluma une cigarette, et commença à fumer. Sous le regard sidéré de mon père elle dit :

— On est en France, maintenant, c'est le pays de la liberté.

Cette cigarette n'était pas la première de sa vie, mais pour la première fois elle ne se cachait pas pour fumer. C'était sa façon aussi de se donner du courage. Et du courage, il lui en fallut. Elle avait la vingtaine, elle venait de quitter sa famille, son amour de jeunesse, un pays ensoleillé et chaleureux, pour se retrouver seule, dans le petit appartement d'une cité grise de la banlieue rouennaise. Malgré son petit chien Visco qui lui tenait compagnie, elle déprimait. Elle ne connaissait personne et son mari travaillait. Quand il rentrait, c'était encore plus dur : elle ne l'aimait pas, mais devait se soumettre au « devoir conjugal ». Pendant plusieurs mois, elle pleura tous les jours, et puis elle tomba enceinte de moi. Elle avait 22 ans à ma naissance. C'est ma grand-mère maternelle qui choisit mon prénom : Henda. Il signifie « l'abondance », « la câline », et Hind Oum Salama (Henda est un diminutif) était l'une des épouses du Prophète. Hindi, c'est aussi la figue de Barbarie : un fruit goûteux et plein de vitamines, qu'on ne peut déguster qu'après avoir affronté les épines acérées de son enveloppe…

Mon père, au contraire, était aussi amoureux qu'au premier jour : il se sentit rejeté, et se réfugia peu à peu dans l'alcool. Dès qu'il avait trop bu, il devenait violent avec ma mère. Il était très nerveux. Chaque nuit, ses souvenirs de guerre revenaient le hanter. Une nuit, ma mère, enceinte de moi, trouva un grand couteau sous son oreiller. Cela lui glaça le sang. Elle avait de plus en plus peur de son mari, et elle s'enfuit une première fois du domicile conjugal en m'emmenant avec elle : j'avais 1 an.

Elle alla se réfugier chez sa sœur qui elle aussi avait quitté la Tunisie en épousant un Belge. Mais lorsqu'on est une femme arabe, mère de famille, sans emploi, on ne quitte pas son mari comme cela. Au bout de quelques semaines, mon père vint nous chercher : il s'excusa auprès de ma mère, et nous réintégrâmes le foyer familial. Mais tous deux savaient, je pense, que le divorce était inéluctable. Ils attendirent quelques mois avant d'oser se séparer officiellement. J'avais à peine 2 ans.

Et pour moi, tout changea. J'aimais mon père, j'aimais ma mère : malgré leurs disputes et leurs cris, comme tous les enfants, je les voulais tous deux avec moi. Les années passèrent. À l'école, j'étais triste et je n'écoutais pas le maître. Je redoublais.

Dès qu'ils se séparèrent, ma mère décida de tout faire pour trouver sa place dans la société et de profiter un peu de sa jeunesse, et de sa nouvelle vie de femme libre. Elle trouva un stage, ce n'était pas la gloire, mais la preuve qu'elle savait se débrouiller : elle rangeait le rayon surgelé d'un supermarché. Elle tenta ainsi de profiter de sa jeunesse, en rattrapant le temps perdu. Elle était moderne, portait des jeans 501, elle fumait, prenait sa mobylette pour aller bosser. Elle sortait avec des amis, allait prendre un verre avec eux de temps en temps. Parfois elle me laissait derrière elle, malgré mon très jeune âge. Certains matins, je prenais mon petit déjeuner toute seule. Je ne savais pas si elle était partie très tôt ou si elle avait dormi ailleurs…

Mon père passait souvent nous voir. Il avait toujours une bonne raison : un placard à réparer, l'électricité qui fonctionnait mal… Il venait pour moi, bien sûr, mais il voulait surtout garder un contact avec ma mère. Et oui : il était parfois violent avec elle, et pourtant il l'aimait…

Et puis ma mère rencontra quelqu'un, un Tunisien, plus question d'épouser quelqu'un d'une autre nationalité ! Il était un peu plus jeune qu'elle et très beau, mais il n'avait pas une grande passion pour les enfants, en tout cas pas pour moi.

J'avais 9 ans quand mon premier petit frère naquit. J'étais folle de Wahid, je l'adorais, je prenais soin de lui. J'ai tout de suite appris à le langer, à lui donner le biberon, à le bercer pour qu'il s'endorme. Il m'appelait « ma petite maman ». Deux ans après, un autre garçon est né, et je peux dire que je les ai en partie élevés.

Mon père lui aussi s'est très vite remarié, et sa femme a eu cinq enfants de façon très rapprochée. J'aurais pu être heureuse, avec tous ces demi-frères et sœurs… Mais ça ne s'est pas passé comme ça.

Tous les quinze jours, je passais un week-end chez mon père, à Saint-Étienne-du-Rouvray. Ma belle-mère, elle non plus, ne m'appréciait pas vraiment : je n'étais pas à l'aise chez ma mère, je me sentais rejetée chez mon père.

Avec moi, ma mère n'avait jamais été particulièrement tendre. Mais un événement marqua nos relations de façon indélébile.

Chaque été, nous partions en vacances à Bou Kornine, dans « son pays ».

D'aussi loin que je me souvienne, j'ai toujours passé toutes les vacances scolaires en Tunisie. Lorsque j'étais petite, nous y allions en avion, car mon père ne nous accompagnait jamais. Puis, plus tard, nous descendions en voiture, avec les sièges arrière et le coffre bourrés de vêtements, d'électro-ménager, de cadeaux pour la famille… Une vraie voiture d'immigrés rentrant au bled ! Depuis Rouen jusqu'à Marseille, mes frères et moi étions comprimés durant de longues heures entre les valises et les cartons. Quelle importance ! Nous étions heureux : la Tunisie, c'était notre paradis à nous.

À Bou Kornine nous vivions chez ma tante et ma grand-mère. Toutes deux habitaient deux petites maisons côte à côte, reliées par un patio, typiques des maisons arabes traditionnelles. Ma grand-mère était une brave femme, un brin autoritaire. Elle avait eu cinq enfants (trois étaient décédés en bas âge) : deux fils, dont l'aîné Tayeb, qui avait organisé le mariage de mes parents, et trois filles. J'aimais beaucoup mes oncles et tantes, mais dans cette famille un personnage comptait plus que tous les autres : ma cousine Latifa, la fille de Barka, la sœur aînée de ma mère. Je n'évoque jamais Latifa sans ressentir à la fois un profond élan d'amour, d'admiration, et de tristesse : Latifa avait seize ans de plus que moi, et je l'adorais. C'était une femme libre, une femme de caractère, forte et indépendante, une main de fer dans un gant de velours. Au fil des années elle était devenue une sorte de chef de famille, car elle gérait les moindres détails. En Tunisie, grâce au président Habib Bourguiba (qui avait libéré le pays en douceur), la femme avait obtenu un véritable statut dans la société. Et grâce à lui, toutes les femmes comme Latifa pouvaient relever fièrement la tête. Si on lui avait dit à l'époque qu'elle était une féministe sans le savoir, elle aurait ouvert tout grand ses yeux noirs. Pourtant c'est bien ce qu'elle était. Elle décidait seule de ce qui était bien ou non, personne ne lui imposait quoi que ce soit, même sa mère, et son bon sens faisait qu'elle avait souvent raison. Elle était mon modèle, mon inspiration. Latifa était grande, assez massive, joyeuse, solide physiquement, toujours en mouvement. On entendait de loin ses grands éclats de rire, et rien ne semblait pouvoir l'arrêter, pas même les travaux d'homme : ainsi décida-t-elle de construire de ses mains une vraie maison pour sa mère. Et puisqu'un homme était capable de bâtir une maison pierre après pierre, il n'y avait aucune raison qu'elle n'y parvienne pas. Et elle avait commencé la construction au côté des maçons : elle tirait la brouette, gâchait du ciment, empilait les briques et maniait la truelle aussi bien que les autres. Elle était très forte, et les hommes du village la respectaient beaucoup. Ils disaient en riant qu'elle en valait bien dix comme eux !

C'est Latifa qui m'a vraiment fait découvrir et aimer mon second pays, la Tunisie. Aujourd'hui encore j'entends ses grands éclats de rire et sa voix puissante m'appeler :

— Henda Iji ana ! Hendouda ! Viens là !

Elle adorait cuisiner, et nous accueillait tous, ma mère, mes frères et moi, comme des rois. Je passais des heures avec elle devant le *kanoun* (le brasero) et assumais fièrement mon rôle d'aide-cuisinière : j'épluchais les pommes de terre, je scalpais les oignons, enlevais les nervures et les graines des poivrons rouges et jaunes, je cassais les œufs et touillais inlassablement les tomates dans la grande gamelle, jusqu'à ce qu'elles ne soient plus qu'un coulis onctueux. Enivrée par les parfums du coriandre, du cumin et de la cannelle, réchauffée par les piquantes effluves des piments et de la harissa berbère, cramoisie, je me concentrais sur ses moindres gestes : j'apprenais, rien qu'en la regardant, à faire les bricks, la chakchouka, le mermez ou la loubia…

— Tu seras bientôt assez calée pour pouvoir te marier !, rigolait-elle, amusée par mon air offensé.

Les garçons, l'amour, ça ne m'intéressait pas du tout. Le bonheur pour moi, c'était ça : profiter au maximum de la présence enveloppante, chaleureuse et rassurante de Latifa. Elle, par contre, se préparait depuis de longues années à son futur mariage. Patiemment, petit à petit, elle constituait sa dot. Chaque été, elle me disait :

— Je vais te montrer mon trousseau, tu vas voir, cette année j'ai acheté quelque chose d'encore plus beau que l'an dernier !

Et elle ouvrait avec fierté les portes fermées à clé d'une lourde armoire en chêne, en sortait délicatement de la vaisselle argentée, des parures de draps brodés d'une blancheur immaculée, des peignoirs, des tissus de brocard chamarré destinés à faire des coussins. Elle plaquait l'étoffe sur son ventre et m'en faisait admirer les couleurs chatoyantes.

Être robuste et travailleuse n'empêchait pas Latifa de croire au prince charmant. Elle me disait :

— Crois-moi, Henda, je saurai reconnaître mon futur mari : ce sera celui dont je tomberai amoureuse au premier regard…

Chère Latifa, elle était si confiante en sa bonne étoile qu'on ne pouvait que partager son optimisme.

Le soir, je dormais dans son grand lit, avec elle. L'été était très chaud à Bou Kornine, et Latifa se réveillait à l'aube : j'entendais les casseroles tinter, et les parfums en provenance de la cuisine venaient chatouiller mes narines. Dans la chambre, le canari de Latifa pépiait bruyamment. J'ouvrais l'œil, déjà gourmande de la journée qui m'attendait. Bientôt nous irions toutes deux arpenter les ruelles du village, ou bien nous prendrions un taxi pour faire des courses à Hammam Lif. Parfois elle m'emmenait de bon matin jusqu'à Tunis. Nous passions des heures dans les souks à Bab Souika, nous traversions le souk de l'or, elle me montrait les bagues qu'elle comptait demander à son futur fiancé, puis elle m'entraînait devant les échoppes qui vendaient les robes de mariées. Nous restions de longues minutes à admirer les robes toutes plus étincelantes les unes que les autres. Elle m'achetait des vêtements, des barrettes pour les cheveux, des bonbons et des glibettes, des graines de tournesol que nous grignotions dans la rue.

Et quand elle ne m'emmenait pas faire des courses, Latifa me disait :

— On va voir la petite sirène !

La petite sirène, c'était le nom d'un restaurant sur la plage d'Hammam Lif, à quelques kilomètres. Latifa m'assurait que la sirène existait vraiment, et que c'était à cause d'elle que le restaurant s'appelait ainsi. Longtemps, j'ai arpenté cette plage en espérant l'apercevoir.

Ma cousine m'emmenait partout avec elle. Et quand ma mère me houspillait, elle lui disait :

— C'est l'été, elle a le droit de s'amuser ! Laisse-la-moi, je l'emmène.

Le hammam était le seul endroit où j'aurais préféré ne pas l'accompagner. Je détestais cette touffeur accablante, et j'en ressortais écarlate et épuisée. Mais c'était un rituel hebdomadaire, impossible d'y couper. Latifa s'asseyait toujours au même endroit, sur un banc de pierre, à ses pieds les lourdes jarres emplies d'eau brûlante, et les gamelles à remplir et renverser sur mon corps nu, après qu'elle m'eut enduite de savon noir. La torture pouvait commencer : avec un gant de crin elle me frottait, frottait, jusqu'à ce que ma peau devienne rouge et que je demande grâce. Quand je regimbais elle me disait :

— Mais tu es sale, regarde !

J'avais les cheveux très longs, jusqu'aux fesses. Elle les démêlait avec tellement de vigueur que j'en avais les larmes aux yeux :

— *Oscot* ! *Oscot* ! me disait-elle, tais-toi, tu ne vas pas me faire ta petite chochotte de France ! En Tunisie c'est comme ça que font les femmes !

Après l'épreuve, nous avions droit à un thé à la menthe et à une orange, autres rituels auxquels il ne fallait pas résister, sous peine de déclencher le courroux de Latifa.

Le soir, souvent, toutes les femmes montaient sur le *stah*, la terrasse sur le toit de la maison. Latifa installait des matelas, des coussins et des grands châles, elle allumait le kanoun, le brasero, versait le thé à la menthe, et les femmes s'allongeaient. Elles se racontaient des anecdotes, cancanaient sur le dos des voisins, se moquaient des uns ou des autres, et souvent elles riaient tellement fort qu'un homme montait jeter un œil, un oncle ou un cousin, et disait :

— C'est de nous dont vous vous moquez, hein ?

Latifa répondait immuablement :

— T'inquiète pas, on a des sujets de discussion beaucoup plus intéressants que vous !

Et les femmes de glousser encore plus fort. L'intrus repartait sous les quolibets.

Souvent, quand ma mère et mes tantes allaient se coucher, Latifa et moi restions allongées sur le stah, admirant le matelas d'étoiles au-dessus de nos têtes, guettant les promesses des étoiles filantes. Elle m'expliquait alors ce qu'elle attendait de la vie : l'amour, avec un grand A. Mais Latifa ne perdait pas pour autant le sens des réalités :

— Dans la vie ma petite beauté, l'amour et le mariage sont essentiels. Et bien sûr une femme doit devenir mère pour s'accomplir. Mais elle ne doit jamais perdre de vue qu'il ne faut pas dépendre totalement de son mari : on ne sait jamais, les hommes ne font pas toujours attention à eux, par exemple quand ils boivent ils finissent souvent par se battre, et un accident est si vite arrivé... Donc au cas où un malheur survienne, l'épouse doit être capable de gagner sa vie et celle de ses enfants. Tu vois, moi, je sais que je ferai un mariage d'amour, mais si jamais il arrive du mal à mon mari, ou même, tiens, si mon mari part avec une autre, eh bien, pour nourrir mes enfants j'aurai toujours la possibilité de me faire embaucher comme cuisinière ou couturière. Ou même comme maçon !, ajoutait-elle en rigolant très fort.

Je buvais ses paroles, elles résonnaient en moi, et je me dis aujourd'hui que Latifa était visionnaire : elle me donnait une leçon de vie, une leçon dont j'aurais dû me rappeler...

Les journées passaient à une vitesse folle, rythmées par les repas, les siestes – obligatoires, mêmes pour les grands – les balades avec Latifa, les jeux entre cousins, la plage... J'étais heureuse. Et ma mère aussi, je crois. D'ailleurs, d'aussi loin que je me souvienne, il n'y a que lors de ces étés-là que je la voyais rire, chanter, danser avec ses sœurs et ses nièces.

Ces étés magnifiques ont construit mon enfance. J'étais une fillette agréable, tout en jambes, aux grands yeux noirs. À 9 ans, mes formes ont commencé à s'affirmer. Mes seins poussaient, mes épaules s'arrondissaient, mon visage s'affinait. À Bou Kornine, on me disait que je ressemblais à une poupée. J'avais la peau plus claire que celle de mes cousines, et ça, c'était un critère de beauté incontestable ! De plus mes longs cheveux bruns n'étaient pas crépus comme ceux de mes cousines, juste bouclés, une rareté dans la famille… J'étais, paraît-il, la plus jolie des filles de la famille :

— Viens me voir, petite beauté !, m'appelait Latifa.

J'étais une enfant dans un corps d'adolescente.

Latifa avait alors 24 ans, et Mounir, son frère, 23. Mounir avait toujours été très gentil avec moi. C'était un jeune homme étrange, grand et malingre, abîmé par la pauvreté. Un écorché vif. Adolescent, il avait voulu en finir avec la vie et s'était jeté sous un camion. Il avait fallu remplacer un os de sa cheville, complètement écrasé, par une tige de fer. Il boitait bas, et était souvent déprimé. Parfois il menaçait d'aller se jeter sous un train. Un matin, il avait quitté la maison en disant qu'il allait en finir avec la vie. Il était revenu quelques heures plus tard, les avant-bras en sang : il s'était tailladé avec un rasoir, mais ça n'avait pas bien marché…

— Même mon suicide je le rate !, avait-il gémi lorsque sa mère l'avait pris dans ses bras.

— Chuuut ! Tais-toi !, lui avait lancé Latifa. Le suicide, pour un musulman, est un grave péché. Il est *haram* d'attenter à la vie que Dieu nous a donnée !

Barka ne savait plus quoi faire de lui. À tel point qu'elle décida de l'emmener voir un psychiatre. Qu'une mère tunisienne, musulmane, pense que son fils a besoin de consulter un psychiatre en dit long sur ce que la famille pensait de Mounir ! Pour tout le monde, il était fou, un fou gentil. Le psychiatre, d'ailleurs, lui donna un traitement médicamenteux. J'ignore de quoi exactement souffrait Mounir, mais je sais qu'à partir de ce moment-là, toute la famille disait :

— Il va mieux, *Abdullah* ! (Gloire à Dieu).

Plus que les médicaments, selon sa mère et Latifa, c'est bien la religion qui avait apaisé Mounir. Car il s'était mis à pratiquer avec ferveur. Les ablutions (avant chaque prière le croyant se « lave » avec un peu d'eau) le purifiaient, prier lui faisait du bien, et la lecture du Coran l'instruisait. Il ne manquait pas la grande prière du vendredi. Depuis que je venais chaque été, il était poli avec moi mais m'adressait peu la parole : notre différence d'âge, quinze ans, était trop importante. Pour lui, j'étais un bébé, il préférait passer ses journées avec les cousins de son âge.

Mais l'été de mes 9 ans, son comportement changea. Souvent, quand je jouais dans le patio avec mes cousins et cousines, il restait là, adossé au mur, à nous observer. Dès que je surprenais son regard sur moi, il se détournait.

J'étais sûre que ma mère lui avait demandé de me surveiller quand Latifa n'était pas à mes côtés.

Il était devenu beaucoup plus gentil avec moi, il me donnait des piécettes pour que je puisse m'acheter des bonbons chez l'épicier du coin de la rue, il me faisait répéter des mots en arabe et corrigeait ma prononciation… Et le soir, quand j'allais chez Latifa, il s'installait à côté de moi sur le canapé devant la télévision.

Un après-midi, juste après le déjeuner, entrant dans la chambre de ma mère, je la trouvai habillée pour sortir, du rose aux joues, brossant ses longs cheveux. Elle s'apprêtait à rendre visite à une autre de ses sœurs, maîtresse d'école à Hammam Lif. En Tunisie il arrivait souvent que ma mère sorte ainsi, seule, joliment apprêtée. Plus tard, j'ai compris que ces visites chez sa sœur cachaient sans doute des rendez-vous galants. Ma mère était une jolie femme, elle n'était pas heureuse avec son mari, et elle aimait plaire.

Ce jour-là, j'eus envie de l'accompagner chez ma tante : je préférais de loin retrouver mes cousines plutôt que faire la sieste, activité incontournable du début d'après-midi chez ma grand-mère.

— Je viens avec toi !, criai-je, faisant aussitôt demi-tour pour aller chercher mes sandales. Elle m'attrapa brutalement le bras, me coupant net dans mon élan :

— Pas question, tu restes ici. Enlève tes habits !

Je protestai, elle me gifla, et je me mis à pleurer.

— Retourne dans la chambre, tu vas faire la sieste !

La joue en feu, je sortis et traversai le salon de ma grand-mère, pièce centrale de la maison, sur laquelle donnaient toutes les chambres. J'entrai dans la plus proche, celle de ma tante, et me jetai en sanglotant sur son grand lit moelleux. J'entendis la porte du salon se refermer : ma mère sortait dans le patio. J'étais furieuse, et blessée d'être ainsi maltraitée sans raison. Peu à peu, dans la torpeur de cette journée si chaude, je m'endormis. J'ignore combien de temps je somnolai ainsi, mais je fis un rêve. Dans ce rêve, quelque chose me touchait les fesses. Une sorte d'objet dur, qui me piquait. Une douleur me réveilla instantanément. Mon cousin était collé à moi, nu, il avait baissé mon short, sa main enserrait son sexe et il se serrait très fort contre mes fesses. Je tentais de me retourner, il mit son autre main sur ma bouche pour m'empêcher de crier, tout en continuant à se presser contre moi. Il pressa son visage contre ma joue et chuchota :

— Ne dis rien, tais-toi, je ne vais pas te faire mal !

Puis il m'embrassa la nuque, les cheveux, il haletait contre mon oreille, il pesait de tout son poids sur moi. Encore mal réveillée, je ne comprenais pas ce qui se passait. Il me faisait mal, et j'avais peur. Je ne bougeais plus. Sa main gauche s'écarta de ma bouche pour soulever mon tee-shirt. J'en profitai aussitôt et me mis à crier de toutes mes forces :

— Qu'est-ce que tu fais, Mounir ?! Arrête ! Lâche-moi !

Il se recula aussitôt, desserrant son étreinte :

— Chut ! Tais-toi !

Je le repoussai de toutes mes forces, glissai en bas du lit, me cognant le visage contre un de ses montants, et sortis comme une folle de la chambre. Je traversai le salon et me précipitai sur les femmes assises dans le patio. Ma mère était encore là, debout, prête à sortir. Ma grand-mère, ainsi que Latifa et sa propre mère – la sœur de ma mère – étaient assises sur le banc tunisien en bois. Je me précipitai dans les bras de Latifa, je sanglotai, j'arrivai à peine à parler.

— Il m'a fait mal ! Il m'a touchée, il m'a touchée !! Mounir m'a touchée !

Je revois ma cousine, ma tante, ma grand-mère. Je les revois comme dans un rêve. Leurs visages levés vers moi. Hésitants, inquiets, puis stupéfaits. Et je revois la lueur de panique dans leurs yeux. Et ma mère, debout. Son regard dur comme un silex. Les autres hésitaient encore à admettre la réalité de ce que je venais de dire.

Elle, non. Elle avait compris instantanément. Elle fit un pas vers moi, qui venais de me relever, et me donna la deuxième gifle de la journée. Je ne sais pas si celle-ci était plus forte que l'autre, mais elle me fit beaucoup plus mal. Ce n'est pas le coup lui-même que je me rappelle le mieux, trente ans plus tard. Ce sont ses mots. Ceux qui ont accompagné cette gifle, dans le patio :

— Qui t'a dit d'aller dormir avec lui ! Tu n'avais qu'à pas le provoquer ! Tu nous as salies ! Tu me fais honte !

Et elle se mit à pleurer à son tour :

— Qu'est-ce qu'il t'a fait ?! Qu'est-ce qu'il t'a fait ?! Mon Dieu, qu'est-ce que j'ai fait pour mériter ça !

Je hoquetai de surprise et d'incompréhension.

Et elle, ma mère, elle qui aurait dû me prendre dans ses bras, elle qui aurait dû souffrir avec moi, elle qui aurait dû me protéger, eut ce geste : devant Latifa, devant ma grand-mère, devant ma tante, elle tira brutalement sur mon short, puis sur ma culotte, qu'elle enleva pour y chercher des traces de sang. Ce fut son seul réflexe : vérifier si mon cousin m'avait ou non violée. Non pas parce qu'elle était folle d'angoisse à l'idée qu'il ait pu me faire autant de mal, non. Elle voulait savoir si j'étais encore vierge, ou bien si notre famille était définitivement déshonorée. Il n'y avait pas de sang. Je lui dis que, non, il n'avait pas eu le temps de faire ce dont elle parlait, et je compris à son soupir qu'elle était rassurée.

Latifa, elle, criait :

— Mais pourquoi tu la frappes ? Elle n'y est pour rien ! Qu'est-ce que tu fais ? C'est lui le salaud !

Et elle se précipita dans la chambre où son frère, mon cousin, attendait le châtiment. Elle l'insulta, le frappa. Il se laissait faire, la tête basse. Ma grand-mère et ma tante – la mère de Mounir – pleuraient et se lamentaient. Mounir, rouge jusqu'aux oreilles, finit par s'échapper. Il passa juste devant moi, en courant. Ma mère, elle, ne bougeait pas. Droite comme un *i*, elle me regardait fixement. Puis les femmes se regroupèrent à nouveau autour du banc. Latifa me dit d'aller me laver et m'habiller. La douche était dans la chambre à côté. J'ouvris le robinet, et laissai couler l'eau. J'allai coller mon oreille contre la porte pour entendre ce que les femmes disaient.

D'une drôle de voix, très rauque, très calme, j'entendis ma mère déclarer :

— Je vais porter plainte contre lui, et il fera de la prison.

Ces mots m'apportèrent enfin un peu de réconfort. Sa sœur Barka, ma tante, la mère de Mounir, répondit :

— Je te comprends, j'ai honte de mon fils.

Un grand silence s'installa. Derrière la porte, je retins ma respiration. Et puis, après ce qui me parut être de longues minutes, la voix de ma grand-mère s'éleva. Très calmement, elle dit :

— Si les hommes de la famille l'apprennent, ils vont le tuer ».

Tout était dit : au bout du compte, personne ne parlerait. Je me sentis terriblement triste, seule, et honteuse.

À dater de ce jour, ma mère me traita régulièrement de *gahba* (pute)…

Il n'a plus jamais été question de porter plainte. Et cet été-là, j'ai cessé d'être une enfant.

Par la suite je me mis à haïr ce cousin. Il me dégoûtait. Il avait voulu me violer et, en plus, par sa faute, ma mère m'accusait d'être une fille légère. L'été, il m'était impossible de ne pas le croiser dans la maison de ma grand-mère. Il aurait fallu que je mette une croix sur mes vacances en Tunisie, et ça il n'en était pas question. Alors je me débrouillais pour ne plus jamais me retrouver seule avec lui dans une pièce. Et quand il était là, au milieu d'autres membres de la famille, je l'ignorais. Jamais il ne put croiser mon regard. Je faisais comme s'il était transparent. C'était ma vengeance. Ma mère, elle, au fil des ans, se conduisit de façon étonnante avec Mounir, elle redevint aussi chaleureuse avec lui qu'avec ses autres neveux. Il faut dire que Mounir se débrouillait pour se rendre indispensable : il allait lui acheter ses cigarettes, faire ses courses, il devançait ses moindres besoins. Parfois, tous deux semblaient même presque complices : on aurait dit une mère et son fils. Ma mère était dure avec moi, et douce avec lui. Cela me rendait folle. J'étais jalouse.

Quelques années plus tard, je crois que c'était l'été de mes 17 ans, ma grand-mère me convoqua dans la cuisine. Quand j'entrai, mon cousin Mounir était là. Ma grand-mère me demanda de fermer la porte :

— Ma petite fille, j'ai quelque chose à te dire. Ton cousin Mounir t'aime beaucoup. Il a attendu que tu grandisses pour t'épouser. C'est ton cousin, il pourra te rendre heureuse. Maintenant il travaille, il prie, c'est un bon musulman. C'est ce qui pourra t'arriver de mieux.

Réserve-toi pour lui. Si tu es d'accord, j'en parlerai à ta mère.

Je ne dis rien, pas un mot. Je me tins au meuble pour ne pas tomber. Je sentis mes jambes flageoler. Je sortis de la pièce, j'avais le sentiment de vivre un cauchemar. Je sus plus tard que ma mère avait fait un scandale, et il n'a plus été question de mariage avec Mounir. Encore moins de ce qu'il m'avait fait, l'été de mes 9 ans, alors que je n'étais encore qu'une petite fille, et lui un homme.

Avec le recul, je pense qu'à l'instant même où ma mère, mes tantes, ma grand-mère comprirent ce qu'avait fait leur neveu, fils et petit-fils, elles décidèrent de garder le silence. Je sais qu'au fond d'elles, elles m'en voulaient même de le leur avoir raconté : j'avais brisé un tabou. On tait ces choses-là dans une famille arabe. On fait comme si elles n'existaient pas. Dans une culture basée sur la frustration sexuelle au nom de « l'honneur », il ne peut y avoir que des filles ou des femmes aguicheuses, allumeuses, immorales, sales. Si l'homme ne parvient pas à dominer ses pulsions, c'est que la femme n'a pas su se tenir : c'est elle la coupable.

Aujourd'hui je ne leur en veux plus : elles sont les premières victimes.

D'ailleurs, combien d'entre elles ont vécu la même chose que moi, et peut-être même bien pis ? Ma mère la première…

Chapitre 2

ENFANCE, ADOLESCENCE

Mes parents ont divorcé avant mes 2 ans. Durant plusieurs années, ils se sont fait la guerre par avocats interposés. Ma mère rêvait de retourner dans son pays, qu'elle idéalisait, ct mon père craignait qu'elle ne m'emmène définitivement avec elle en Tunisie. Après un séjour trop long à son goût, il déposa plainte pour non-présentation d'enfant. Après ça, il s'opposa à plusieurs reprises à notre départ. Mon père tenait à ce que sa fille grandisse en France. Il insistait :

— Je suis français, ma fille est française, son pays c'est la France. Quand elle aura 18 ans, c'est elle qui choisira !

Ma mère le prenait très mal, et tous deux allaient en justice pour régler leur conflit… Ma mère avait enfin échappé à ce mari qu'elle n'avait pas choisi mais elle en garda toujours un certain mépris pour les hommes : selon elle, le principal intérêt du « mâle » était de subvenir aux besoins de son épouse et de leurs enfants. Aussi chercha-t-elle très rapidement à se remarier. Cette fois pas question de mésalliance avec un Algérien : elle épouserait un Tunisien comme elle. C'était une belle jeune femme, les hommes la draguaient allègrement, surtout l'été en Tunisie : la chaleur, la plage, se prêtaient au jeu de la séduction. Mais j'étais encombrante pour elle, qui allait demander en mariage une divorcée avec enfant ? Sur la plage, ou en ville, et si elle ne pouvait pas se débarrasser de moi, elle me faisait passer pour sa petite sœur pour ne pas rebuter les prétendants... Je devais l'appeler par son prénom. Il serait toujours temps de rétablir la réalité quand un candidat potentiel au mariage se manifesterait ! Finalement, c'est en France qu'elle rencontra celui qui allait devenir mon beau-père. Un très bel homme, un homme de la terre : adolescent, il était berger en Tunisie. Mon père, de son côté, s'était également remarié. J'étais donc fille de divorcés, affublée d'un beau-père et d'une belle-mère. J'en souffrais terriblement : j'avais toujours entendu mes parents se disputer, parfois sauvagement, mais je les aimais tous les deux, et comme tous les enfants je voulais vivre avec mes deux parents. La nouvelle femme de mon père, une Algérienne, me faisait sentir qu'elle ne m'aimait pas vraiment. Elle semblait jalouse, elle ne supportait pas que mon père m'offre des cadeaux, encore moins qu'il me donne un peu d'argent de poche. Un sou était un sou. Durant toute une période, elle l'empêcha même de me voir. Mon père se laissait manipuler par elle, puis brutalement sortait de ses gonds et la frappait parce qu'elle-même avait levé la main sur moi. Plus il prenait mon parti, plus elle me détestait. Il finit de guerre lasse par me voir en cachette de sa femme, et cela dura jusqu'à mon mariage. Avec moi, mon père était attentionné. Il n'oubliait jamais mon anniversaire et m'offrait de petits cadeaux, contrairement à ma mère...

J'ai fini par comprendre que si ma mère empêchait mon père de me voir, c'était pour se venger. Elle savait qu'il était très attaché à moi.

Ma belle-mère, elle, avait de plus en plus de mal à supporter ma présence chez eux et je finis par me sentir exclue de la famille alors que j'avais tant besoin d'amour... Le vilain petit canard, c'était moi. Je pense que ma belle-mère se doutait pertinemment que mon père aimait toujours ma mère, et à travers moi, elle voyait une concurrente. Elle était dure. Un jour, en jouant à la corde à sauter, je donnai sans le vouloir un coup à sa fille, ma demi-sœur. Ma belle-mère fondit sur moi, elle m'arracha la corde des mains, et me frappa violemment : mes cuisses étaient zébrées de traces rouges, qui bleuirent rapidement. Lorsque je rentrai chez moi le soir, ma mère hurla de colère et de rage, et alla jusqu'au commissariat porter plainte contre ma belle-mère.

Bref : l'ambiance dans mes familles recomposées n'était pas de tout repos... Finalement, les foyers au sein desquels j'ai vécu le plus sereinement étaient ceux des nourrices chez qui ma mère me déposait lorsqu'elle était indisponible. Elles, au moins, me parlaient avec douceur et affection.

Une des rares périodes où ma belle-mère fut gentille avec moi, ce fut lorsqu'une voiture me renversa sur le chemin de l'école : dans l'accident, je me fracturai le tibia. Ma mère à ce moment-là avait trouvé un petit travail, je ne pouvais pas rester seule à la maison, on m'installa donc chez mon père.

Ma belle-mère tomba enceinte très rapidement, et j'eus une première demi-sœur, en 1981, Safira. Le divorce de mes parents fut enfin prononcé en 1982 et à partir de ce moment-là je ressentis de plus en plus le clivage ethnique qui séparait mes parents : les Tunisiens (ma mère et mon beau-père) contre les Algériens (mon père et ma belle-mère). J'étais une victime de ce racisme intramaghrébin ! Ma mère, lorsqu'elle me disputait, me traitait de « sale Algérienne », ou pis, de « sale fille de harki ».

— Harkia !, hurlait-elle dans la maison…

Et ma belle-mère, elle, ne prononçait quasiment jamais mon prénom. Elle m'appelait « la fille de la Tunisienne » !

Tous se servaient de moi pour régler leurs comptes. Je manquais d'amour, et comme beaucoup d'enfants, j'aurais fait n'importe quoi pour obtenir de l'affection. Mais dès l'âge de 9 ans, je compris qu'il me fallait me protéger des adultes… Particulièrement de ma mère. Pour un oui ou pour un non, elle piquait des colères folles. Elle me frappait alors avec ce qui lui passait sous la main : une chaussure, une règle, une ceinture, un balai… Son remariage battait de l'aile, elle se disputait sans arrêt avec mon beau-père, ils en venaient même souvent aux mains. Ma mère s'en prenait alors à moi, et ses paroles me faisaient encore plus mal que ses coups :

— Tu as gâché ma vie ! C'est à cause de toi que je me suis remariée ! T'as de la chance que je ne t'ai pas abandonnée ! Tu ressembles à ton père, c'est lui qui a détruit ma vie, tu es moche !

Chaque fois, je filais en sanglotant dans ma chambre, incapable de lui faire face, de lui demander pourquoi elle était aussi injuste avec moi.

Mon beau-père, lui, se contentait de m'ignorer. Il était amoureux de ma mère et lui était soumis.

Rapidement ma mère donna naissance à deux petits garçons, mes demi-frères. Et du côté de mon père, plusieurs filles naquirent. J'avais plusieurs demi-frères et demi-sœurs, et je prenais plaisir à m'occuper d'eux.

Malgré toutes les années passées en France, ma mère s'était toujours refusée à demander la nationalité française. Elle aurait eu l'impression, disait-elle, de trahir la Tunisie, son « seul pays ». Pour mon père, c'était tout le contraire : il était fier d'être français, et très attaché aux valeurs de ce pays qui l'avait accueilli.

Côté religion, dans mes deux foyers, c'était quasiment le no man's land. Mon père croyait en Dieu, mais ne pratiquait pas du tout, et parfois il buvait même de l'alcool. Mais c'était un homme bon, au grand cœur.

— L'islam, disait-il, c'est d'être ouvert aux autres et de faire le bien.

Et il accueillait facilement chez lui ceux qui étaient dans le besoin.

Ma mère ne faisait pas la prière, ni même le ramadan. Je n'avais donc aucune éducation religieuse, tout ce que je connaissais de l'islam, c'est en Tunisie que je l'avais appris.

J'ai suivi, je crois, le chemin inverse des jeunes femmes éduquées dans la religion musulmane par leurs parents, et qui deviennent pratiquantes de façon naturelle. Moi, je suis devenue musulmane pratiquante, et j'ai plus tard entraîné mes parents sur ce chemin. C'est moi, en quelque sorte, qui leur ai apporté l'islam. À partir du moment où ils m'ont vue prier, ils ont fait pareil.

Un jour, dont je me souviens comme si c'était hier, une terrible nouvelle nous parvint de Tunisie : Latifa, ma cousine tant aimée, venait de mourir électrocutée. C'est mon oncle Tayeb qui nous prévint par téléphone : d'abord, ma mère écarta l'appareil de son oreille, et le regarda d'un air ahuri, comme si elle découvrait cet étrange instrument. Puis elle le remit à son oreille, écouta quelques secondes en silence, et se laissa glisser à terre, elle se tordait les mains et frappait son front sur le sol en criant et sanglotant :

— Latifa ! Latifa ! Ce n'est pas possible !, criait-elle.

J'étais à la fois bouleversée par cette annonce et affolée par la réaction de ma mère. Je ne sais pas pourquoi, j'eus le réflexe de me précipiter dans la chambre parentale : je savais que dans les tiroirs du bureau, venue de je ne sais où, il y avait une cassette du Coran. Je l'introduisis dans mon petit magnétophone et posai l'appareil près de ma mère. Les psalmodies semblèrent peu à peu la calmer. Elle pleurait toujours, mais ne criait plus. Je la laissai alors et m'enfermai dans ma chambre : moi aussi je voulais pleurer Latifa.

La tristesse m'habita longtemps : j'avais perdu ma seule véritable amie en ce monde. Plus jamais je ne me suis sentie aussi heureuse en Tunisie. Et aujourd'hui encore, je pense très souvent à elle, et je la regrette profondément.

Sa mort me rapprocha de la religion : je ne pouvais pas admettre que Latifa n'était plus. On ne peut pas, me disais-je, vivre, et brutalement disparaître… Et puis quoi, plus rien ? Ça n'avait aucun sens…

Latifa était une femme bonne, me disais-je, une femme « au cœur blanc », comme on dit chez nous : son âme flottait forcément quelque part. Après la vie, il y avait forcément une autre vie, et un chemin pour y accéder. Sans doute ce chemin menait-il au paradis, et j'y retrouverai Latifa un jour.

Depuis le jour de la mort de Latifa, chaque vendredi, ma mère faisait bruler du *bakhour* (de l'encens), et écoutait une cassette du Coran. Plus, je pense, pour rendre hommage à Latifa que par ferveur religieuse. Moi, j'étais charmée par la voix qui s'échappait du lecteur de cassettes. Je ne comprenais pas grand-chose, mais cela m'apaisait. Chaque vendredi, je prenais plaisir à écouter.

Nous vivions à Canteleu, dans une banlieue sensible de Rouen. Des immeubles gris, de nombreuses familles maghrébines et africaines, beaucoup de musulmans. J'avais 15 ans, et un confident, David : je le voyais en cachette de ma mère bien sûr, car elle était obsédée par la perte de ma virginité – cette obsession conditionnait d'ailleurs toutes ses règles éducatives. C'était simple : je n'avais pas le droit de sortir. J'allais à l'école, puis au collège, puis au lycée, et j'en revenais. Parfois, j'avais l'autorisation d'aller étudier à la bibliothèque, mais ma mère téléphonait systématiquement pour vérifier que j'y étais bien. Je voulais faire du sport le mercredi, mais ma mère s'y opposait. Le reste du temps, j'étais chez moi. Pas question de « traîner » avec des camarades. Ces interdictions de sortir étaient motivées par le fameux « qu'en-dira-t-on ? ». Ma mère craignait par-dessus tout de perdre sa respectabilité par ma faute. Que vont dire les voisins, la famille, si ma fille sort avec un garçon ?

Régulièrement elle me disait :

— Viens là, j'ai à te parler. Tu sais, chez nous, l'honneur, c'est sacré ! Tu sais ce qui est arrivé à une de tes cousines, parce qu'elle avait fait quelque chose avec quelqu'un ? Son propre père l'a tuée ! C'est ce qui t'attend si tu n'arrives pas vierge au mariage !

J'ignore encore si cette histoire est vraie, mais j'en étais traumatisée. Il n'était donc pas question qu'elle nous surprenne ensemble, David et moi ! Pourtant nous vivions une relation totalement chaste, nous ne nous embrassions même pas. David était français, et avait mauvaise réputation : il fumait du hachisch et volait des voitures, parfois même il en brûlait… ! Mais il était d'une gentillesse exceptionnelle avec moi. Il savait que je n'étais pas heureuse à la maison, et que ma mère me frappait souvent. Cela le rendait fou !

Le soir, quand ma mère et mon beau-père étaient couchés, il venait en bas de notre immeuble, et sifflait doucement. Je me mettais à la fenêtre, et nous nous parlions à voix basse. Un soir, il me tendit un livre : c'était un exemplaire du Coran :

— Je te le donne, me dit-il, c'est le livre de ta religion ! Lis-le, tu verras, c'est bien !

Je ne sais même pas s'il s'était converti à l'islam. David avait de graves problèmes familiaux, et il cherchait du réconfort et de la chaleur auprès des familles de ses copains marocains, tunisiens, algériens, sénégalais… Du coup, l'islam, le Coran, pour lui ça faisait partie du quotidien, ça allait de soi. J'étais émue de son cadeau, et impressionnée parce qu'il semblait beaucoup mieux informé que moi sur l'islam, mais quand je commençai à lire, je ne compris pas grand-chose…

Ma scolarité était chaotique, mais je m'évadais grâce aux livres. Je lisais dès que je pouvais. Lorsque tout le monde était couché, j'allumais ma petite lampe de poche, et discrètement, cachée sous mes draps, je dévorais toutes sortes de contes et de romans. Je m'inventais d'autres vies : je m'identifiais aux héros d'Andersen ou des frères Grimm, je m'émerveillais avec le *Petit Prince* de Saint-Exupéry et son renard, je souffrais avec Anne Frank cloîtrée dans son appartement, et mon cœur battait au rythme de celui de Léa dans *La Bicyclette bleue* de Régine Desforges…

Je loupais souvent l'école, car ma mère m'interdisait d'y aller seule à pied, mais elle ne se levait pas forcément pour m'accompagner… Résultat : je redoublais deux classes, le CP et le CM1. Au collège, j'étais une élève moyenne, et discrète. Nous habitions juste en face, et de la fenêtre ma mère pouvait même me surveiller dans la cour.

Souvent, j'arrivais en classe marquée par les coups que m'infligeait ma mère. J'avais des bleus un peu partout. Personne ne se rendait compte de rien. Ma mère devenait de plus en plus violente avec moi, et à plusieurs reprises j'atterris aux urgences pédiatriques. Plus je grandissais et plus ma mère semblait me haïr, j'étais devenue son punching-ball. Lorsqu'elle était de mauvaise humeur, c'est sur moi que les insultes et coups retombaient. Elle me reprochait d'être née, de l'avoir empêchée d'être heureuse. Il fallait qu'elle voie des traces de bleus, de griffures sur mon corps ou bien du sang pour cesser enfin de me frapper. Je me souviens d'une période où je pleurais chaque jour, en demandant à Dieu de me venir en aide. Un soir je me mis à hurler :

— Arrête ! Tu vas me tuer ! J'en ai marre que tu me frappes ! Je ne t'ai pas demandé de me mettre au monde, moi, j'ai jamais demandé à naître !

Un matin, j'arrivai en classe toute rouge et les yeux larmoyants. Avant de partir, ma mère m'avait disputée, je ne sais plus pour quelle raison. Je m'étais rebiffée, criant aussi fort qu'elle. Elle m'avait attrapé les cheveux, qui étaient fort longs, m'avait traînée jusqu'au frigidaire, et pendant que je braillais elle avait saisi le bocal d'harissa en poudre, et m'en avait jeté une partie du contenu au visage. Ce n'était pas la première fois qu'elle utilisait cette méthode, courante en Tunisie (et qu'elle avait sûrement subie elle-même) : enfant, toujours pour me punir, elle me mettait même de la harissa dans la bouche, et sur les fesses... Mais cette fois, le professeur m'envoya à l'infirmerie. Là, l'infirmière scolaire prit un air atterré quand elle me vit débarquer... Mais il n'était pas question pour moi de dénoncer ma mère : j'avais peur qu'elle aille en prison.

L'infirmière pourtant ne fut sans doute pas dupe, car quelques jours plus tard, une éducatrice se présenta à notre domicile. Elle était chargée de mon suivi, nous dit-elle. Ma mère l'accueillit avec un grand sourire, masquant parfaitement sa surprise, et elle ne fit aucun commentaire quand l'éducatrice prit congé, comme si cette situation était tout à fait normale. Une année durant, l'éducatrice de l'Aide sociale à l'enfance vint régulièrement me chercher pour aller à la patinoire ou à la piscine. Elle ne vit jamais rien de ce qui se passait à la maison, ma mère était toujours charmante avec elle, et moi j'étais contente, cela me permettait de sortir !

Quand je réfléchissais à mon avenir, je m'imaginais avocate, ou juge pour enfants et je comptais passer un bac littéraire. Mais j'étais naïve. Car en réalité, l'Éducation nationale manque cruellement d'imagination en ce qui concerne les enfants issus de l'immigration, et qui vivent dans des cités « sensibles » : elle ne parvient pas facilement à les croire capables d'obtenir un bac général. Donc, dans ma classe de troisième, la grande majorité de ceux qui, comme moi, avaient un nom à consonance étrangère furent orientés vers une filière professionnelle. Alors que j'étais pourtant une bonne élève, les profs décidèrent pour moi : j'irais en BEP secrétariat. Pour la première fois, je me sentis victime de discrimination à cause de mes origines tunisiennes. Ma mère ne m'aida pas : elle se fichait bien des études, il n'était pas question qu'elle se mêle de ma scolarité et intervienne auprès des professeurs, encore moins du proviseur. Avec un BEP, je trouverais peut-être rapidement du travail, disait-elle, je gagnerais un peu d'argent, c'était tout ce qui l'intéressait. Elle ajoutait :

— De toute façon, le jour le plus important de ta vie sera celui de ton mariage, et j'attends ce jour ! On va te marier avec un homme riche.

Lorsqu'elle parlait ainsi, je haussais les épaules : vieillir en épouse entretenue ne m'intéressait pas, j'avais d'autres aspirations, beaucoup plus nobles. J'avais découvert par hasard au lycée un tout jeune groupe de musiciens originaires de Dijon, au nom évocateur : « Le silence des mosquées ».

L'une de leurs chansons m'enchantait particulièrement. Le chanteur s'adressait à une toute jeune femme musulmane décidée à porter le voile, mais pétrie de peur à l'idée d'être rejetée par son entourage.

En voici les premières paroles :

Ô ma sœur tu as les clés
De la pureté, de la piété
Ô ma sœur, tu t'es confiée
À Allah et Son messager
Aucun respect pour tes valeurs
Sans cesse, on te fait du tort
On oublie que derrière ton corps

Ton âme renferme un vrai trésor
Au plus profond de ton cœur
Tu recherches respect et bonheur
Symboles de la pudeur
Oubliés par tant d'imposteurs
Être aimé pour ses valeurs
Y a-t-il un mal dans ces idées ?
Être aimée pour ce que tu es
Est-ce vraiment trop demander ?

Être aimée pour ce que j'étais : depuis aussi loin que je me souvienne, c'était bien ce derrière quoi je courais. Enfant, puis adolescente, mal-aimée et maltraitée par ma mère, j'avais une dette permanente d'amour et de reconnaissance. Je me sentais abandonnée.

Ô ma sœur m'a accompagnée au fil des années : sans doute était-ce bien là le signe évident de ma quête spirituelle. À certaines périodes, lorsque je me sentais particulièrement découragée, je la passais en boucle.

En BEP, nous devions faire un stage de formation, et ma candidature avait été retenue chez Citroën. J'y rencontrai une jeune femme, plus âgée que moi de quelques années, Gordana. Elle avait un enfant, c'était une très jeune mère. Elle était serbe, et elle me dit s'être convertie à l'islam pour pouvoir épouser son copain marocain. Elle ne portait pas le voile. Gordana me donna deux livres concernant la religion : le premier, *Qu'est-ce qui se passe après la mort*, était un livre généraliste sur l'au-delà, et le deuxième, *Le Jardin des vertueux*, écrit au XIIIe siècle par l'imam Al-Nawawi : il décryptait les *hadiths* (les propos du prophète Muhammad rapportés par ses compagnons). La lecture n'en était pas facile, mais je m'appliquais chaque soir à en déchiffrer quelques pages.

Je trouvais régulièrement refuge à la bibliothèque du quartier où je faisais mes devoirs. C'était aussi le seul lieu où je pouvais me plonger tranquillement dans la lecture, car ma mère ne supportait pas de me voir lire : pour elle c'était du temps perdu. Découvrant un jour dans ma chambre le livre *Qu'est-ce qui se passe après la mort*, elle entra dans une colère noire. Le titre la rendit hystérique :

— Ça va nous porter malheur !

Elle le déchira en mille morceaux et m'ordonna d'arrêter de lire « ce genre de conneries ».

Mais sa réaction disproportionnée me révolta, et je réussis à trouver le même livre dans une librairie.

Ma mère affichait le même mépris pour mes études. Pour elle il était plus important que je fasse la vaisselle ou que je m'occupe de mes petits frères. Plus ces derniers grandissaient, moins ils étaient gentils avec moi, sans doute parce qu'ils prenaient exemple sur ma mère, qui me supportait difficilement. Je me souviens d'un jour où une voisine lui avait dit :

— Quelle chance vous avez avec votre fille, elle est jolie, elle est gentille, c'est un amour !

Une fois la porte de l'appartement refermée sur nous, ma mère m'avait regardée d'un œil mauvais et jeté :

— Elle dit ça parce qu'elle ne te connaît pas !

Plus je grandissais, plus je ressemblais à une femme, plus ma mère me surveillait de près. J'avais interdiction de détacher mes cheveux, interdiction de m'acheter des vêtements : c'est elle qui m'habillait, elle m'achetait des vêtements informes et tristes chez C&A, sans doute au rayon grand-mère ! J'étais toujours habillée comme un sac. Et bien sûr j'avais interdiction de me maquiller. Je ne me rebellais pas, mais j'appris à « contourner la loi familiale » : je partais les cheveux attachés en queue-de-cheval, j'entrais dans un immeuble un peu plus loin, je détachais mes cheveux, et me maquillais légèrement. Un jour, en fouillant dans mon sac d'école, elle trouva dans ma trousse un petit crayon noir à maquillage et un déodorant. Elle me tomba dessus à bras raccourcis :

— Tu te maquilles ? Tu mets du déodorant ? Tu vas faire la pute ou tu vas à l'école ?

Une autre fois, mon oncle (Tayeb, celui qui lui avait présenté mon père) arriva avec un magnifique cadeau d'anniversaire : un jean noir, une chemise à carreaux, et une veste noire en jean. Je lui sautai au cou, j'allais être enfin joliment habillée ! Car à force d'interdits, je devenais justement coquette… Ma mère était absente, et je partis au lycée ainsi vêtue. Lorsque je rentrai, ma mère me regarda avec stupeur, puis me gifla de toutes ses forces. Elle se mit à hurler :

— Tu es folle de t'habiller tout en noir ! Ça porte malheur !

Et elle fila chercher une paire de ciseaux pour taillader ma veste. Je hurlai, j'essayai de l'en empêcher, elle me bouscula, et m'entailla le doigt avec les ciseaux. La blessure était très profonde, le sang giclait.

Ma mère devint livide, appela les pompiers, et on me recousit aux urgences. À l'hôpital, un médecin me questionna : comment m'étais-je coupée aussi sérieusement le doigt ? Ma mère n'était pas loin, et je mentis au médecin. Mais j'appelai mon père, et lui racontai toute la scène : pouvais-je venir vivre chez lui ? Il accepta aussitôt, et vint me récupérer à l'hôpital. J'habitai chez lui deux mois. J'étais bien avec mon père, il était tout ce que ma mère n'était pas avec moi : tendre et doux. Hélas, ma belle-mère ne me supportait pas, et me rendait la vie impossible.

Lorsque je retournai chez ma mère, elle me tomba dans les bras en sanglotant :

— Ma fille, enfin tu es revenue ! Tu vas voir, tu ne vas pas regretter, je te le jure !

Et elle fila à la cuisine préparer des spaghettis bolognaise, mon plat préféré, et une tarte aux fraises et aux cerises, mon dessert préféré... Durant plusieurs jours, je fus traitée comme une reine. Elle m'acheta même une paire de baskets que je lui réclamais depuis longtemps.

Voilà, c'était ça, ma mère : violente, méchante, aigrie, mais aussi parfois déroutante et fragile. Et tellement imprévisible ! Par exemple, il était évident qu'elle adorait ses fils. Elle répétait sans arrêt qu'ils étaient comme les deux prunelles de ses yeux, et que d'ailleurs sur cette terre, seuls les hommes comptaient... Elle les choyait, leur procurait tout le confort possible, mais ne se souciait absolument pas de leur bien-être psychique. Elle les montait systématiquement contre leur père, avec qui elle se disputait régulièrement et souvent violemment.

— Quand vous serez grands, disait-elle à mes frères, vous me protégerez de votre père !

Elle leur achetait des cadeaux, des vêtements, les emmenait en promenade sans moi, bref : ils obtenaient d'elle tout l'amour qu'elle ne m'avait pas donné. Mais cet amour ne l'empêcha pas de laisser ses fils derrière elle en Tunisie. Un jour, à la fin des vacances, elle leur annonça qu'ils allaient rester là, chez leurs tantes. De toute façon, leur dit-elle, elle les rejoindrait dans quelques mois dès que la maison de Boumhel serait prête, et eux apprendraient à bien parler et écrire l'arabe. Mes deux frères pleuraient à chaudes larmes. Ils ne comprenaient pas pourquoi leur mère tant chérie les laissait ! Leurs larmes ne la firent pas changer d'avis. Elle souhaitait faire la même chose avec moi, mais heureusement mon père s'y était toujours fermement opposé.

Vivre en Tunisie, c'était son rêve. Elle le réalisa, seule, quelques années plus tard : elle s'y acheta une maison.

Cet été-là, quand nous rentrâmes à Canteleu, elle et moi, mon beau-père découvrit avec stupeur que ses deux garçons ne faisaient pas partie du voyage de retour. Il cria, un peu, pour la forme, puis se tut.

Pour l'éducation de ses fils non plus, il n'avait pas droit au chapitre…

En deuxième année de BEP, je décidai de changer d'orientation : secrétaire, je le savais, ce n'était pas pour moi, j'avais d'autres aspirations. Et puis je supportais mal l'ambiance de cette classe de filles. Je fis des pieds et des mains pour que l'on m'autorise à intégrer une première d'adaptation : cela me permettrait de rattraper le cursus général, de passer mon bac, et de m'inscrire en fac. Le proviseur m'accorda ce passage, tout en me prévenant que j'allais devoir travailler avec acharnement et mettre les bouchées doubles pour me mettre au niveau. Je tins le pari, et je passai en terminale STT Commerce.

Au lycée, j'avais peu d'amies filles. Leurs discussions sur les garçons et les fringues m'ennuyaient. Je cherchais autre chose. Sébastien, un élève plus âgé que moi, dut le sentir : il m'aborda un jour dans la cour. Lui aussi était converti à l'islam, son prénom musulman était Abdelhamid. Il me semblait très cultivé, et je pris l'habitude de lui poser des questions sur la religion. J'avais toujours un cahier avec moi, et je recopiais ses explications concernant les hadiths que je ne comprenais pas. Mon apprentissage de la religion, je le dois donc à des Français convertis…

Ma mère accoucha d'une petite fille, Yasmine. Je m'occupais d'elle comme je l'avais fait avec mes petits frères. Mais en grandissant, elle devint inflexible, agressive. Il faut dire que ma mère se conduisait avec elle presque aussi durement qu'avec moi : les filles lui posaient problème. Et son deuxième mariage battait définitivement de l'aile. À 20 ans, j'obtins enfin mon bac et je m'inscrivis à la fac de Rouen. Ma mère avait préparé son départ de France depuis deux ans, elle avait prévu de partir s'installer à Boumhel, en Tunisie, avec ses deux fils et sa petite fille. Dans un premier temps, elle comptait garder l'appartement de Canteleu, et faire des allers retours entre la Tunisie et la France. J'allais donc rester seule dans l'appartement pour faire mes études à Rouen : la liberté ! Comme d'habitude, nous partîmes passer l'été en Tunisie. J'ignorais que ma mère avait prévu de me trouver « un bon parti » cet été-là, et de me fiancer à un Tunisien ! Quand je le réalisai, il était trop tard : elle avait récupéré et caché mon passeport et mon billet d'avion. Je hurlai, je pleurai, je la suppliai, rien n'y fit. Durant tout le mois, elle me frappa sans raison, et malgré mon âge, je ne me rebellai même pas… Fin juillet, un jeune homme d'une trentaine d'années, plutôt beau, se présenta à la maison. Il était étudiant en droit et passerait le concours du barreau des avocats de Tunis l'année suivante. Ma mère l'avait invité afin qu'il me rencontre officiellement, et décide si je lui plaisais. Il était joli garçon, il semblait intelligent, et comme me dit évidemment ma mère, il était d'une très bonne famille et gagnerait beaucoup d'argent en tant qu'avocat. Je fus d'abord sidérée, mais je compris vite que pour me sortir de ce piège je devais être plus rusée qu'elle. Lorsque le jeune homme partit, je fis croire à ma mère qu'il ne me déplaisait pas. Je ne comptais pas me marier aussi vite, lui dis-je, mais je reconnaissais qu'il était plutôt agréable... Ma mère battit des mains comme une petite fille :

— Il faut que sa famille vienne me demander ta main !

— Non, mais attends, maman, je n'ai pas dit oui !

— Mais c'est la chance de ta vie, ma fille !

— Écoute, laisse-moi réfléchir, OK ?

Elle battit en retraite, mais je compris à son air gourmand que mon stratagème avait des chances de fonctionner. Les jours suivants, elle me tourna autour, sans remettre directement la question sur le tapis.

J'attaquai la première :

— Maman, j'ai réfléchi : il est étudiant en droit, moi aussi je veux faire des études, et il faut au moins que j'en fasse un peu pour être à son niveau, pour qu'il ne me traite pas comme une boniche !

Elle me regarda aussitôt d'un air méfiant :

— Tu me prends pour une idiote ? Tu crois que je vais te laisser retourner faire des études en France ?

J'abattis alors ma carte maîtresse :

— Non, mais… Et si je m'inscrivais à la fac de droit de Tunis ?

Elle me regarda tout à coup pleine d'espoir :

— Mais c'est une super idée, ça !

— Tu crois que ce serait possible ? J'ai le droit de m'inscrire à la fac ici ?

— Mais c'est sûr que oui ! On va se débrouiller !

Dès le lendemain, elle s'enquit des démarches nécessaires à mon inscription à Tunis. Je croisai les doigts en espérant que, comme je le pensais, la fac allait me demander mon diplôme du bac, mon relevé de notes, et tous les papiers administratifs que bien entendu je n'avais pas apportés avec moi. J'avais raison.

Ma mère revint un peu déconfite et m'expliqua le problème.

— C'est pas grave, je vais aller les chercher à Canteleu !

— Ça, ma petite, il n'en est pas question : tu ne retourneras pas en France !

— Mais… Viens avec moi, si tu as peur que je me sauve ! Moi je veux continuer mes études, ici ou ailleurs, je m'en fiche !

Elle me regardait, dubitative. Elle se méfiait. Mais elle avait tellement envie de croire à son conte de fées ! Et puis, elle me sous-estimait tellement qu'elle se persuada que j'étais incapable de monter un bateau pareil. Le temps pressait, les inscriptions à la fac de Tunis allaient bientôt se terminer : deux jours plus tard, nous volions vers la France.

Dans la lutte quasi permanente qui m'opposait à ma mère depuis ma plus tendre enfance, je gagnai pour la première fois.

À peine arrivée dans notre appartement à Canteleu, je l'affrontai enfin, les yeux dans les yeux, et le miracle se produisit : elle ne me faisait plus peur.

— C'est fini, maman. Jamais je ne retournerai en Tunisie avec toi. Jamais je ne me marierai en Tunisie. Je vais rester ici, faire mes études. Seule. Papa va me donner un peu d'argent et j'aurai droit à une bourse.

Ma mère hurla, fit mine de me frapper, de s'arracher les cheveux. Puis elle essaya de me convaincre par la douceur. Enfin, elle me fit un tableau apocalyptique de toutes les turpitudes que j'allais traverser si je restais seule en France.

Au bout de plusieurs jours, de guerre lasse, elle finit par céder. Elle repartit en Tunisie les larmes aux yeux. J'étais presque triste pour elle : l'un de ses plus grands rêves, que sa fille fasse un beau mariage, venait de partir en fumée…

Chapitre 3

MON PREMIER VOILE

J'avais 21 ans, et je découvrais la liberté. Je pensais à mon avenir : je serais soit psychologue, soit juge pour enfants. Finalement je m'inscrivis en première année de psychologie à l'université de Rouen-Mont-Saint-Aignan. J'étais indépendante, je pouvais aller où je le souhaitais, quand je le souhaitais : plus personne pour surveiller mes horaires, ni pour m'insulter, me battre et m'humilier. J'avais obtenu une bourse d'études, et mon père me donnait un peu d'argent de poche. J'aurais pu en profiter pour faire les quatre cents coups, passer mes nuits en discothèque, et sortir avec plein de garçons. Mais ça ne m'intéressait pas. Ma mère était persuadée que j'allais mal tourner en vivant seule en France, sans chaperon : je voulais lui montrer qu'il n'en était rien. Au contraire, j'avais un idéal de pureté. Et pour ce qui était de mon futur mari, oui, il me trouverait vierge le soir de nos noces. Je prouverais à ma mère qu'elle se trompait du tout au tout sur sa fille, que je pouvais faire des études, évoluer dans la société, avoir des copains, tout en étant « une fille bien ».

Au début, j'étais enthousiaste, joyeuse, mais j'avais un peu peur du monde extérieur : Ma mère m'avait toujours dit qu'une femme seule en ville, en France, était une proie. Elle m'appelait régulièrement en pleurnichant :

— Ne sors pas la nuit, ma fille ! Tu vas te faire agresser, peut-être même violer ! Ça arrive tout le temps en France !

Parfois elle changeait de discours :

— Tu sors avec des garçons la nuit, hein ? J'en suis sûre ! Je suis sûre que tu n'es plus vierge ! Hein ? Je te préviens si c'est vrai : je mourrai de honte, tu auras ma mort sur la conscience !

Ses imprécations me rendaient folle, et me terrorisaient : du coup les premières semaines, je ne sortais que le jour !

Mais je me rendis rapidement compte que les autres étudiantes de mon âge ne semblaient pas du tout paniquées quand la nuit tombait ! Et je commençai, enfin, à profiter d'une vie tout simplement normale d'étudiante.

J'étais fière d'aller à la fac. Je mettais toute mon énergie à me concentrer durant les cours, à être sérieuse. J'adorais les cours de sociologie de la religion. La première étudiante avec qui je devins amie s'appelait Carole. Elle sortait beaucoup le soir, avec des amis, et insistait souvent pour que je l'accompagne :

— Viens prendre un verre avec nous !

Je refusais de boire de l'alcool – j'avais une peur panique de ne plus être maîtresse de moi-même – mais j'acceptai de les accompagner un soir en boîte. Nous étions une dizaine, des étudiants et des étudiantes. Au fur et à mesure que les heures passaient, et que les verres de vodka se succédaient, des couples se formaient. Je voyais des filles et des garçons s'embrasser à pleine bouche sur la piste de danse, et comme j'étais pudique, cela me choqua. J'avais le sentiment d'être salie par ce que je découvrais. Je me disais même :

— Ma mère a raison, j'ai l'impression d'être une prostituée en acceptant de rester là !

Ma mère, encore. Elle n'était pas là, et pourtant c'est bien son jugement que je craignais. Je n'étais pas à ma place. Plus jamais je ne mis les pieds en discothèque.

À cette période, je fis des rêves étranges : je me voyais avec un voile tout blanc, tournant et psalmodiant le Coran autour de la Kaaba, la maison sacrée où est installée la pierre noire, à La Mecque. Dans un autre rêve, j'étais dans le ciel, les étoiles brillaient très fort, et deux grosses étoiles brillaient plus que les autres. L'une d'entre elles me parla : c'était Latifa. Et l'autre étoile était Aïcha, la femme du Prophète.

Latifa me dit :

— On t'attend ! On est au paradis, on t'attend !

Une autre fois je me vis traversant un couloir bondé : à ma gauche et à ma droite, des hommes et des femmes, nus, buvaient de l'alcool et avaient des relations intimes. Une orgie. Moi, je continuais à traverser, lentement, sans jamais m'arrêter. Les hommes et les femmes m'appelaient :

— Viens, Henda, viens nous rejoindre !

Puis j'entendis l'appel à la prière. Au bout du couloir je me trouvais dans un grand jardin, dans lequel il n'y avait personne, mais une voix m'appelait :

— Viens, Henda, viens ! C'est ici qu'est ta place !

Ce n'étaient que des rêves, mais ils marquaient une véritable quête spirituelle de ma part. Et à la même période, un phénomène étrange me troubla profondément. Je sais que nombre de lecteurs ne me croiront pas, mais voici pourtant ce qui s'est passé.

Un matin je me réveillai avec en tête des paroles qui, j'en fus persuadée, ne pouvaient qu'appartenir au Coran, que pourtant je ne connaissais quasiment pas. En bas de chez moi, dans la cité, je voyais souvent passer un musulman qui semblait très pieux, du moins me l'imaginais-je, car il portait une longue barbe.

J'allai le voir, lui expliquai ce qui m'était arrivé, et lui récitai les paroles dont je me souvenais :

— C'est un verset, me dit-il, le verset 255 de la sourate « Ayat al-Kursi », le verset du trône, la Sourate de la protection. Mach'Allah, ma sœur ! Cela signifie que Dieu t'appelle, et qu'Il t'accorde sa protection, pour que tu ailles dans le droit chemin ! Mach'Allah, ma sœur !

Ce fut mon premier véritable élan vers la religion : je décidai d'apprendre à prier. Toute seule. J'achetai un livre, *Comment faire la prière*, et je l'appris quasiment par cœur. Cela me prit plusieurs semaines. Je ne comprenais pas tout, mais je tâchais de faire de mon mieux, et de respecter strictement les ablutions, les horaires des prières. En faisant la prière je luttais contre l'immense angoisse qui me rongeait quand je pensais à la mort.

Pour la première fois je me posai des questions sur le voile en rencontrant des sœurs catholiques dans une rue de Rouen : elles étaient trois et portaient une longue robe noire jusqu'aux chevilles, leurs cheveux étaient dissimulés sous un bandeau blanc, et elles portaient par-dessus un grand voile noir. Je n'avais jamais parlé à des religieuses catholiques. J'étais intriguée, et je les abordai. Elles m'accueillirent avec une grande gentillesse, et je demandai à l'une d'entre elles pourquoi elle s'habillait ainsi.

— Parce que nous sommes mariées à Dieu, me répondit-elle.

Son visage était resplendissant. Je l'enviai.

Pour moi, le voile catholique et le voile musulman avaient la même signification : la foi et la sagesse.

Dans ma famille, aucune femme n'avait jamais porté le voile

— J'aimerais tant être comme elles, me disais-je. Je ne suis pas une fille perdue, je ne suis pas une prostituée, j'ai envie de leur ressembler. Elles ont l'air heureuses.

En les quittant, je me dis que ce devait être formidable de se savoir aimées de Dieu, et cette rencontre me convainquit de m'intéresser aux différentes religions. Je commençai à lire la Bible, et m'informai sur la religion juive. Je compris qu'elles avaient toutes deux un point commun avec l'islam, et je décidai de lire le Coran en entier : c'est la sourate Nour (lumière) qui me poussa peu de temps après à porter le voile[1].

À la fac, quatre étudiantes étaient voilées : deux jeunes filles d'origine algérienne, Nadia et Sonia, et deux Françaises de souche, converties à l'islam : Yamina et Hakima. Je trouvais ça étrange : elles étaient françaises d'origine et elles portaient le voile, moi j'étais née dans une famille musulmane, et même ma mère ne s'habillait pas ainsi.

Au self de la fac, je me rapprochai d'elles, et leur demandai pourquoi elles portaient un voile.

Elles m'expliquèrent que le Coran conseille aux femmes de se cacher les cheveux. Yamina me dit qu'elle s'était convertie à l'islam, qu'elle aimait un homme avec qui elle venait de se marier religieusement, et qu'elle était très heureuse. J'ignorais alors ce que signifiait le « mariage religieux ».

---

1. Verset 31 de la Sourate 24 SOURATE NOUR « Sourat nour (24) 31 » : Et dis aux croyantes de baisser leurs regards, de garder leur chasteté, et de ne montrer de leurs atours que ce qui en paraît et qu'elles rabattent leur voile sur leurs poitrines ; et qu'elles ne montrent leurs atours qu'à leurs maris, ou à leurs pères, ou aux pères de leurs maris, ou à leurs fils, ou aux fils de leurs maris, ou à leurs frères, ou aux fils de leurs frères, ou aux fils de leurs sœurs, ou aux femmes musulmanes, ou aux esclaves qu'elles possèdent, ou aux domestiques mâles impuissants, ou aux garçons impubères qui ignorent tout des parties cachées des femmes. Et qu'elles ne frappent pas avec leurs pieds de façon que l'on sache ce qu'elles cachent de leurs parures. Et repentez-vous tous devant Allah, ô croyants, afin que vous récoltiez le succès. »

À dater de cette rencontre, je cessai de fréquenter Carole : je l'aimais bien, mais j'avais le sentiment qu'elle m'attirait vers « le mauvais chemin », celui de la débauche, qui faisait tellement peur à ma mère…

Chaque vendredi, je pris l'habitude d'accompagner les étudiantes musulmanes à la mosquée de Petit-Quevilly. Toutes les femmes couvrent leurs cheveux lors de la prière à la mosquée, je faisais donc comme les autres. Un jour, à la fin de la prière, alors que nous devions retourner à la fac, je dis à Yamina et Hakima, les deux converties, que je n'avais pas envie d'enlever mon voile, et que j'allais le garder pour aller en cours.

— Non, non, me dit Yamina, ne le mets pas pour aller à la fac.

— Pourquoi ?, lui rétorquai-je, étonnée.

— Parce qu'à tous les coups tu vas le retirer dans une semaine, le voile ce n'est pas un jeu, alors ne le mets pas. Si tu le mets ce n'est pas pour l'enlever.

J'étais très vexée : pourquoi était-elle persuadée que je n'avais pas conscience de l'importance du voile ? Malgré tout, j'obtempérai.

C'était les vacances de Pâques, un mois d'avril pluvieux, je passais mes journées à réviser car les partiels approchaient. Je sortais très peu.

La veille de la rentrée universitaire, après la prière, je me regardai dans le miroir : je me trouvai belle, avec mon voile. Il m'allait bien. Il adoucissait mes traits, et m'auréolait de sagesse. Je me plaisais. Je m'imaginai le porter dans la rue : tous sauraient que j'étais musulmane, je ferais partie d'une communauté, et une communauté c'était comme une famille. Et en portant le voile, je prouverais à ma mère que je n'étais pas une prostituée, que je marchais sur le droit chemin, bien loin de celui de la débauche sur lequel elle me voyait. Et ce serait une façon de montrer mon amour pour Dieu. Le lendemain, je m'habillai avec soin : un pantalon beige, une veste beige, et un voile beige. J'allai prendre le bus pour la fac. Sur l'une des banquettes à deux places était assis un homme d'un certain âge, d'origine africaine, qui portait la calotte blanche symbolique de l'islam. Il me regarda, me salua : « Salam Alaykoum », et se poussa pour me faire de la place. Je lui répondis : « Alaykoum Salam » et m'installai à côté de lui.

C'était vrai, donc : grâce au voile, cet homme m'avait reconnue. J'appartenais à la même communauté que lui, et il m'accueillait ! Enfin ! J'avais une famille ! Je débordais de gratitude envers cet homme et tous ceux, toutes celles, qui dorénavant me regarderaient comme l'une des leurs.

Ce jour-là, j'arrivai en retard à la fac. L'amphithéâtre était bondé, le cours avait commencé. Évidemment, la porte grinça quand je l'ouvris : des dizaines de personnes se retournèrent et me dévisagèrent. Je relevai fièrement la tête, pour que tous voient bien mon voile. Et je m'assis, consciente d'avoir attiré les regards, fière d'avoir montré à tous mon amour de l'islam. Je me distinguais. Je prouvais mon existence : j'étais « Henda, l'étudiante voilée ».

Oui, il y avait une bonne part de narcissisme dans ma démarche, et même sans doute un début de complexe de supériorité. Je me sentais différente des autres, supérieure, bien sûr. J'étais croyante, et je le prouvais à tous. Avec le recul, je pense que cette fêlure narcissique-là a été un terreau idéal pour m'amener tout doucement sur le chemin du salafisme. Car les salafistes, même s'ils s'en défendent, se sentent tous supérieurs aux autres musulmans, puisque plus proches de Dieu… croient-ils. (Inutile de se demander s'ils se sentent supérieurs aux non-musulmans, qui sont « des mécréants »).

C'est ainsi que j'ai commencé à porter le voile.

Ce jour-là, Nadia, Sonia, Yamina et Hakima m'ont félicitée, puis mise en garde :

— Attention, maintenant, il ne faut plus l'enlever !

Ce n'était pas mon intention. Mais quand j'y pense, quelle pression de leur part ! Mettre le voile est une démarche spirituelle, certes. Mais c'est aussi une démarche personnelle. La foi, c'est entre Dieu et soi. Pourquoi une musulmane ne pourrait-elle pas décider de se découvrir ? Parce que cela ferait d'elle une mauvaise croyante ? Ou bien parce qu'elle donnerait une mauvaise image de l'islam ?

Me voiler a marqué le début d'une bien plus grande complicité entre mes quatre amies et moi. Nous partagions certains cours, et nous allions déjeuner au self ensemble. Nous avions peu de contacts avec les autres étudiants. En fait, nous les ignorions. Je ne peux même pas dire si eux nous observaient : c'était comme s'ils ne faisaient pas partie de notre champ de vision. Nous étions quatre jeunes étudiantes voilées, chacun pouvait en conclure que nous étions croyantes, pratiquantes… Et sérieuses. Avec mon voile, je me sentais à la fois légère et pleine de sagesse. À la fac, nous étions très peu nombreuses à en porter un. Contrairement à aujourd'hui, où le voile est à la mode même chez les toutes jeunes filles, personne sauf les « mamans » ne dissimulait sa chevelure. Être « une bonne pratiquante » semblait aller avec l'âge et le temps qui passe. Dans ma cité, par contre, où vivait une très grande majorité de musulmans, mon voile fit beaucoup d'effet, et un effet extraordinairement positif : les jeunes hommes musulmans du quartier, les délinquants comme les étudiants, baissaient les yeux quand ils me croisaient tout en me saluant :

— Salam Alaykoum, respect à toi, ma sœur.

J'avais le sentiment d'être ainsi placée sous leur protection. Rien de mauvais ne pouvait m'arriver. J'étais très fière car je me sentais singulière : j'étais la première jeune fille voilée de ma cité à Canteleu. Je n'avais encore jamais vu de jeune fille de mon âge porter un voile et encore moins le long voile noir… Seules « les mamans » ou les dames âgées s'habillaient avec des djellabas, tenue traditionnelle de leur pays, et un petit voile.

À la même époque, j'eus un coup de cœur pour le film racontant la vie de Râbiah Al-Adawiyyah : cette femme était une esclave née en Irak en l'an 717 après Jésus-Christ (IIe siècle de l'hégire, le calendrier musulman). Adolescente, elle chantait admirablement bien, et avait de plus en plus d'admirateurs, des hommes qui la payaient pour passer des nuits avec elle. Elle vécut donc d'abord une vie de débauche, puis elle rencontra la foi, et se repentit. Elle mit le voile et devint une mystique, entièrement vouée à l'amour de Dieu. Râbiah Adawiyyah (717-801), surnommée « la mère du bien », est une des fondatrices du courant soufi islamique, le courant de l'amour Divin (el-Ishk el-Ilahi).

Dans ma quête spirituelle, mon désir de pureté, d'élévation, avec de plus la voix de la grande chanteuse égyptienne Oum Khalthoum en fond sonore, ce film arrivait à point nommé. Râbiah devint un exemple pour moi.

Moi aussi, je voulais être exemplaire. De l'unique fenêtre de mon petit appartement à Canteleu, je regardais le ciel : Dieu était là, et Latifa était près de lui. Tous deux veillaient sur moi. Je me sentais heureuse.

Mes amies étudiantes étaient proches du courant égyptien des Frères musulmans, les *Ikhwan Muslimin*. Selon elles, ce courant prônait un islam tolérant, la femme pouvait travailler ou faire des études, à condition qu'elle soit toujours « raisonnablement pudique ». Il fallait porter le voile, faire les cinq prières obligatoires par jour, être bonne et droite. Hakima suivait des études de droit pour être avocate, Yamina voulait être prof. Elles me prêtèrent les livres d'un « penseur de l'islam », un intellectuel, que je ne connaissais pas : il portait le prénom de « Zoubeyr », un prénom qui signifie « fort et courageux ». Je lus ses textes avec un grand intérêt. Puis elles m'embarquèrent au grand rassemblement annuel des musulmans de France, la conférence de l'UOIF, l'Union des organisations islamiques de France, au Bourget. Nous allâmes toutes les trois y passer un week-end entier. J'adorai l'ambiance, je m'y sentis, une fois de plus, en famille. J'y achetai une dizaine de livres, et nous assistâmes à plusieurs conférences, dont l'une sur la place de la femme dans le foyer. Le discours était clair : en islam, la femme doit être soumise à l'homme, la fille à son père, ou à son frère, ou à son oncle si elle n'a ni père ni frère, la fiancée à son fiancé, l'épouse à son mari. Mais il ne faut pas en déduire que cela fait d'elle une prisonnière. Au contraire, l'homme lui laisse toute la place nécessaire au sein du foyer. C'est elle, par exemple, qui choisit la décoration de la maison. Elle qui organise la vie de ses enfants, leur habillement, leurs jeux, etc. Elle a le droit de faire des études, elle peut même être ambitieuse, travailler, pourquoi pas devenir une grande scientifique, ou professeur, mais elle doit savoir préserver sa foi et ses traditions, et porter au moins un petit voile : c'est le minimum exigé par Allah.

Dans les conférences, j'écoutais chaque mot avec concentration. Globalement, ce que j'entendais me convenait.

C'est au printemps 1998, en mai, que ma vie prit un tour différent. Un mois à peine après que je me sois décidée à porter le voile, Yamina me dit qu'elle souhaitait me présenter à une femme qu'elle aimait beaucoup, Hasnia, qui habitait à Mantes-la-Jolie, entre Paris et Rouen.

Hasnia vint nous chercher à la gare en voiture : elle portait un voile intégral noir qu'on appelle *niqab*, et qui la recouvrait de la tête aux pieds. Seuls ses yeux étaient visibles, joliment maquillés, séparés par une fine cordelette noire. J'étais très impressionnée. Hasnia avait 24 ans, un enfant, elle était d'origine marocaine, mariée religieusement à un Français de souche converti à l'islam, et elle était salafiste.

Nous étions arrivées en fin d'après-midi. Après avoir discuté de choses et d'autres dans le salon, nous l'aidâmes à préparer le repas du soir, pendant qu'elle donnait le bain à son fils. Quand son mari entra dans l'appartement, il nous salua de loin, sans nous regarder, et nous ne le vîmes plus de la soirée. Après le dîner, une fois la vaisselle faite, nous nous installâmes, Hasnia, Yamina et moi, sur le canapé du salon. Et Hasnia commença à parler.

Elle nous expliqua que nous faisions toutes deux fausse-route : Yamina et moi pensions être de bonnes musulmanes parce que nous portions le voile ! Mais porter un « petit voile » était une offense à dieu. Allah attendait beaucoup plus de nous.

— Le vrai islam, nous dit-elle, c'est le *salafia* (le salafisme). Et seulement lui.

J'ignorais ce qu'était le salafisme, elle me l'expliqua : nous, les musulmans, devions marcher sur les pas du Prophète et de ses compagnons : les hommes devaient tout faire comme lui, et les femmes tout comme les femmes du Prophète.

Elle nous parla de Satan :

— Dans cette société, Satan est partout. Par exemple à la télé, ou dans la musique. Je vous donne un exemple, une chanson que tout le monde connaît :

Hotel California. Eh bien, c'est une chanson sataniste. Vous ouvrez des yeux ronds ? Maintenant vous savez que Satan est tout entier dans ce clip. Il fait ça exprès pour nous mettre sur le mauvais chemin. Il ne faut pas écouter de musique. Dans ce pays, les gens sont ignorants. Ce sont des Français, ce n'est pas leur faute, ils ne connaissent pas la vérité. Mais nous devons nous méfier, car ce sont des mécréants et Satan les guette partout. Si nous ne nous méfions pas d'eux, si nous ne faisons pas attention, si nous vivons comme eux, le diable nous attrapera et nous écartera du chemin du paradis. La musique, c'est Satan qui nous l'envoie pour nous tourner la tête.

Son discours m'étourdissait.

— Ma sœur, ton destin de musulmane, ce n'est pas de faire des études. Je te déconseille de continuer ainsi. Une vraie femme musulmane est la gardienne de son foyer, elle ne va pas traîner dehors, à la fac. Elle ne travaille pas, elle s'occupe de sa maison, de son mari pour le rendre heureux, et de ses enfants. Ma sœur, il faut te marier. Dans l'islam, il est dit que le mariage, c'est la moitié de la religion.

Ce dernier conseil me déplut : je n'étais pas prête à me marier, pas plus qu'à abandonner mes études. Je le lui dis. Elle continua :

— Hind, tu portes le prénom de l'une des épouses du Prophète, c'est un signe : tu es faite pour suivre la voie vers le paradis. Il faut te marier, ma sœur. La femme qui se marie a déjà fait la moitié du chemin vers le paradis.

— Hasnia, je suis d'accord, un jour je me marierai, mais pas maintenant. En plus, ma mère voudra me marier à un Tunisien, c'est sûr !

— Et si je te trouvais un Tunisien, ma sœur ?

Je ris :

— Tu as de la suite dans les idées, Hasnia ! Non, je t'assure, même un Tunisien, c'est beaucoup trop tôt pour moi.

Hasnia laissa tomber le sujet du mariage, et reprit ses explications sur le salafisme, et sur le chemin qui menait au paradis. Je ne posais plus de questions, j'étais comme saoulée de paroles. Nous parlâmes ou plutôt, Hasnia parla, jusqu'à l'aube.

En fin de matinée, elle nous raccompagna à la gare de Mantes-la-Jolie, toujours vêtue du niqab. Sur le quai, je vis quelques personnes se retourner sur elle : des regards plus intrigués que courroucés. Elle me serra fort contre elle :

— Porte-toi bien, ma sœur, que Dieu te protège et t'aide à trouver le bon chemin.

Le lendemain, dans le bus qui m'emmenait à la fac de Rouen, mon portable sonna. C'était un appel masqué. Je répondis et entendis une voix masculine que je ne connaissais pas :

— Salam Alaykoum, c'est toi, Hind ?

— Salam, oui c'est moi. Vous êtes qui ?

— Bonjour, je me présente, je suis Bachir. On m'a beaucoup parlé de vous, et on m'a donné votre numéro de téléphone parce qu'on m'a dit que vous cherchiez à vous marier, que vous étiez tunisienne et que vous portiez le voile, Mach'Allah…

— …Mais qui vous a dit ça ???

— Euh… Un ami. Moi j'habite à Roanne, près de Lyon, c'est un ami de Lyon qui a eu vos coordonnées par un autre frère de Paris, lui, il les a eues, je crois, par un autre ami.

En fait, sans rien me demander, Hasnia avait donné mon numéro de téléphone à son mari, en lui disant que je souhaitais me marier.

Son mari l'avait transmis à un ami, qui lui-même l'avait fait suivre à un autre ami, qui connaissait Bachir. Bachir avait fait savoir autour de lui qu'il souhaitait se marier avec une musulmane d'origine tunisienne, qui portait le voile.

Sacrée Hasnia : malgré mes dénégations, il lui avait fallu moins de 24 heures pour mettre un mari potentiel sur mon chemin ! Intérieurement, j'étais flattée. Je ne comptais pas me marier, mais il me fallait bien reconnaître que le voile, que je portais depuis à peine un mois, m'ouvrait des horizons insoupçonnés !

— Mais attendez, monsieur… On ne se connaît pas !

— Ne vous inquiétez pas, ma sœur, c'est pour ça que je vous téléphone, pour qu'on fasse connaissance. Je suis tunisien comme vous. Je vais venir de Roanne pour vous voir, et on va se rencontrer. Je suis un homme sérieux, et je veux me marier. On m'a parlé de vous en bien, on m'a dit que vous êtes une femme exceptionnelle. Vraiment, j'aimerais beaucoup vous rencontrer, pour voir si on peut envisager quelque chose, Inch'Allah…

J'ai failli dire non. Ma vie en aurait été totalement bouleversée. Sans-doute ne serais-je pas en train d'écrire ces lignes aujourd'hui. Pourquoi n'ai-je pas raccroché ? Je me pose encore la question. Tout est allé si vite. Et puis je dois admettre que j'étais flattée qu'un homme soit prêt à faire des centaines de kilomètres juste « pour faire connaissance ». Il avait une voix mélodieuse, il parlait bien, on lui avait dit que j'étais une femme très intelligente, sage, sérieuse.

Il m'a complètement décidée lorsqu'il m'a dit :

— Ma sœur, ça ne vous engage à rien de me rencontrer !

Il avait raison : après tout, on n'allait pas me marier de force. Pas comme ma mère.

— Et… comment ça va se passer ? Vous savez, moi, je ne connais rien à toutes ces choses-là, je viens juste de commencer à porter le voile…

— Mach'Allah, ma sœur, ne vous inquiétez pas, j'ai tout organisé : on va se rencontrer dans les règles de l'islam, chez des amis, dans votre ville, à Canteleu. Le week-end prochain, si vous le voulez bien.

J'étais un peu estomaquée par la rapidité avec laquelle il semblait avoir tout organisé.

Mais je me sentais désirée, et précieuse : un homme qui ne me connaissait pas voulait à tout prix me rencontrer, il était prêt à faire des centaines de kilomètres, car on lui avait dressé un portrait de moi très flatteur.

Nous avons effectivement fait connaissance, chez un couple que nous ne connaissions ni l'un ni l'autre. Encore des « amis d'amis d'amis », qui acceptaient de nous servir de chaperons, heureux de rendre service à leur communauté. J'arrivai la première. Amel, la jeune femme, était en train de préparer le repas que nous allions partager un peu plus tard. Elle m'accueillit chaleureusement, et m'expliqua comment allait se dérouler la rencontre.

— Ne t'inquiète pas, on a l'habitude de faire ça : c'est une rencontre, dans les conditions de l'islam, c'est-à-dire que toi, tu poses tes questions, lui, il te pose ses questions, et si ça se passe bien, si vous êtes tous les deux satisfaits, vous pouvez envisager un mariage religieux.

Je lui répondis assez vivement :

— Mais moi, tu sais, je suis d'accord pour le rencontrer, mais en réalité je ne compte pas du tout me marier dès maintenant. Je veux au moins finir mes études.

J'étais quand même très curieuse de voir à quoi cet homme ressemblait. Je fantasmais sur sa barbe : s'il en portait une, cela signifierait qu'il était un bon musulman, c'est-à-dire un homme qui ne buvait pas d'alcool, qui faisait la prière, qui était sérieux, qui ne me ferait pas de mal.

On sonna à la porte, Amel alla ouvrir, je restai sagement assise dans le salon, et le regardai entrer dans la pièce : il était grand, mince, et barbu. Plutôt bel homme.

Je portais une djellaba bleue et un voile bleu assorti. Au début Bachir ne vit pas bien mon visage, et il me l'avoua plus tard :

— J'ai cru que tu étais noire, du coup j'étais très déçu !

Eh oui, les Arabes peuvent aussi être racistes…

Bachir commença assez vite à me poser des questions :

— Es-tu d'accord pour avoir des enfants, pour t'occuper de ton foyer ?

— Des enfants ? lui répondis-je. Oui, bien sûr, j'adore les enfants. Mais pas tout de suite, j'ai le temps ! Par contre, non, je ne suis pas du tout d'accord, une femme peut tout à fait travailler, moi je fais des études, c'est pour avoir un métier et je compte bien continuer.

— Un métier ? Mais pourquoi faire ?

— Mais pour vivre ! Pour gagner ma vie !

— Mais c'est l'homme qui doit rapporter l'argent au foyer ! C'est à lui de bosser ! Je suis un homme, je travaille, je ramène de l'argent, et je dois prendre soin de ma femme. C'est le rôle du mari quand même. Et moi je ne veux pas que ma femme se fatigue, je veux lui offrir une vie de princesse. Et puis une vraie musulmane ne peut pas être mélangée aux hommes. Et dans ce pays… Les hommes ne sont pas corrects, les Français, là, ils ne veulent pas du bien aux femmes, crois-moi ! En islam, la femme est une reine, et eux ils ne la respectent pas ! Donc une femme bien ne peut pas travailler.

— Eh bien… Et tu es d'accord pour que ta femme passe le permis ?, lui demandai-je.

— Le permis ? Mais pourquoi faire ? C'est inutile. Ma femme, dès qu'elle aura besoin de quelque chose, j'irai le lui chercher, et dès qu'elle voudra aller quelque part, je l'accompagnerai en voiture. Je serai aux petits soins pour elle. La femme, c'est comme une perle précieuse : elle doit être bien protégée dans sa coquille.

Le discours de cet homme m'agaçait, il était paternaliste et réducteur, mais en même temps, j'ose avouer que j'étais séduite par l'image qu'il donnait de lui-même : celle d'un homme protecteur. Moi je rêvai que quelqu'un me protège.

Je profitai de ce qu'Amel débarrassait la table pour l'accompagner dans la cuisine. Comme son mari, Amel était proche du courant « Ikhwan Muslimin », les Frères musulmans, et je voulais avoir son avis. Elle me dit tout bas :

— Ce type ne me plaît pas du tout ! C'est quoi, ce discours ? Moi je travaille, et mon mari me laisse travailler, enfin ! Pour qui il se prend ? Il croit que la femme est une esclave ? Je ne te conseille pas de continuer avec lui !

De retour dans le salon, la conversation reprit, et Amel et Bachir commencèrent à se chicaner sur leurs différentes façons de voir la vie. Au bout d'un moment, Amel se leva, et prit congé de nous car elle travaillait le lendemain. Dix minutes plus tard, son mari lui aussi se retira. Je fus très surprise, et gênée car chez les salafistes, ça ne doit pas se passer comme ça : l'homme et la femme qui viennent de faire connaissance ne peuvent absolument pas rester ensemble, seuls, dans une pièce. Sinon, dit-on, il y a grand danger : le Diable s'invite aussi…

Mais Bachir ne semblait pas craindre le Diable. Au contraire : il profita du reste de la nuit pour parler, parler, parler. Il me raconta son enfance, ses étés en Tunisie – comme moi, enfant, il attendait le mois de juillet avec impatience pour traverser la Méditerranée – les bêtises qu'il avait faites adolescent, il me fit rire, il me parla de sa mère et de son amour pour elle, il m'attendrit en me racontant que ses parents ne s'entendaient pas, il m'avoua que sa plus grande ambition était de rendre une femme et leurs enfants heureux… Je le crus. Il me disait aussi que j'étais incroyablement belle, qu'il ne s'attendait pas à ce que je lui plaise autant…

Les heures passaient, et je m'effondrai de fatigue. En théorie, Bachir devait dormir dans la deuxième chambre de l'appartement, et je devais rentrer chez moi avant qu'il ne soit trop tard. Mais il était deux heures du matin, je ne voulais pas marcher seule dans les rues, et Bachir n'était pas non plus censé m'accompagner seul, au vu de tous… Il proposa que nous dormions tous les deux dans la chambre : moi sur le lit, lui sur le fauteuil. Je le regardai d'abord d'un air soupçonneux. Cette proposition était très étrange de la part d'un musulman très croyant. Qu'avait-il derrière la tête ? Voulait-il me tester ? Ou bien tout simplement profiter de moi ? Je décidai de tenter le coup : quoi qu'il arrive, nous saurions tous deux à quoi nous en tenir.

Je m'écroulai tout habillée. Quelques heures plus tard, je me réveillai brusquement : Bachir était allongé à côté de moi, sur les couvertures. Il dormait à poings fermés. Je ne m'étais même pas rendu compte de sa présence ! Je me rendormis, souriant devant l'incongruité de la situation : une musulmane nouvellement voilée allongée dans un lit auprès d'un salafiste quasi inconnu ! Au matin, je me réveillai toujours seule avec lui dans la chambre. Amel était dans la cuisine. Bachir se tourna vers moi et me dit très tranquillement :

— Bonjour, Hind ! Tu as bien dormi ?

— Euh... oui... Bonjour... Et toi ?

— Oui, je suis désolée, ma sœur, j'étais trop mal installé sur le fauteuil ! J'espère que je ne t'ai pas dérangée ?

— Non, du tout, dis-je en rougissant un peu.

Au fond de moi, j'étais scotchée.

Cet homme avait passé toute la nuit seul avec moi, il aurait pu tenter de me toucher, de m'embrasser, et il n'en avait rien fait. Il m'avait totalement respectée ! Il m'avait même prouvé qu'il était au-dessus des convenances musulmanes, puisqu'il avait pu rester seul avec une femme sans avoir une seule pensée déplacée... Ou en tout cas en la maîtrisant.

Je m'assis devant la tasse de café qu'Amel m'avait servie. Bachir s'installa en face de moi. Il me regardait en cachette... Je trouvais la situation assez comique : il avait dormi près de moi, mais parce qu'il était salafiste, il ne s'autorisait pas à croiser mon regard !

— Tu sais, Hind, je veux t'épouser, je suis tombé amoureux de toi. Dès que je t'ai vue. Tu es la femme de ma vie. J'en ai connu, des femmes, mais toi tu es celle dont je rêvais...

J'étais à la fois très flattée, un peu émue, un peu gênée. Et séduite par sa façon d'être. Mais je ne voulais pas lui donner de faux espoirs, et je ne voulais pas me presser.

— Écoute, Bachir, on est fin mai, dans une semaine je pars en Tunisie pour les vacances... On se reverra quand je reviendrai, on fera mieux connaissance à ce moment-là.

— Ah mais non, Hind, je ne pourrai pas attendre aussi longtemps ! C'est impossible !

— Mais si, tu verras, ça passera vite et comme ça on saura mieux où on en est.

— Mais je sais très bien où j'en suis, moi !

— Eh bien, moi non. On vient de faire connaissance ! Il faut que tu patientes un peu.

Nous nous séparâmes dès le petit déjeuner avalé.

Au cours de la semaine qui suivit, j'appris que je n'avais pas réussi mes examens de première année de psycho. Je n'étais pas surprise : depuis le début du printemps, je lisais beaucoup de livres sur la religion, et je ne révisais pas assez mes cours. Je devrais donc repasser des matières en octobre.

Avant mon départ pour la Tunisie, Bachir m'appela chaque jour, parfois même plusieurs fois par jour. Son impatience m'amusait, il me faisait rire, il commençait même peut-être à me plaire, mais je voulais prendre mon temps. Il voulut savoir où exactement résidait ma famille en Tunisie. Je lui parlais de Boumehl, sans lui donner plus de détails.

— Attention aux hommes là-bas, hein ! me dit-il, à moitié sérieux. Ne reviens pas en me disant que quelqu'un t'a demandée en mariage !

J'étais à la fois heureuse et effrayée de partir en Tunisie, heureuse parce que j'allais retrouver ma grand-mère, mes tantes, et même ma mère, avec grand plaisir. Mais je savais que l'absence de Latifa serait cruelle. Et je suis sûre que si Latifa avait été parmi nous cet été-là, ma vie aurait été bien différente…

Je n'avais prévenu personne du jour exact de mon arrivée. À Tunis, je pris un taxi, qui me déposa à cent mètres de chez ma mère, à Boumhel. Elle était devant sa maison, en grande conversation avec une voisine. Elle me vit arriver de loin, et je compris qu'elle ne m'avait pas reconnue immédiatement, et pour cause : je portais le voile. Sa fille, à qui elle avait promis les flammes de l'enfer si elle restait seule en France, réapparaissait quelques mois plus tard, la tête couverte, comme une musulmane pratiquante et chaste ! Inimaginable pour ma mère ! Je la vis porter la main à sa bouche, réprimant ainsi un « Oh ! » de surprise. Puis elle m'ouvrit les bras, et nous nous embrassâmes, ce fut un moment de tendresse réelle, comme dans ma vie j'en ai peu partagé avec ma mère. Elle se mit à pleurer, et me dit :

— Ma fille, jamais je n'aurais cru… Tu portes le voile !

— Oui, je sais, maman, pas la peine de le dire, tu as toujours cru que j'étais une fille perdue eh bien, tu vois, tu t'es trompée. Et j'ai même quelque chose d'autre dans mon sac pour te le prouver.

Dans ce sac, j'avais un certificat de virginité. Avant de partir, j'avais consulté une gynécologue pour l'obtenir : le médecin, une femme, avait d'abord réagi avec une certaine violence, car elle jugeait scandaleuse une telle demande.

— Je ne devrais pas avoir à faire ça !, m'avait-elle dit.

Et quand je lui avais expliqué que ce n'était pas pour montrer à un futur mari, mais à ma mère, elle s'en était étranglée de rage :

— C'est presque pire !, avait-elle grondé.

Mais elle s'était laissé convaincre. Ma mère, elle, était ravie :

— Merci, ma fille, quel cadeau tu me fais ! Mais tu sais, au fond, je n'ai jamais douté de toi !

La vie s'écoulait lentement. Il faisait 42 °C, une chaleur moite qui ralentissait nos gestes et nos désirs. Je me levais très tôt, avant que le soleil ne devienne trop dur, et faisais de longues siestes, dont j'émergeais en sueur, le cheveu rebelle. Au réveil d'une de ces siestes, j'eus une surprise. Le téléphone sonna :

— Salam Alaykoum, ma sœur, c'est Bachir.

— Bachir ? Mais… Comment as-tu trouvé mon numéro ?

— J'ai trouvé le numéro, et j'ai trouvé la maison, ma sœur : je suis au taxiphone en bas de ta rue ! Je suis venu pour toi, Hind, pour demander ta main à ta mère. Tu vois, j'ai pris des risques : tu sais qu'on n'aime pas les barbus ici…, (à l'époque, le président Ben Ali faisait la chasse aux islamistes, et aucun Tunisien n'osait arborer une barbe).

J'étais sidérée. J'expliquai rapidement la situation à ma mère. Quelques minutes plus tard, il était sur le pas de la porte. Ma mère le fit entrer, l'invita à s'asseoir dans le salon. Bachir semblait très à l'aise, et il expliqua à ma mère avec une grande assurance que j'étais la femme de sa vie, qu'il voulait m'épouser, qu'il allait faire venir sa famille pour demander ma main, et qu'il ne rentrerait pas en France tant que nous n'aurions pas dit oui.

Moi, j'étais à la fois agacée par son aplomb, et épatée par son audace.

Ma mère l'écouta d'abord sans rien dire. J'aurais tellement aimé qu'elle lui dise qu'il était beaucoup trop tôt, que je devais finir mes études avant de me marier…

— Ouh là là ! Pas si vite, hein, répondit-elle après quelques secondes, ça ne se passe pas comme ça chez nous ! Une fille, ça vaut cher !

— Comment ça, ça vaut cher ? Henda vaut cher ? Mais s'il faut de l'argent, je paye, y a pas de problèmes !

— Oui, il faut au moins 10 000 dinars (environ 10 000 euros), et le mariage, hein, il faut un grand mariage, sinon, c'est pas la peine !

Je restai muette de surprise. Pendant plus d'une heure, devant moi, ils discutèrent du montant que Bachir devrait mettre sur la table pour pouvoir m'épouser. En réalité, la négociation dura même plusieurs jours. Bachir s'était carrément installé à demeure et s'apprêtait à faire venir sa famille du Kef, une ville à 180 kilomètres, pour demander ma main, comme le veut la coutume. Pourquoi me suis-je laissé faire ? Je l'ignore. Je n'avais pas envie de me marier, mais ma mère, ma grand-mère et mes tantes semblaient se réjouir à cette idée. Je n'étais pas amoureuse de Bachir, mais sa détermination m'impressionnait, je n'en revenais pas d'être aussi passionnément désirée, surtout par un homme pieux et droit. Dès qu'il en avait l'occasion, il me parlait du salafisme, me disait que si je l'épousais, grâce à lui, je mériterais le paradis. Il m'emmènerait sur le chemin des vertueux.

Dès qu'elle eut l'assurance d'obtenir le prix qu'elle voulait, ma mère décida que ce mariage était une très bonne chose. Un cadeau inespéré, même. Moi, j'avais l'impression d'être aux mains d'une maquignonne vendant une génisse à la foire aux bestiaux. Je lui en voulais énormément, et en même temps, au fond de moi, j'étais soulagée : si je me mariais, ma mère n'interférerait plus dans ma vie, je ne dépendrais plus d'elle.

Chapitre 4

Mariée

C'est chez ma mère, à Boumhel, en Tunisie, que je fis la connaissance de ma future belle-mère. Elle venait voir à quoi ressemblait la fille que son fils souhaitait épouser.

Un souvenir m'a marquée : elle entra, accompagnée de sa fille aînée, de sa sœur et d'une tante, et me regarda m'avancer vers elle pour la saluer. Je l'embrassai, elle fit un pas en arrière, me détaillant des pieds à la tête, et eut cette phrase :

— Oh, mais elle est trop maigre, celle-là !

Dans son commentaire, il y avait bien plus qu'un avis aigre sur mon physique : ma belle-mère me signifiait ainsi qu'elle n'était pas favorable au mariage.

Je ne fus pas étonnée : Bachir m'avait prévenue que depuis toujours sa mère espérait bien le marier à sa cousine…

Ma future belle-mère discuta ensuite un moment avec ma mère, puis, avec les femmes qui l'accompagnaient, elle me rejoignit dans ma chambre : elles me soumirent alors à un flot quasi ininterrompu de questions :

— Quel âge as-tu ? Est-ce que tu sais cuisiner ? Qu'est-ce que tu as fait comme études ? Combien veux-tu avoir d'enfants ? etc.

J'étais jeune, et très impressionnée.

Après une heure environ, les femmes quittèrent la maison. Plus tard, Bachir me dit que je n'avais pas beaucoup plu à sa mère.

Mon beau-père, par contre, se dit prêt à payer tous les frais du mariage.

Ma mère géra mon mariage comme une femme d'affaires. Dès qu'elle eut l'argent, elle fit toutes les emplettes, sillonnant les souks, me traînant avec elle mais décidant de tout : de la robe de mariage, des sacs à main, des bagues, de la nuisette, et même des sous-vêtements…

Je n'avais pas voix au chapitre. Lorsqu'un achat ne me plaisait pas, j'essayais de m'y opposer, en vain, et elle me disait de me taire : j'avais parfois l'impression que c'était son mariage à elle qu'elle préparait…

— En Tunisie, c'est comme ça que ça se passe, affirmait-elle, elle-même influencée par sa sœur qui l'accompagnait partout et lui rappelait à chaque instant la tradition tunisienne.

Question dot (sujet très important car elle est l'une des conditions du mariage) Bachir avait pris les devants, en m'expliquant que la plus pieuse des femmes aux yeux de Dieu est celle qui demande la dot la moins importante. J'avais cherché confirmation dans un livre sur le mariage en islam, livre écrit par un « savant » salafiste : c'était bien vrai, la meilleure des épouses était celle qui demandait la plus modeste des dots, et cela bénissait encore plus l'union entre l'homme et la femme. Je décidai que cela nous porterait donc bonheur si je ne demandais qu'un dinar symbolique à mon futur époux ; il sembla très touché de ma demande…

Le grand jour arriva. Le matin, toutes les femmes de la famille m'accompagnèrent au hammam. On me frotta, on me baigna, puis on me mit entre les mains de celle qui allait procéder à mon épilation au sucre et au miel. Je n'avais pas l'habitude, et je criai de douleur lorsqu'elle m'épila le maillot. Mon futur mari avait donné l'ordre qu'on ne touche pas à mes sourcils, car une femme salafiste ne doit pas les épiler…

Des femmes entraient et sortaient, ma belle-mère, ma mère, mes tantes, et d'autres que je ne connaissais pas. Et puis, tout à coup, je ressentis dans le bas-ventre une douleur fulgurante qui me laissa sans voix, le cœur au bord des lèvres. Je hurlai.

— C'est bon, cria la femme qui m'épilait, elle est propre !

« Propre » ne signifiait pas que ma toilette était terminée. Propre signifiait que j'étais vierge. La douleur que j'avais ressentie, c'était la femme qui me l'avait infligée en introduisant brutalement ses doigts en moi, pour vérifier mon hymen.

Je pleurais à chaudes larmes. De l'autre côté de la porte, les femmes lançaient leurs youyous de fête. Ma mère, visiblement, était soulagée. Qu'avait-elle donc pensé ? Qu'elle allait être déshonorée par sa fille qui n'était plus vierge ? Jusqu'au bout, elle m'avait pris pour une fille aux « mœurs légères ». Le certificat de virginité n'avait servi à rien : jusqu'à ce jour, elle m'avait soupçonnée.

De la cérémonie de notre mariage, le 24 août 1998, je garde un souvenir flou. Comme cela se passe parfois en Tunisie, nous ne nous sommes pas déplacés à la mairie, un huissier de justice est venu à la maison, et j'ai apposé ma signature au bas de quelques feuilles, et sur un cahier administratif. Tout était rédigé dans cette belle langue arabe que je ne sais pas lire : je ne savais pas ce que j'avais signé exactement.

Pour le reste, ma mère avait reçu l'argent et en disposait comme elle le souhaitait. Elle voulait une énorme fête, si possible la plus grande fête de mariage qu'il y ait jamais eu à Bouhmel, pour impressionner la famille, les amis, les voisins.

Tout le village, ou presque, était là. Comme le veut la tradition, Bachir et moi étions installés sur des trônes, moi dans une robe si lourde que je pouvais à peine bouger. Mon mari faisait la gueule : danser, chanter, c'est haram pour les salafistes ! Les femmes de la famille me tirèrent tout de même sur la piste, où je fis trois pas de danse. Quand je regarde les photos de mon mariage, je ne vois que mon regard perdu… Vers 23 heures, nous primes place dans la voiture rutilante louée pour l'occasion. Mon oncle nous conduisit jusqu'à l'hôtel réservé pour une semaine à Hammamet. C'était notre voyage de noces. J'étais épuisée, et j'avais terriblement peur : je ne voulais pas partager le lit de mon mari. C'était trop tôt. Je dormis tout habillée, en tee-shirt et en short, sur le canapé. Bachir se montra compréhensif. Lui aussi était fatigué ! Mais le lendemain matin, de l'autre côté de la porte, ma mère, ma belle-mère et quelques femmes de la famille attendaient de pied ferme : elles voulaient voir le fameux drap taché de sang, pour pouvoir entonner des youyous à n'en plus finir.

Bachir, là encore, réagit avec détermination : il les chassa sans ménagement. Je dois dire que cela me rassura : il ne se laissait pas faire par la famille, il protégeait notre intimité : un sacré bon point pour mon jeune mari !

Le surlendemain après-midi, je vécus mes premiers rapports sexuels. Cela me laissa de marbre…

J'avais 21 ans. Ma vie de femme mariée commençait.

Depuis le pont supérieur du bateau *Le Habib* – du nom d'Habib Bourguiba, l'ancien président charismatique tunisien – je regardais le port de la Goulette s'éloigner avec une sourde angoisse : ma vie de jeune fille s'achevait ici, sur ces rives bleues et blanches qui allaient bientôt disparaître sous mes yeux, dans ce pays aux musiques enivrantes et aux parfums entêtants. Un pays qui m'avait beaucoup donné, et beaucoup pris aussi. Le bateau reliait les deux côtes de la Méditerranée, celle de mon enfance et celle de ma vie d'adulte… De Tunis à Marseille, je pensai à mes parents : vingt ans plus tôt, ils avaient fait le même voyage que moi. Tunis, Marseille. Eux aussi étaient jeunes mariés. Sans doute imaginaient-ils à ce moment-là que c'était pour la vie. Mais leur mariage avait été un échec. Depuis le pont du bateau, je scrutais la ligne d'horizon et je me répétais que moi, je ferais tout mon possible pour réussir le mien. Ce voyage, après tout, avait été une déchirure pour ma mère, qui laissait derrière elle son pays. Ce n'était pas le cas pour moi : j'allais retrouver le mien.

À l'arrivée au port de Marseille, Bachir et moi avions prévu de nous séparer : il se dirigeait vers notre futur « chez nous », à Roanne, là où il avait grandi et où nous allions vivre, là où, me dit-il, il était attendu pour signer le bail de notre appartement. Il tenait absolument à rendre notre appartement confortable pour m'accueillir, et dès qu'il en aurait les clés il lui donnerait un bon coup de peinture. Moi, je prenais le train et retournais à Rouen d'où je devais déménager les quelques affaires de mon studio. Il viendrait me chercher en voiture quelques jours plus tard.

À Rouen, je commençai à remplir des cartons. Dans mon petit appartement, je n'avais pas grand-chose.

Cinq jours plus tard, comme prévu, Bachir arriva au volant d'une vieille Ford.

Il était de très bonne humeur, et me réservait une surprise : avant de descendre à Roanne, nous allions faire un saut à Paris, pour fêter notre nouvelle vie. Il allait m'emmener faire tous les magasins du quartier Couronnes dans le 20e arrondissement. Je connaissais déjà ces boutiques, pour y être allée en compagnie de mes amies étudiantes. On pouvait y acheter des voiles de toutes les couleurs, des *jalabib* et des niqabs. Il y avait aussi deux librairies religieuses dans lesquelles étaient disponibles tous ou presque tous les livres des « savants » musulmans wahhabites, un mouvement religieux saoudien très conservateur. Des « savants » qui prônaient parfois la polygamie et la lapidation de la femme adultère. Je les trouvais un peu extrémistes. Mais depuis que nous nous connaissions, Bachir m'expliquait que plus une femme se voilait, plus elle gagnait des *hassanaths*, c'est-à-dire des « bons points » en vue d'obtenir sa place au paradis. Une femme qui portait le voile, comme moi depuis quelques années, c'était bien, mais pas suffisant. Ce n'était même qu'un tout petit début. Celle qui revêtait le jilbab, déjà, se rapprochait beaucoup plus de Dieu. Le jilbab, c'est un voile ample, de couleur sombre, qui la couvre de la tête aux chevilles. Selon Bachir, le *nec plus ultra* de la religiosité, la tenue de la femme qui contentait vraiment Allah, c'était le niqab, encore mieux lorsqu'il s'accompagnait du *sitar*, un voile opaque rabattu devant le visage. Dieu n'aimait rien tant que la femme qui ne dévoilait ni son corps, ni ses cheveux, ni son cou, ni ses mains, ni ses chevilles, ni ses pieds, et avec le sitar, ni ses yeux ni aucun centimètre carré de son visage. Ses mains devaient être gantées de noir. Ça, c'était pour elle le paradis quasi assuré. À condition, bien sûr, que le comportement de la femme aille de pair avec sa tenue, pudeur et discrétion étant ses alliées. De plus, ajoutait-il, « concernant l'épouse, le paradis est sous le pas de son mari. Une femme va au paradis si son mari est content d'elle ».

Plus l'épouse contente son mari, donc, plus elle se plie à ses moindres exigences, et plus elle est sur le bon chemin.

Bachir était beau parleur : quand il le souhaitait, il savait user de sa voix enjôleuse, comme il l'avait fait lors de nos premières rencontres pour me convaincre de l'épouser. Il pouvait se montrer pédagogue, et persuasif. En tout cas sur moi ça marchait : il était mon mari, il avait donc sûrement raison. Je n'étais sans doute pas très difficile à convaincre, car l'idée d'être un jour une pratiquante accomplie me séduisait. Un jour, je serais une femme si pieuse que Dieu ne pourrait que m'aimer. J'étais toujours en quête de spiritualité, et j'avais enfin un idéal : me comporter de telle sorte que j'aurai, dans l'autre vie, la vraie, une entrée quasi assurée au paradis. Au fond de moi, je savais aussi que les « sœurs » musulmanes me respecteraient beaucoup plus si je portais le jilbab, et incroyablement plus si je mettais le niqab : la vie sur terre, après tout, comptait aussi, puisque Allah l'avait créée. Et il n'était pas désagréable, sûrement, de se sentir appréciée, voire même admirée. Mais je savais bien que ces pensées-là étaient péché d'orgueil…

Bachir m'emmena dans tous les magasins de la rue Jean-Pierre Timbaud, quartier Couronnes, à Paris : dans chacun d'entre eux, j'essayais des petits voiles, des jalabib, et même des niqabs. Dans la cabine d'essayage, devant le miroir, je m'impressionnais moi-même : le jilbab qui me dissimulait depuis la racine des sourcils – Bachir préférait que mes sourcils ne soient pas visibles – jusqu'aux chevilles, soulignait mon teint pâle et mes yeux ourlés de khôl. Quant au niqab, il m'auréolait de mystère. Était-ce bien moi, cette femme à l'apparence si vertueuse ?

— Mach'Allah ! me répétait Bachir... Ce que Dieu veut ! Comme tu es belle ! Tu ressembles aux femmes du Prophète !

Je souriais, flattée et émue d'être aussi importante aux yeux de mon mari.

À ce moment-là, j'étais sûre de l'aimer. Avec sa longue barbe, son *qamis* blanc (la djellaba des hommes qui descend jusqu'au-dessus de la cheville), sa calotte elle aussi blanche et bien ajustée, son fier port de tête, sa haute taille et ses grands yeux noirs en amande, je le trouvais beau. Je me souviens m'être clairement dit, en sortant du dernier magasin, les bras chargés de paquets : j'ai fait le bon choix, cet homme-là est mon mari, j'ai de la chance car il ressemble au Prophète. Il ne boit pas, il est dans le droit chemin, il ne me fera jamais de mal.

Au fond de moi, il y avait aussi le désir de prouver à ma mère qu'un homme pouvait être respectable, que tous n'étaient pas comme ses maris, brutaux, que tous n'étaient pas méprisables. Elle haïssait les hommes, je voulais lui montrer qu'elle se trompait, qu'elle avait tort de généraliser.

Elle m'avait toujours dit : « L'homme sert uniquement à avoir de l'argent. »

Elle se bagarrait avec son mari, mais elle restait « pour l'argent » : ainsi avait-elle pu construire sa maison à Boumehl, en Tunisie : c'était son but, et son mari n'avait été qu'un moyen pour y parvenir. Moi, je ne m'intéressais pas à l'argent. Il en fallait pour vivre, c'est tout. J'étais sûre qu'on peut se respecter l'un l'autre au sein du couple, vivre en harmonie, pour peu qu'on soit en accord avec les valeurs de l'islam. Ma mère, elle, ne vivait pas du tout « dans l'islam ». Je voulais être différente d'elle.

Bachir m'acheta pas moins d'une dizaine de jalabib au tissu fluide et léger, aux tons neutres, mais aussi des petits voiles de couleurs – pour les jours de fête, me dit-il – et trois niqabs, un marron, un gris et un noir. Leur étoffe était plus lourde, je me dis que durant l'été il serait plus difficile de les porter. Ce niqab, contrairement aux jalabib qui me semblaient être somme toute une tenue assez traditionnelle, je le considérais en quelque sorte comme un accessoire de mode plutôt raffiné, que je pourrais mettre dans les grandes occasions.

Dans les librairies, nous achetâmes quelques livres du cheikh Al Albani, un Albano-Syrien, et du cheikh saoudien Ibn Baz, deux savants salafistes, « des exemples pour tous les salafis », m'expliquait Bachir. Je reconnaissais ces livres, je les avais vus en vente dans les conférences où je m'étais déjà rendue, et au rendez-vous annuel de l'UOIF.

C'est donc en toute harmonie que nous revînmes à Rouen le soir même.

Dans mon studio était entassée une dizaine de cartons remplis de livres, de mes cours de fac, de disques et de cassettes. Au milieu de la pièce trônaient mon matelas, la table basse et le petit bureau sur lequel j'étudiais, et que j'avais démontés pour le déménagement. Bachir eut l'air un peu contrarié.

— Tu as vraiment besoin de tout ça ?, me dit-il. Ton matelas, OK, mais deux cartons de vaisselle ? Quatre cartons de bouquins ? Tu n'es pas obligée de tout prendre avec toi maintenant !

J'avais effectivement entassé tous les livres qui m'avaient tenu compagnie depuis que je vivais seule. Des romans, et mes livres de psycho. De ces derniers, il était exclu que je me débarrasse. Au fond de moi, je me disais que je reprendrais peut-être mes études… Un jour.

Bachir m'expliqua alors pourquoi il n'était pas judicieux de trimballer tous ces cartons : il s'était bien gardé de m'en parler durant notre virée à Paris.

— Je ne te l'ai pas dit avant mais ma mère veut absolument que nous allions d'abord un peu chez elle en arrivant. Elle veut t'accueillir, toi sa belle-fille, comme il faut, avant qu'on s'installe chez nous. Alors tes meubles, ta vaisselle, le matelas – et même tes livres, si tu y tiens vraiment – on pourra les récupérer plus tard.

Cela me surprit, et me déplut : pour ma part j'avais hâte de découvrir notre appartement repeint, et de m'y installer avec mon mari. Mais l'invitation de sa mère partait d'une bonne intention, je ne pouvais décemment pas refuser sans immédiatement envoyer un très mauvais signal à ma belle-famille. Je n'avais de toute façon pas le choix : pour bien connaître les familles arabes, je savais pertinemment que mon refus serait vécu comme un affront, et que je le paierais cher. J'acceptai donc de déposer le lendemain une partie de mes affaires chez mon père, en lui promettant de revenir les chercher bientôt.

Durant le voyage de Rouen à Roanne, nous ne parlâmes pas beaucoup. J'étais fatiguée et je dormis la majeure partie du temps : la virée à Paris, le voyage, le déménagement, toute cette nouveauté, c'était beaucoup pour moi. Mais je me sentais bien : ma belle-famille m'attendait, mon mari m'aimait, j'étais enfin importante aux yeux de quelqu'un. Nous allions nous construire une jolie vie.

Nous arrivâmes dans la banlieue de Roanne au moment du *fajr*, la prière de l'aube, vers 5 heures du matin. Ses parents habitaient une petite cité HLM au Parc des Sports, dans un petit immeuble d'environ dix étages. Il y avait de la verdure, c'était un endroit agréable. Pour revoir mes beaux-parents, j'avais enfilé un jilbab gris clair, et j'affichais mon plus beau sourire. Mais l'accueil ne fut pas aussi chaleureux que je l'escomptais : contrairement à ce que m'avait dit Bachir, sa mère ne semblait pas particulièrement réjouie de nous voir arriver. Me revint immédiatement en mémoire le sentiment que j'avais eu lors de notre mariage, à savoir qu'elle m'en voulait de lui avoir pris son fils, et d'avoir ainsi empêché son mariage avec une de ses cousines. Ses sœurs vinrent me dire bonjour et disparurent aussitôt, quant à mon beau-père il était installé, seul, dans le salon, devant la télé. Il ne se leva pas avant que je sois devant lui. Je ne m'en formalisai pas, Bachir m'en avait fait un portrait peu flatteur : il avait un caractère très difficile, il était gueulard et brutal, et toute la famille le craignait. Je me rendis vite compte qu'effectivement cet homme faisait régner un climat de peur dans la maison. Tant qu'il était au travail, ma belle-mère et ses filles allaient et venaient dans l'appartement, les portes claquaient, il régnait une cacophonie joyeuse aux sons de la radio et de la télévision mélangés. Dès que le pas de mon beau-père résonnait dans l'escalier, mère et filles s'installaient dans la cuisine et en fermaient la porte. Dès qu'il se trouvait dans l'entrée, l'ambiance se faisait plus pesante. Il dérangeait. Il était impressionnant, très grand, il souriait très rarement, et fronçait les sourcils en permanence. Il s'énervait pour un rien et sa voix forte et grave résonnait alors dans tout l'appartement.

Bachir et lui s'affrontaient souvent, violemment. Mon beau-père reprochait à son fils de ne pas avoir de travail fixe, et il ne supportait pas ses convictions religieuses. Il traitait son fils de « Khwen'ji », (Khwen'ji « Frère musulman », un terme péjoratif dans le dialecte tunisien, dans la bouche de mon beau-père, c'était autant une référence au courant wahhabite salafiste qu'au courant islamiste égyptien, qu'il jugeait rétrogrades). Pourtant son fils n'aimait pas beaucoup les Frères musulmans, qu'il trouvait trop avant-gardistes ! Régulièrement j'entendais mon beau-père crier à mon mari :

— Mais à quoi tu ressembles ! Y a que les Saoudiens, ces fils de chien, qui portent une barbe pareille ! Tu me fais honte ! Va à Tunis, va, tu vas voir comment ils vont t'attraper et te mettre en prison !

Bachir répondait :

— C'est écrit dans le Coran !

— Tu l'as lu, le Coran ? Écrit où ? Tu ne connais rien à la religion ! Espèce de clochard ! Va travailler, va, au lieu de traîner avec les Khwen'ji et de sucer le sang de la France !

Les portes claquaient, et durant plusieurs jours le père et le fils s'ignoraient, jusqu'à leur dispute suivante. Ma belle-mère ne supportait pas que son mari insulte leur fils. Pour elle, Bachir avait toujours raison. C'était son Fils, avec un grand F.

Le lendemain de notre arrivée chez ses parents, Bachir m'avait affirmé que son employeur lui avait à nouveau accordé quelques jours de congé, le temps que nous nous installions, et qu'il avait demandé à des amis de l'aider à terminer de menus travaux dans notre appartement. Il voulait me faire une surprise, me disait-il, je ne devais pas voir l'appartement avant qu'il soit terminé. Les jours passèrent. Ma belle-mère me présenta à la famille élargie, tantes, oncles, cousins et cousines, et à ses voisines. L'ambiance était très particulière : lors des repas, Bachir ne mangeait pas avec nous, il avait « des choses à faire », disait-il, pour notre emménagement. Ma belle-mère, mes belles-sœurs et moi déjeunions et dînions ensemble dans la cuisine, alors que mon beau-père mangeait, seul, un plateau-repas que l'une de ses filles lui apportait devant la télévision. En fait, aucun membre de la famille ne lui parlait réellement. Bochra, la sœur aînée de Bachir, vivait à Paris : elle appelait sa mère chaque jour, et venait souvent le week-end. Elle avait quitté le domicile familial pour chercher du travail, et était auxiliaire de vie. C'était une femme libre, et seul Bachir trouvait à y redire :

— Elle n'est pas sérieuse, me disait-il tout bas. Une femme de son âge, seule à Paris ! Elle devrait être mariée !

Mais il se gardait bien de faire la moindre remarque devant Bochra qui avait la langue bien pendue, et qui donnait régulièrement de l'argent à leur mère. Elle payait certaines factures, elle était donc indispensable à la bonne marche de la maisonnée, et cela lui conférait des droits sur chacun de ses membres. Elle était très autoritaire, et se mêlait de tout, y compris des relations de couples de ses frères et sœurs.

Mounira, la suivante, était mariée à un Français d'origine algérienne et vivait à Lyon dans une jolie petite maison. Ses autres sœurs Nassima et Fatima étaient étudiantes et habitaient encore chez leurs parents. Je ne les voyais jamais parler à leur père, sauf pour lui demander de l'argent. Elles menaient leur vie librement, sortant retrouver des amies sans que leurs parents y trouvent à redire.

Bachir, lui, les traitait de dévergondées.

— Toutes mes sœurs sont des traînées, elles sortent, elles fument, elles ne respectent rien ! Je suis même sûr qu'elles boivent !

Bref, il y avait beaucoup de tensions dans cette maison, père et fils se détestaient, frère et sœurs ne s'aimaient pas beaucoup. Sur le plan religieux, Bachir, ma belle-mère et moi étions les seuls à faire la prière, et cela me choquait. Seuls l'Aïd et le ramadan étaient fêtés dans cette maison. Bachir me répétait dix fois par jour :

— Tu vois, toi, tu iras au paradis, tu es une bonne musulmane, Dieu t'aime. Je prie pour ma famille afin qu'Il la mette aussi sur le bon chemin.

Aux heures de prière, nous allions dans notre chambre, je tirais nos deux tapis et m'installais derrière lui, comme le veut la tradition (la femme ne doit pas s'agenouiller devant l'homme car elle pourrait ainsi lui donner « de mauvaises idées », ce qui annulerait l'effet de la prière). S'il était absent, je priais seule. Depuis la prière du matin, le fajr, à l'aube, jusqu'à celle de la nuit, *l'icha*. Mais je commençais à trouver le temps long : l'appartement était grand, pourtant je m'y sentais à l'étroit. Il y avait quatre chambres, celle des parents, celle dans laquelle s'entassaient les sœurs de Bachir, celle des garçons et celle dans laquelle nous dormions, lui et moi. Le salon, décoré à la tunisienne avec des bancs de bois blancs peints et de gros coussins colorés, était visiblement le domaine du père. Une énorme télévision trônait au beau milieu, ainsi qu'un magnétoscope dernier cri, comme souvent dans les familles arabes ou africaines, pour qui comptent énormément les chaînes arabes de télévision, un lien avec le pays d'origine. La pièce la plus chaleureuse restait la cuisine : il y régnait l'odeur du *bakhour*, l'encens tunisien que sa mère faisait brûler sur le balcon dans un *kanoun*, et son parfum entêtant m'emplissait de nostalgie, me rappelant Latifa et la Tunisie. La pièce était vaste, elle donnait sur un balcon qui dominait le quartier, et je m'y installais au moindre rayon de soleil. Il n'y avait pourtant pas grand-chose à voir, sinon les allées et venues des habitants. Le matin, les mères de famille passaient entre les immeubles d'un pas pressé, avec leurs enfants qu'elles accompagnaient à l'école. À 11 h 30, elles allaient les chercher pour les faire déjeuner à la maison. Visiblement, très peu d'enfants étaient inscrits à la cantine scolaire, sans doute parce qu'aucune mère ne travaillait. Rebelote à 13 h 30, direction l'école, et à 16 h 30, même trajet en sens inverse. La plupart de ces mères de familles portaient un petit voile sur les cheveux, quelques-unes un jilbab. Une seule fois, j'aperçus une femme en niqab : la grande robe noire la couvrait de la tête aux pieds. De son visage, on ne voyait rien : un petit voile, le sitar, était rabattu sur lui. Elle tenait un enfant de 6 ou 7 ans par la main. Je le reconnus : les jours précédents, il était accompagné d'un homme barbu, son père sans doute. Cela faisait plus de quinze jours maintenant que nous étions installés, ou plutôt en transit, chez mes beaux-parents. Je m'étonnais de ce que Bachir pût être aussi libre de son emploi du temps, et j'eus peur qu'il ne fût pas consciencieux, qu'il prenne trop de liberté vis-à-vis de son employeur, et qu'il se fasse renvoyer du travail. Un matin, je lui dis mon inquiétude. Nous étions dans « notre » chambre, celle dans laquelle il avait dormi toute son enfance, et qu'il n'avait jamais quittée, finalement !

— Dis-moi, Bachir, ton patron, il va finir par s'énerver, que tu sois autant absent !

Il me regarda d'un air étrange mais ne dit rien.

— Quand est-ce qu'on s'installe chez nous ? J'en ai un peu assez d'être ici, je veux habiter chez moi ! Tant pis si les peintures ne sont pas finies, allons-y, s'il te plaît, au moins je commencerai à déballer mes affaires.

Cette fois, il me répondit :

— Oublie ça. Il n'y a pas d'appartement.

Je crus avoir mal compris et lui fis répéter :

— Il n'y a pas d'appartement, je te dis. On va rester ici. Et je n'ai pas de travail.

Je le regardai, hésitant à le prendre au sérieux :

— Tu plaisantes ?

— Non. On reste là.

Sous le choc je me laissai lourdement tomber sur le lit. Au fond de moi, je savais bien qu'il ne plaisantait pas : il m'avait menti, sur toute la ligne. Il n'avait ni travail, ni appartement.

Devant ma stupeur, il reprit d'un ton guilleret, me regardant bien en face, les yeux dans les yeux, un petit sourire aux lèvres :

— Comprends-moi, je n'avais pas le choix, ma chérie ! Sans ça, tu ne m'aurais jamais épousé, n'est-ce pas ?

D'abord, je restai abasourdie. Lui, mon mari, m'avait fait croire qu'il était employé dans une boutique d'informatique, qu'il gagnait correctement sa vie, et que notre appartement n'attendait plus que nous. Qu'il était en train de le retaper, pour mieux m'accueillir.

D'un coup, en un éclair, assise sur ce lit dans lequel j'allais sans doute devoir dormir pendant des mois encore, je compris que je m'étais fait avoir. Depuis que je le connaissais, il me mentait. Mon mari m'avait bernée. Moi qui avais décidé de tout faire pour que notre mariage réussisse, j'avais cru à ses belles paroles, à l'avenir, si ce n'est luxueux, tout au moins honorable qu'il me promettait. Nous avions un appartement, et une vraie vie de couple. Qui sait, dans quelques années peut-être, une fois que nous serions bien habitués l'un à l'autre, et que j'aurais moi aussi du travail, nous aurions un enfant. Avec des efforts, nous pourrions fonder une vraie famille.

Certes, je n'étais pas amoureuse de lui, mais avec le temps cela pouvait changer. Au moins, me disais-je, je m'attacherais à lui. C'était sans doute ça, l'amour. Et là, brutalement, tous mes rêves – somme toute assez modestes – s'écroulaient. Je me mis à sangloter et entre deux sanglots, je criai :

— Tu m'as menti ! C'est dégueulasse de me faire ça ! Pourquoi tu m'as menti ?

— Ben, c'est simple : je t'ai menti parce que sinon ta famille n'aurait jamais accepté que je t'épouse ! C'est tout !

— Mais j'ai rendu mon appartement ! On va vivre où ?

Plus je m'énervais, plus il était calme.

— Mais t'inquiète pas, me répondit-il tranquillement, on va rester chez ma mère le temps qu'on en trouve un. Je vais faire une demande aux HLM.

Je compris ainsi pourquoi sa mère était si froide avec moi : en réalité, elle n'espérait absolument pas ma venue, son fils ne lui avait pas laissé le choix, il m'avait imposée.

À partir de ce jour-là, la tristesse m'envahit. La réalité m'apparaissait dans toute sa cruauté : j'étais une jeune femme qui s'était mariée dans la précipitation, sans vraiment savoir ce qu'elle faisait, à un homme menteur, chômeur, qui, je l'appris à ce moment-là, vivait des aides sociales et dépendait de ses propres parents. Quelle réussite ! Quel magnifique départ pour une vie de couple ! J'en voulais à mon mari, bien sûr, profondément, mais aussi à sa mère : elle était très proche de son fils, il était son préféré, et il lui disait tout, ou presque. Elle savait donc forcément qu'il s'était joué de moi, que pour m'avoir il s'était inventé un boulot, un appartement, des revenus, une vie tranquille. Elle était sa complice, sans doute depuis le début, et toute sa famille l'avait suivi dans le mensonge. Je les détestais presque autant que lui. Cette situation dura plusieurs semaines. Bachir sortait le matin, disant qu'il allait chercher un appartement. Il rentrait le soir, sans avoir rien trouvé, évidemment : qui allait lui louer quoi que ce soit alors qu'il ne travaillait pas ? L'ambiance chez ses parents se faisait de plus en plus pesante. Je n'avais aucune énergie, je restais enfermée dans la chambre une grande partie de la journée, somnolant ou ruminant sur le lit. Plus question de prendre le soleil au balcon. Je n'avais même plus envie de sortir : pour aller où ? Je ne faisais plus aucun effort pour être une convive agréable, je manquais un repas sur deux. Je me sentais mal, nauséeuse, épuisée. J'étais profondément malheureuse, je m'enfonçais dans la déprime.

Un matin, de mon lit, j'entendis des cris résonner dans l'appartement : mon beau-père et mon mari se disputaient, comme d'habitude. Je ne percevais pas tout, mais je compris très clairement au moins une phrase :

— Alors, tu n'as qu'à dégager avec ta femme ! Allez au diable !

La porte d'entrée claqua violemment. Mon beau-père venait de sortir. Bachir entra dans la chambre en trombe.

— Lève-toi, on s'en va !

— On s'en va ? Mais on s'en va où ?

— On s'en va, c'est tout ! Il te flanque dehors, il ne veut plus te voir, ce salaud ! Il dit qu'il en a marre de te nourrir !

Et il descendit de l'armoire nos deux sacs de voyage :

— Vas-y, on déménage.

Voilà comment ma belle-famille nous mit dehors, ou plutôt ME mit dehors. Je compris plus tard que mon beau-père n'avait fait qu'obéir aux injonctions de sa femme : depuis plusieurs semaines, elle le harcelait pour qu'il me mette à la porte. Elle lui répétait dix fois par jour que j'étais une bouche superflue, que je me prenais pour une princesse, que je ne levais pas le petit doigt pour l'aider au ménage ou à la cuisine, que je dormais toute la journée. Elle n'avait pas complètement tort : je dormais beaucoup, j'étais très fatiguée. Je ne le savais pas encore, mais j'étais enceinte. Quand je l'appris, je compris que mon destin était scellé : même si j'en voulais énormément à mon mari de tous ses mensonges, je ne pouvais plus le quitter : nous allions être parents.

Nous avions atterri dans un hôtel Formule 1, un motel de seconde zone, dans la banlieue roannaise, et c'est dans une de ces chambres sans âme, à la douche coincée entre une minuscule fenêtre et le lit, que je fis un test de grossesse pour confirmer les symptômes qui m'alertaient. Le résultat était positif. Je ne voulais pas y croire, et allai faire une prise de sang pour avoir la confirmation : je m'évanouis quand on me donna le résultat ! Oui, j'étais enceinte, et sous le choc. J'aurais dû être folle de joie, j'étais folle d'inquiétude : dans quelques mois, un bébé naîtrait. Où l'accueillerions-nous ? Dans quel genre de famille allait-il voir le jour ? Quel serait son avenir, avec un père chômeur et menteur, et une mère dépressive ? Et, avant même d'en arriver là, comment allait-il pouvoir grandir dans mon ventre, et ma grossesse se dérouler normalement ? J'étais si angoissée, et je me nourrissais si mal ! Mon petit déjeuner, mon déjeuner et mon dîner consistaient la plupart du temps en un bol de céréales : rien n'était prévu dans la chambre pour cuisiner, et de toute façon des nausées me coupaient l'appétit. Toutes nos affaires étaient entassées dans le coffre de notre vieille voiture, notre seule richesse…

Bachir alla tout de même annoncer ma grossesse à sa mère : prise de remords, comprenant pourquoi j'étais si amorphe ces dernières semaines, elle proposa que nous revenions tous deux habiter à la maison, le temps de ma grossesse.

— Jamais !, criai-je quand il m'en parla. Tes parents m'ont foutue dehors, jamais je ne remettrai les pieds chez eux ! Et tout ça c'est ta faute !

— Ne te plains pas trop, me rétorqua-t-il, j'aurais pu te laisser toute seule à l'hôtel, tu as bien de la chance que je t'aie accompagnée !

Je fus suffoquée par sa réflexion : était-ce ça, la vie de couple ?

La nuit, j'avais des insomnies, je me retournais dans le lit étroit, cherchant désespérément une solution. Peu à peu, je compris qu'il ne servait à rien de me lamenter. Les dés étaient jetés, j'étais enceinte. Il nous fallait un toit, et je devais consacrer toute mon énergie à sa recherche. Pour le reste...

Je changeai de stratégie vis-à-vis de mon mari : il fallait qu'il se lève tôt pour trouver du travail, qu'il fasse le tour de toutes ses connaissances, qu'il leur explique la situation, qu'il leur demande un tuyau pour trouver un appartement. Il devait faire le siège de l'Office public des HLM pour qu'ils nous prennent en pitié et acceptent notre candidature même si nous n'avions pas vraiment de revenus pour le moment. Il fallait donc que je l'encourage, au lieu de lui faire des reproches. Je lui parlai gentiment, lui expliquai la situation, comme à un enfant. Il prit un air contrit :

— Mais il y a un problème... Je ne peux pas aller voir l'OPH...

— Pourquoi ?, lui demandai-je d'un ton angoissé, dans la crainte immédiate de la mauvaise nouvelle qui s'annonçait.

— Parce que... euh... Tu sais, j'ai tout fait pour avoir un appartement avant qu'on se marie, vraiment j'ai tout fait, mais comme je n'avais pas de travail... Et comme je savais que l'OPAC me demanderait des fiches de paie… Ben, j'en ai fabriqué des fausses. Mais ils s'en sont rendu compte, les chiens ! Donc je suis grillé…

Je réagis à peine. Pour mon enfant, il fallait que j'avance.

— Alors je trouverai moi-même un appartement, dis-je à mon mari avec colère.

— Ah oui ? Comment ? Avec ton voile, tu crois que des Français vont te louer quelque chose ? Tu n'as aucune chance !

— Tu crois ?, répondis-je, décontenancée.

— Bien sûr que non. Les Français détestent les musulmans, encore plus les Arabes : ils ont peur de nous.

Pour la première fois, je l'entendais affirmer ainsi que « les Français » étaient racistes. Et je dois avouer, à ma grande honte, que je ne fus même pas révoltée, ni par son mépris, ni, et c'est encore plus grave, par le fait que son affirmation revenait à dire de façon détournée que nous, lui, moi, sa famille, la mienne, n'étions donc pas français nous-mêmes. Si, à ce moment-là, quelqu'un m'avait ouvert les yeux, expliqué ce que signifiaient exactement ses propos, montré que mon mari niait ainsi notre identité française, je serais sans doute tombée des nues. Cette question de l'identité, je ne me l'étais jamais vraiment posée. Pourtant, insidieusement, ma mère, et mon éducation, avaient déjà ouvert le chemin au doute, car enfant, puis adolescente, je ne m'étais jamais vraiment « mélangée » avec les Français et Françaises de souche. Et ma mère m'avait inlassablement répété que la Tunisie était son seul pays.

— Eh bien, je mettrai mon voile en bandana !, déclarai-je.

Bachir ne broncha pas. À partir de ce moment-là, je me levai tôt, j'avalai mon bol de céréales, et je me rendis au centre-ville pour chercher un logement. Je compris vite qu'il était inutile de faire le tour des agences immobilières : quand j'expliquais que nous n'avions qu'un salaire pour deux – et encore, un salaire d'intérimaire – je me heurtais à un refus poli mais ferme. Alors je fis le tour des petites annonces placardées dans les boulangeries ou les épiceries, je passai un nombre incalculable de coups de téléphone. Chaque fois, notre situation financière rebutait les propriétaires.

Les seuls qui me proposaient de visiter s'avéraient être, eux aussi, des locataires qui cherchaient à sous-louer leur appartement durant quelques mois pour se faire un peu d'argent. Je refusai à chaque fois, poliment, tout en me disant que si je ne trouvais rien de mieux, je devrais me résoudre à cette dernière extrémité. C'est grâce aux annonces du site Le Bon Coin que je finis par obtenir un rendez-vous avec un propriétaire. C'était un homme très gentil d'une cinquantaine d'années. Il me fit visiter un deux-pièces modeste, dans le quartier du Parc des Sports, une petite cité non loin de chez mes beaux-parents, et même de toute ma belle-famille, car les oncles, tantes, cousins de Bachir habitaient à côté. C'était un quatrième sans ascenseur, l'appartement était situé dans une rue étroite, il était petit et sombre, mais la cuisine était équipée, je pourrais y cuisiner des repas chauds et équilibrés, et la chambre était suffisamment grande pour y installer un lit de bébé à côté de notre matelas. Au propriétaire, j'expliquai la situation : j'étais enceinte, mon mari venait de décrocher un emploi de magasinier, nous n'étions pas riches mais très honnêtes. Je sus sans doute trouver les mots justes, car il me fit confiance, et me fit signer un bail le jour même. Je repartis, folle de joie, avec les clés d'un appartement qui allait nous permettre, une fois pour toutes, de dire adieu à l'hôtel Formule 1 !

Il me restait à récupérer les quelques meubles, le matelas deux places, et les cartons de vaisselle et de livres entreposés chez mon père, tout ce que ma mère avait laissé avant son départ définitif en Tunisie.

Mon mari loua une fourgonnette, nous montâmes à Rouen, chargeâmes le camion avec un matelas et les meubles, et mon père nous accompagna avec sa propre voiture pour le voyage du retour, de Canteleu, là où il vivait, jusqu'à Roanne. Je fis le trajet seule avec lui. Bachir conduisait le camion, accompagné d'un ami. Nous roulâmes une bonne partie de la nuit.

Mon père est un taiseux, et il a bien du mal à exprimer ses sentiments. Mais je ne sais pas pourquoi, cette nuit-là, nous discutâmes presque tout au long du trajet. C'est à ce moment-là qu'il me raconta sa vie d'enfant, comment son père était mort, pourquoi il avait dû quitter l'école. Peut-être avait-il tout à coup l'envie de parler à sa fille, dans un désir de transmission, parce que j'attendais un bébé, parce qu'il allait être bientôt grand-père… ou bien peut-être était-ce simplement parce que nous étions, pour la première fois depuis bien longtemps, tous les deux en tête à tête. Toujours est-il que le temps passa très vite.

Le jour se levait à peine quand nous arrivâmes sur la place de la mairie à Roanne. Notre appartement n'était pas très loin, et Bachir devait nous attendre là pour montrer le chemin à mon père. Je m'étais assoupie durant les derniers kilomètres, et je me réveillai. Je regardai mon père, je regardai l'arrière du camion conduit par mon mari, garé un peu plus loin. J'observai cet homme, mon mari, descendre du camion et s'avancer vers nous. Une angoisse terrible m'étreignit alors. Une sorte d'intuition m'envahissait, me prenait à la gorge, me coupait le souffle : j'en étais sûre, un malheur m'attendait. Impossible de me raisonner, je ne voulais pas descendre de voiture, je ne voulais pas rejoindre cet homme : je savais que si je le rejoignais, c'en serait fini de ma liberté. Je serais sous sa coupe. Or la donne avait changé : ce n'était pas un type bien, puisqu'il m'avait menti dès notre première rencontre.

— Papa, murmurai-je d'une voix étranglée par l'émotion.

Mon père se tourna vers moi, le regard interrogatif.

— Papa, ne me laisse pas. Ne me laisse pas avec cet homme. Je t'en supplie, viens on s'en va, je rentre avec toi… S'il te plaît, ne m'abandonne pas, papa. Je veux rentrer à Rouen.

Mon père poussa un long soupir, agacé.

— Papa ? Il m'a fait du mal, il m'a menti, il m'a raconté n'importe quoi pour pouvoir m'épouser ! Ses parents aussi m'ont fait du mal, ils m'ont mise à la porte ! Tu te rends compte ? Ne me laisse pas avec ces gens-là, papa !

J'étais sûre qu'il allait me comprendre. C'était mon père, il m'aimait. Il allait me sauver.

Mon père se tourna alors vers moi, et d'une voix ferme me répondit :

— Va vers ton destin, ma fille. Tu es enceinte, tu ne feras pas marche arrière. Il fallait y penser plus tôt. Descends de la voiture. C'est ton mari, va le retrouver, ta place est à ses côtés.

Je sanglotais. Mon père me laissait tomber, il se débarrassait de moi. Jusque-là, il était responsable de moi, c'était maintenant au tour de mon mari de me prendre en charge, et j'avais l'impression que cela l'arrangeait bien. Il m'aimait, oui, mais j'étais comme un poids pour lui. S'il m'avait dit à ce moment-là : « Viens avec moi ma fille », toute ma vie aurait été différente.

Je suis descendue de sa voiture, et m'en suis allée rejoindre mon destin : le 6 octobre 1998, notre mariage était enregistré à la mairie.

Chapitre 5

LES PORTES DE L'ENFER

Mon destin, j'en ai compris le goût amer quelques jours seulement après notre arrivée à Roanne.

Le matelas, mon petit bureau et ma table basse constituaient l'essentiel de nos meubles. Un peu maigre. Je me mis en quête d'une armoire, une table, des chaises, sur les petites annonces. Pour le lit du bébé, nous avions encore le temps.

Arranger au mieux notre petit appartement me redonna un peu d'entrain. Je le nettoyai de fond en comble. À genoux, je briquai, dépoussiérai, passai chaque carreau du sol à l'eau de Javel, nettoyai les vitres à l'aide de vieux journaux comme ma grand-mère m'avait appris. J'achetai du tissu coloré et cousis des rideaux et un couvre-lit. Je récupérai des planches dans la rue, et les fixai au mur, heureuse de pouvoir sortir mes livres et mes cassettes de musique de leurs cartons. J'achetai des posters de paysages, dont une photo que j'aimais particulièrement, et que j'affichai dans le salon : sur la ligne d'horizon, au sommet de dunes rouges, des silhouettes de bédouins accompagnés de leurs chameaux se découpaient, écrasées de soleil. Le désert. Je rêvais de contempler ces dunes dans la réalité, de sentir le sable brûlant sous mes pas, de le voir couler entre mes doigts, aussi fluide que de l'eau.

Avec ma carte bleue, que j'utilisais peu, Bachir acheta du petit électroménager, aspirateur, micro-ondes, etc.... Quand il rentra les bras chargés, je compris qu'il avait forcément dépassé le découvert autorisé par ma banque. J'avais peur des conséquences, mais il me dit de lui faire confiance, et de le laisser faire : nous n'aurions pas de problèmes. Quelques mois plus tard, il déposa un dossier de surendettement, accompagné d'une belle lettre pour signaler notre situation précaire et nos faibles ressources, et il demanda l'annulation de notre dette auprès de la banque de France.

Je n'avais plus de nausées et je commençais à penser que, peut-être, j'allais finalement pouvoir profiter tranquillement de ma grossesse.

J'avais pris un rendez-vous à la PMI, Protection maternelle et infantile, non loin de chez nous. Un médecin m'avait auscultée superficiellement – et prescrit un dosage hormonal pour savoir de quand datait ma grossesse : j'étais enceinte de trois mois.

Bachir partait tôt : il donnait un coup de main à un ami salafiste qui tenait une épicerie. C'était pratique : aux heures de prière, tous deux fermaient le magasin et s'en allaient à la mosquée. Souvent j'étais seule, tranquille, jusqu'au milieu de l'après-midi, car il rentrait vers 16 heures.

Un après-midi, alors que je repassais des jupes que je mettais quand je restais à la maison, il entra, le visage fermé. Il tenait à la main un grand sac plastique. Il s'arrêta au seuil de la porte, et me fixa d'un regard glacial auquel je n'étais pas habituée. Je frissonnai. Instinctivement, je me figeai, aux aguets. L'atmosphère était chargée d'électricité. Mon mari s'était déjà emporté contre moi une fois, lorsque je m'étais plainte qu'il m'ait menti. Il avait hurlé :

— Stop ! Tu la fermes maintenant !

J'avais été surprise et choquée qu'il me parle ainsi, mais je m'étais dit que c'était peut-être bien ma faute : j'avais sans doute dépassé les bornes, en lui rabâchant une fois de plus, une fois de trop, qu'il s'était mal conduit.

Il enleva sa veste, la déposa consciencieusement sur le dossier d'une chaise, posa son sac plastique à terre, et m'ordonna d'un ton sec :

— Arrête de repasser.

Je restai le bras en l'air, le fer à vapeur à la main.

— Pourquoi ? Qu'est-ce qu'il y a ?

Il semblait à la fois en colère et détaché. Il attrapa la jupe que je venais de repasser, une jupe longue de coton bleu marine, toute simple, qui m'arrivait jusqu'aux mollets et que j'aimais beaucoup.

— Ça, tu peux le donner, ou le jeter, comme tu veux.

Je ne comprenais pas.

— Et pareil avec ça, ajouta-t-il, ramassant ma tenue pakistanaise et son turban, que je m'apprêtais aussi à repasser. Il les jeta à terre. Il ouvrit le sac en plastique, et en tira trois longues jupes noires. Il les déposa sur la table à repasser.

— C'est cela que tu dois porter à la maison : une vraie musulmane ne met pas de jupe à mi-mollets, ni de pantalon, même chez elle. Surtout quand elle va avoir des enfants. Ce que tu repasses, là, c'est les femmes des Frères musulmans qui mettent ça. Des vestes soi-disant longues, des petits voiles, c'est de l'hypocrisie. Nous, on n'est pas des Frères musulmans. Toi tu dois ressembler aux femmes du Prophète.

Selon Bachir, donc, Dieu voulait que je me débarrasse de mes jupes, de mes tenues pakistanaises, que je ne les porte plus jamais, y compris dans l'intimité. Pourquoi pas ? Moi je voulais être aimée de Dieu. Je voulais aller au paradis. Je voulais suivre le bon chemin. Je jetai mes jupes. À partir de ce jour-là, je portai des robes longues à la maison, et de longs jalabib ou manteaux syriens à l'extérieur. Cela devenait une obsession : plus mes jalabib étaient longs, plus je me sentais pieuse.

Mais mon mari dut encore intervenir pour chasser quelques-unes de mes habitudes « perverses ».

Un jour où je rentrais de l'hôpital où je m'étais rendue à la consultation du quatrième mois de grossesse, je trouvai les étagères vides.

— Où sont mes livres ?, lui demandai-je, et mes cassettes ?

— Un *kouffar* les a sûrement ramassés…

Un kouffar, c'est-à-dire, en arabe, « un mécréant ». C'est, je crois, la première fois que j'entendais mon mari parler ainsi de ceux qui ne sont pas musulmans. Ou alors n'y avais-je auparavant jamais vraiment prêté attention ? Ou bien avais-je pris ces mots si méprisants pour une plaisanterie ?

En mon absence, donc, il avait jeté tous mes livres et mes cassettes. Je le regardai d'un œil vague : je ne savais pas que lire des livres était *haram* (illicite, pour les musulmans, c'est-à-dire interdit par Dieu). Cette fois, je n'étais pas convaincue, mais je n'avais pas le courage de le contredire et d'entamer une longue discussion sur le sujet : j'étais épuisée. Je sortais de ma première consultation de grossesse chez le gynécologue obstétricien. Je me sentais sale, malade, la consultation avait tourné au cauchemar. Il m'avait été impossible d'ouvrir les jambes sur une table d'auscultation, cela me rappelait le jour de mon mariage, le moment où la vieille femme avait vérifié ma virginité... Et je me sentais encore moins à l'aise devant un médecin-homme. Pas question qu'il découvre mon intimité, ça, oui, c'était haram. J'avais pleuré d'appréhension. Au bout de vingt minutes de palabres, il avait fallu aller chercher une femme, le docteur Riat, un médecin d'origine sénégalaise. Elle allait suivre mes trois grossesses. Elle était joyeuse et joviale, et avait pris ma terreur à la rigolade :

— Allons, madame Henda ! Je peux vous appeler par votre prénom ? Allons, allons ! Il faudra bien qu'il sorte par cet endroit-là, le bébé, alors vous allez me laisser d'abord y entrer tout doucement ! Comme ça, je lui montre le chemin !

Finalement, elle avait réussi, avec une grande douceur, à m'ausculter, sans m'infliger l'instrument de torture qu'elle appelait « spéculum ». J'étais restée en tout quatre heures à l'hôpital. Trois heures d'attente, une heure de consultation… Au lieu d'un quart d'heure pour les autres patientes ! J'allai me coucher directement, sans même répondre à Bachir. Mais il me suivit dans la chambre :

— Qu'est-ce qu'il y a ? Le bébé a un problème ?, demanda-t-il d'un ton inquiet.

— Non, tout va bien mais ça a duré trop longtemps…

— Quoi ? Qu'est-ce qui a duré ? Hein ? Dis-moi !

Il m'attrapa par le bras et me secoua :

— Et d'abord, c'est qui, ton médecin ? Me dis pas que c'est un homme qui t'a touchée !

Je reculai d'un bond :

— Lâche-moi ! Non, non ! Bien sûr que non ! Justement ça devait être un homme et j'ai refusé, c'est pour ça que ça a pris du temps ! J'ai une femme gynécologue !

Il me regarda d'un air dubitatif, prêt à me secouer à nouveau, mais il finit par me lâcher et siffla entre ses dents :

— Que je n'apprenne pas qu'un homme t'a touchée, médecin ou pas, sinon ça ira très mal pour toi. Tu m'entends ?!

Cette fois, il me faisait peur. Instinctivement je reculai d'un pas. Était-il capable de mettre ce genre de menace à exécution ? Cela me rappelait l'histoire que ma mère me racontait, la jeune fille que son frère avait surprise avec un homme avant le mariage, et qui était morte…

— Ne crie pas. Je suis fatiguée, je vais m'allonger.

Sur le lit, je ruminai. Lorsque nous avions évoqué notre future vie à Roanne, Bachir m'avait assuré que je pourrais reprendre mes études. Mais il s'était débarrassé de tous mes livres, y compris ceux de la fac de psycho ; sans doute n'était-il plus question que je m'inscrive à la fac de Roanne…

Décidée à en avoir le cœur net, même si je devais le payer, je me relevai et ouvris la porte de notre chambre tout doucement. Bachir était de dos, assis devant la table, un exemplaire du Coran devant lui.

Je décidai d'attaquer par surprise :

— Il faudra bien que j'achète les livres dont j'aurais besoin, pour la fac…

Il se retourna très doucement.

— La fac ? Tu peux oublier.

— Mais tu m'avais promis !, osai-je encore.

— C'était avant que tu sois enceinte, me dit-il d'une voix très calme. Maintenant tu es une mère, tu vas t'occuper de ton enfant et de ton mari. De toute façon la place d'une femme est à la maison.

J'entrevis ce qu'allait être dorénavant ma vie. Je n'avais qu'un moyen de le faire changer d'avis.

— Écoute, d'accord, pour les études je comprends. Mais il va bien falloir que je gagne un peu d'argent, ton seul salaire ne suffira pas, tu le sais très bien.

Il me tourna à nouveau le dos, sans répondre. Il n'avait pas hurlé, c'était bon signe : l'argument financier le convaincrait sans doute.

Ce fut le cas. Mais puisqu'il voulait que je reste le plus possible à la maison, il trouva une parade : je n'avais qu'à apprendre à coudre. Une fois que je saurais, je pourrais travailler à domicile. Ainsi était-il sûr que je ne fréquenterais pas d'homme dans le cadre du boulot.

Je cherchai donc une formation de couturière, et trouvai une association qui en dispensait en centre-ville, moyennant une somme modique à l'inscription.

Je téléphonai pour savoir quand débutaient les inscriptions.

— Aujourd'hui même, madame, me répondit une jeune femme agréable.

J'étais contente : ce ne seraient que des cours dc couture, mais c'était quand même une façon d'apprendre quelque chose de nouveau. L'après-midi même, Bachir me déposa devant les locaux de l'association, installée dans les murs d'une ancienne boutique. Je poussai la porte vitrée. Un comptoir d'accueil faisait face à l'entrée, et une jeune femme se tenait derrière. Elle me salua, et quand j'entendis sa voix, je reconnus mon interlocutrice téléphonique. Mais la femme charmante qui m'avait donné des détails me regardait d'un air inquiet :

— Je vous ai appelée ce matin pour venir prendre des cours de couture, lui expliquai-je.

Elle détailla mon visage avec embarras, puis baissa les yeux sur mon jilbab. D'un ton gêné, elle m'expliqua qu'on ne pourrait malheureusement pas me prendre lors de la session.

— Mais pourquoi ?, demandai-je, très déçue. Vous m'avez dit tout à l'heure que ça n'avait pas commencé, que les inscriptions débutaient aujourd'hui !

— Madame, je suis désolée, je me suis trompée, toutes les places sont déjà prises.

— Bon… Et la session d'après ?

— Euh… Nous ne savons pas encore s'il y en aura une…

J'avais lu sur le dépliant de l'association que des sessions de cours avaient lieu toute l'année, sauf durant les vacances scolaires.

Je commençai à comprendre.

— Alors je vais regarder les autres enseignements, et je me tournai vers le tableau sur lequel étaient punaisées différentes feuilles avec le libellé des cours dispensés par l'association : atelier « couture et stylisme », atelier de langues, de cinéma, de gymnastique…

Je revins au comptoir et demandai :

— Dans quel atelier reste-t-il des places ?

— Aucun, madame, désolée, c'est trop tard, me dit-elle, d'un ton ferme cette fois.

Je la fusillai du regard, tournai les talons et sortis.

Que pouvais-je lui dire ? Que je savais que seul mon jilbab faisait qu'il n'y avait pas de place pour moi ? Elle aurait vraisemblablement nié. Plus qu'en colère, je me sentais blessée dans mon amour-propre, niée en tant qu'être humain. Cette femme qui n'était même pas musulmane, qui suivait donc le mauvais chemin, me fermait la porte, à moi, une femme vertueuse. Je décidai qu'elle me faisait pitié. Mon mari avait raison : c'était une mécréante qui ne nous méritait pas. Elle était raciste, comme sans doute la plupart des Français. Je commençai à faire mienne la certitude de mon mari, de ma belle-mère, peut-être même de ma propre mère : nous, nous n'étions pas des Français. Nous étions des Arabes.

Mais traiter cette femme ou tous ceux qui rejetaient mon apparence vestimentaire de kouffar, les mépriser comme ils nous méprisaient – je sais maintenant qu'il ne s'agit pas de mépris mais d'incompréhension, et parfois de peur – ne réglait pas ma situation. Cet échange me fit mal, durablement : je me sentais inutile. Mon mari avait sans doute raison, je n'avais qu'à rester à la maison, faire le ménage, la cuisine, élever mon enfant lorsqu'il serait né, et parfaire mon éducation religieuse. Pour ça, il fallait que j'étudie sérieusement le Coran et les *hadiths* – les propos rapportés du Prophète. Les livres allaient m'aider, et ceux-là, mon mari ne s'en débarrasserait pas. Il m'en avait d'ailleurs déjà offert quelques-uns : rien de plus simple que de se procurer des livres salafistes lorsqu'on vit dans la banlieue roannaise. Idem, je le sais, lorsqu'on habite à Vénissieux ou Vaulx-en-Velin, dans la banlieue lyonnaise, dans les quartiers nord de Marseille, à Avignon, à Toulouse, à Montpellier, à Roubaix ou Tourcoing, à Dijon, et même dans des villes plus petites. Sur ce point, je souhaite faire un aparté, car il s'agit d'un sujet grave : les salafistes sont arrivés dans ces quartiers, d'abord en petit nombre, dans les années 1990. Avant, il était rare de croiser un homme affichant une longue barbe, non taillée, pour « ressembler » au prophète Mohammed. Encore plus rare de voir une femme vêtue d'un niqab. Les premiers à se promener comme ça dans la rue étaient souvent algériens : en général, des réfugiés que la situation dans leur pays avait conduits à demander, et obtenir, l'asile politique. En décembre 1991, le FIS, Front islamique du salut, parti islamiste, avait remporté une forte majorité au premier tour des élections législatives, les premières élections libres depuis l'indépendance de l'Algérie en 1962. Le président algérien de l'époque, Chadli Benjedid, avait démissionné, contraint et forcé.

Mais l'armée, car c'est elle qui dirigeait réellement l'Algérie, avait très rapidement et très durement réagi face au péril islamiste : annulation du deuxième tour des élections, instauration de l'état d'urgence, dissolution du FIS, suivi de l'assassinat du nouveau président Mohammed Boudiaf et de l'emprisonnement de tous les leaders islamistes. Les militants du FIS étaient pourchassés par l'armée, arrêtés, et torturés. Le pouvoir ne faisait pas vraiment de distinguo dans la répression envers un militant politique islamiste et un banal citoyen qui avait le tort d'avoir voté pour le FIS. Ceux qui le pouvaient, donc, fuyaient en Europe. C'est ainsi que la France, entre 1991 et 2000, allait accueillir près de 20 000 réfugiés islamistes algériens : une partie d'entre eux profita ainsi opportunément de la guerre civile pour vivre tranquillement en France (soit dit au passage, les Algériens terrorisés par les islamistes dans leurs pays avaient bien du mal, eux, à rester en France, puisqu'ils ne pouvaient prétendre au statut de « réfugiés politiques », la loi voulant que ne peut obtenir l'asile politique que celui qui est persécuté par le pouvoir en place dans son pays). Mais la majeure partie des réfugiés politiques algériens avaient tout de même de la sympathie pour le FIS.

Au début, ces réfugiés se sont faits discrets : il n'était pas dans leur intérêt de rappeler aux Français, qui les accueillaient, qu'ils partageaient certaines des convictions du GIA (Groupe islamique armé) ou du GSPC (Groupe salafiste pour la prédication et le combat, proche d'Al-Qaïda), des groupes armés qui massacraient les civils en Algérie, et posaient des bombes en France…

Dans les années 2000, un calme – relatif – revint en Algérie. Mais la majeure partie des réfugiés politiques restèrent dans les pays d'Europe qui les avaient accueillis, en Allemagne, en Grande-Bretagne, et en France. Ils avaient commencé à faire leur vie ici, et leurs pays d'accueil ne les persécutaient pas pour leurs convictions religieuses. Peu à peu, les hommes ressortirent leurs qamis, les femmes leurs jalabib et leurs niqabs. Ils se marièrent, eurent des enfants. La chaîne de télévision qatarienne Al Jazeera arriva, manipulant les téléspectateurs, les abreuvant d'images souvent trompeuses d'enfants palestiniens exterminés par les Israéliens dans la bande de Gaza : à partir de ce moment, les barbes salafistes poussèrent comme des champignons dans les cités de France.

À la maison, nous vivions selon la *sunna*, c'est-à-dire en imitant la façon de vivre du Prophète, au VIIe siècle : nous nous installions par terre pour manger dans un plat unique, en nous servant des trois doigts de la main droite pour piocher dans l'assiette (la main gauche étant impure).

Chaque samedi, au marché près de la mairie, un vendeur barbu et richement vêtu d'un qamis blanc tenait un stand de livres écrits en arabe et en français, des livres de savants salafistes très respectés, ou de proches des Frères musulmans (Bachir ne les aimait pas mais il me laissait les lire) comme l'Égyptien Sayyed Qutb, l'imam syrien An-Nawawi dont je dévorai le livre *Les Jardins des vertueux*, le cheikh Al-Albani…

Mais cela ne suffisait pas, évidemment, à parfaire ma culture religieuse quasi inexistante.

— Tu ne seras pas une bonne musulmane tant que tu n'auras pas lu le Coran en arabe, me répétait d'ailleurs Bachir.

Alors je commençai à apprendre, seule, à lire et écrire les lettres arabes.

Dans le souci de parfaire mon éducation religieuse, mon mari m'initia aussi aux sites salafistes sur internet. J'allais régulièrement sur darwa.com. J'y lisais le hadith du jour (la parole rapportée du Prophète), les conseils pour mieux pratiquer sa religion, etc. Il me laissa même m'inscrire sur le site plus modéré mejliss.com, sur lequel lui-même avait un compte. Car mon mari avait une idée en tête : nous allions préparer notre *hijra*, c'est-à-dire quitter la terre « des mécréants » pour vivre sur une terre musulmane. Mejliss, selon lui, allait donc nous aider à trouver des pistes pour le travail, le logement... Il me dictait des messages :

— Bonjour, nous sommes un couple désireux de faire notre hijra en terre saoudienne, nous cherchons des conseils pour nous y préparer...

Par cet intermédiaire, j'entamai des discussions avec de nombreux frères et sœurs musulmans. Au départ, je ne pensais pas à utiliser ce site pour mon bien-être personnel. Mais au fur et à mesure des mois, je pris goût à ces échanges, qui restaient bien sages mais m'apportaient une bouffée d'air, une ouverture sur le monde extérieur. Plus tard, j'allais même oser me créer un compte avec un pseudo...

Bachir avait beaucoup étudié les livres de savants salafistes, parfois seul, parfois avec l'aide de certains imams. Il se pensait donc à même de pouvoir m'enseigner la religion, et il me faisait travailler presque chaque jour, exactement comme un professeur fait faire des devoirs à son élève. J'apprenais par cœur certains passages du Coran ainsi que des hadiths, puis je les lui récitais. J'aimais bien ça : j'étais désireuse de me cultiver. Puisque j'avais arrêté la fac, me disais-je, autant entraîner mon cerveau à travailler. J'avais aussi des interrogations écrites et notées par mon mari. Au début des leçons, les questions étaient simples :

Questions :

Qui sont les 4 califes ? Abou Bakr As-Siddiq (632-634), Omar ibn al-Khattâb (634-644), Othmân ibn Affân (644-656), Ali ibn Abi Talib (656-661).

Où est enterré le Prophète ? À Medine.

Quel est le premier prophète, quel est le dernier ? Adam, Mohammed.

Comment s'appellent la mère et la fille du Prophète ? Halima, Fatima.

À quel âge le Prophète a-t-il eu la prophétie ? 40 ans.

Qui sont les Salaf Salah ? Les Pieux Ancêtres : les Compagnons du Prophète.

Au fil des mois, les leçons devinrent plus complexes. Il ne s'agissait plus seulement de questions d'ordre « historique », mais de comportement.

Il fallait retenir énormément de choses très précises. Je faisais tout mon possible. Mais j'ai retrouvé certaines de mes copies, et je constate que j'étais une élève très moyenne, mes notes allaient de 7/20 à 10,5/20…

Ce que j'apprenais de la place et du rôle de la femme me perturbait : par exemple, si la femme pubère passe devant le croyant en prière, il n'a plus qu'à recommencer ses prières, et c'est la même chose quand un chien noir ou un âne passe devant lui… La femme pubère, le chien noir et l'âne se valent donc… La croyante n'a pas non plus le droit de faire la prière si elle a ses règles, car elle est impure…

Avant tout, j'apprenais que Dieu a créé les êtres humains dans le seul but d'être adoré par eux, qu'il est assis sur son trône, au-dessus des cieux, et qu'il nous voit et nous entend en permanence. Rien ne lui échappe, aucune petite faiblesse. Obtenir le paradis est donc une lutte de tous les instants. Bachir me le répétait à chacune de ses leçons, et cela m'impressionnait beaucoup.

À cette époque, ma belle-mère passait souvent me voir à l'improviste. Comme toujours dans les familles musulmanes, on ne téléphone pas pour dire qu'on va passer, en tout cas pas quand il s'agit de la famille.

« Ma maison est ta maison », c'est la base de la culture familiale arabe. En réalité, c'était surtout pour me surveiller que ma belle-mère se comportait ainsi, et sans doute aussi parce qu'elle était secrètement jalouse des achats que son fils pouvait faire pour moi.

— Oh !, s'extasiait-elle, comme elle est belle cette djellaba !

Je dois dire que de ces cadeaux-là mon mari n'était pas avare : en matière de djellabas et de jalabib, ou de niqabs, j'étais parée. Tous de couleur neutre, sauf quelques robes d'intérieur, parfois colorées, et souvent ornées de broderies. J'étais à l'aise dans ces vêtements assez larges pour accueillir mon ventre qui grossissait de jour en jour.

Souvent, j'offrais une de ces robes, ou un foulard, à ma belle-mère : mes relations avec elle étaient ambivalentes : inconsciemment, en lui faisant des cadeaux, je tentais d'acheter son affection… Mais je luttais aussi contre l'emprise qu'elle exerçait sur son fils. Elle était une excellente cuisinière. J'avais commencé à apprendre à cuisiner avec Latifa en Tunisie, et en l'observant je fis rapidement de sacrés progrès. Bricks, salade mechouiya, pain maison, couscous à la viande ou au poisson, chorba (soupe d'orge aux légumes et à la viande), je me lançai, et les agrémentai ensuite à ma façon. J'étais douée. Mon mari n'avait donc pas à se plaindre : j'étais une épouse quasi idéale, obéissante, respectueuse, vertueuse, j'étudiais le Coran, j'écoutais les cassettes des prédicateurs salafis, je m'habillais en jilbab et parfois même en niqab pour aller à des conférences, je cuisinais bien et je faisais consciencieusement le ménage. Selon moi je soutenais donc largement la comparaison avec « les femmes du bled ». Car Bachir me répétait souvent :

— C'est pas pour rien si ma mère voulait que j'épouse une cousine du bled, ce sont des vraies femmes, elles, elles ne pensent pas aux études quand elles sont mariées, elles cuisinent, elles s'occupent des enfants...

Aujourd'hui, ces arguments me semblent dégradants pour l'image de la femme. Mais à l'époque, je les comprenais, et même, ils me motivaient : je vais lui prouver que je vaux autant qu'une Tunisienne du bled, me disais-je ; « du bled », c'est-à-dire à la fois « native de Tunisie », et « de la campagne ». Ce type d'épouse a un grand intérêt pour un salafiste comme mon mari. Contrairement à la Tunisienne de la ville, elle ne cherche pas à étudier ou à travailler, et elle n'a pas d'arguments à opposer à son mari, elle ne discute donc pas ses ordres.

J'avais des sentiments très complexes envers Bachir : je n'étais pas amoureuse de lui, mais je ne désespérais pas de parvenir un jour à l'aimer. Je voulais avant tout réussir à fonder une famille stable et harmonieuse.

Au fil des mois, je m'étais rapprochée d'une voisine. En l'absence de Bachir j'allais parfois boire un thé chez elle. Elle était mariée, mais je ne croisais jamais son époux car il était chauffeur routier et souvent absent. Sanaa était assistante maternelle à son domicile, elle gardait trois enfants, et nous profitions de leur sieste pour discuter.

Un jour, je lui racontai comment mon mari m'avait fait croire qu'il avait un emploi fixe, un appartement, et comment au bout de plusieurs semaines il m'avait avoué que tout était faux.

Nous étions assises dans son salon, elle nous servait un thé à la menthe et aux pignons.

Sa réaction m'impressionna : elle se redressa, la théière fumante à la main, son sourire disparut de son visage :

— Casse-toi ! Laisse-le tomber, file !

J'étais interloquée : je ne l'avais même jamais entendue utiliser un tel vocabulaire.

— Mais… Je suis enceinte !

— Tant pis ! Va-t'en tant que tu peux encore, retourne chez tes parents. Il t'a menti dès le début, il te mentira toujours.

Sa véhémence me bouleversa. Je rentrai chez moi, chavirée. Sanaa avait peut-être raison : Bachir était un menteur, il n'y avait aucune raison qu'il change. Mais je savais bien que je ne pouvais pas débarquer comme ça chez ma mère, encore moins chez mon père. Et puis, surtout, si je partais, si je quittais mon mari, comment mon enfant grandirait-il ? Comme moi, avec une famille complètement éclatée, des parents divorcés, et peut-être une belle-mère qui le détesterait ? Je ne voulais pas qu'il vive les mêmes déchirements que moi. Ma réussite serait celle de la famille que j'allais fonder.

Alors, loin de suivre les conseils de ma voisine, je fis au contraire tout mon possible pour être une meilleure épouse encore, une vraie femme musulmane, un exemple. Et je n'allais plus jamais boire le thé chez Sanaa.

À la place, je me rapprochai de ma belle-mère. Le matin, elle faisait le ménage et la cuisine, et chaque après-midi elle rejoignait les femmes du quartier, sur les bancs dans le jardin de la cité. Elles passaient de longues heures à cancaner, à raconter les ragots de la cité. Je m'asseyais à leurs côtés, j'écoutais, je riais avec elles. Je voulais qu'elles m'aiment. Au début, je me forçais à avoir l'air heureux de partager leurs discussions. J'étais la seule jeune femme au milieu de cette brochette de dames d'âge mûr. Puis, petit à petit, je m'attachais à elles. Elles étaient joyeuses, je voulais leur ressembler. Je m'habillais comme elles avec de longues djellabas. Ma belle-mère n'aimait pas lorsque je revêtais les jalabib noirs que Bachir m'avait achetés : ils étaient trop foncés, trop tristes, disait-elle, et elle ne se privait pas de le répéter à son fils.

À 5 heures, chaque matin, Bachir se levait pour le fajr. Il ne priait que très rarement à la maison : il prenait la voiture pour aller à la mosquée, ou plutôt, à la salle de prière. Les plus proches étaient une mosquée turque, une mosquée « normale », si j'ose dire, c'est-à-dire pratiquant et enseignant un islam « modéré », selon la terminologie commune, et une mosquée marocaine Ikhwan (Frères musulmans). Mais mon mari ne les fréquentait que très rarement. Il préférait largement pousser un peu plus loin, et assister aux prêches de l'imam plus rigoriste de la mosquée algérienne.

Je me levais aussi à l'aube pour le fajr, bien sûr, mais je priais à la maison. Je n'avais pas vraiment le choix : au fil du temps, Bachir me déconseilla, puis m'interdit carrément d'aller à la mosquée.

— Une vraie musulmane ne prie pas à la mosquée, me disait-il, à la mosquée il y a des hommes, la femme doit de façon générale leur éviter les mauvaises pensées, encore plus évidemment à l'occasion de la prière ! Tu ne dois pas tenter les hommes, donc tu pries à la maison.

Les salafistes affirment que la prière de la femme est « meilleure » si elle la pratique chez elle. Entendez : elle lui rapporte ainsi plus de hassanets, des points pour le paradis. Car il est communément admis que les hommes ne sont pas aptes à contrôler leurs pulsions. C'est un postulat, mais cela ne signifie pas qu'ils soient coupables de cette concupiscence, non : puisqu'elle est informée de leur faiblesse, la femme doit leur faciliter la vie, leur éviter d'être confrontés au péché. Elle ne doit donc pas les provoquer. Il faut la voiler car son corps, son visage, et tout ce qu'elle dégage est impur. Elle est une tentatrice, il faut la rendre invisible. Ainsi facilite-t-on la vie de ces messieurs (plus tard, j'ai compris que cette façon de faire est une manière de déresponsabiliser les hommes).

Si je me rendais à la mosquée, je serais donc responsable de la situation délicate dans laquelle je mettrais les pauvres et faibles fidèles... Et ça, ça m'enlèverait des hassanets !

Je croyais ce que Bachir me disait, et je respectais donc cet ordre sans broncher. Pourtant, j'aimais bien aller à la mosquée, au moins le vendredi. J'aimais écouter les prêches. Quand les imams parlaient parfois en arabe, j'arrivais difficilement à suivre, mais les jeunes, eux, prêchaient en français. Quelques-uns d'entre eux étaient salafistes. Aller à la mosquée me procurait aussi un semblant de vie sociale, je pouvais y rencontrer d'autres « sœurs ». Mais moi qui aurais adoré me faire des amies, j'étais souvent déçue : elles n'étaient pas forcément très ouvertes avec les inconnues. Elles me saluaient, « Salam Alaykoum », puis se détournaient de moi pour discuter entre elles. Heureusement, parfois, je tombais sur des sœurs plus sympathiques, mais nos sujets de conversation n'étaient pas très fournis. Nous parlions de nos enfants, de la meilleure façon de les éduquer « dans la religion », de la meilleure façon de satisfaire nos maris. Et surtout, comme les hommes, nous pouvions discuter des heures durant de ayat (verset du Coran) ou de hadith (paroles du Prophète).

— Regarde, cheikh Al Otheimine, il a dit...

— Ah oui ? Mais cheikh Al Albani, lui, a dit...

— Ah bon, tu as le *dalil*, la preuve ?, (« la preuve » : le jugement selon l'école juridique religieuse à laquelle on appartient).

Chaque vendredi, dans chacun de nos échanges revenaient régulièrement deux mots : le paradis et l'enfer.

Au fur et à mesure de mon mariage, parce que mon mari me le demandait, j'arrêtai totalement de fréquenter les mosquées. Les premières années, Bachir me résumait le sermon de l'imam chaque vendredi. Puis, peu à peu, il cessa. Il me dit clairement :

— Tu es à la maison, occupe-toi de moi et de l'enfant qui va venir, ça sera déjà pas mal, pour gagner le paradis, il faut que tu te consacres mieux à ton foyer.

J'essayai en vain de protester :

— Mais la science islamique, ça se partage ! Je suis ta femme, j'ai le droit de savoir moi aussi !

Les premières années aussi, de temps en temps, mon mari me disait :

— Prépare-toi pour le week-end prochain : on ira aux Mureaux, il y a une conférence du cheikh X ou Y.

J'étais contente, cela me ferait une sortie, et j'apprenais beaucoup dans ce type de réunions. C'était l'une des rares occasions pour moi de porter le niqab. En général, le cheikh venait de l'étranger, souvent du Qatar ou d'Arabie saoudite, parfois du Pakistan. Il nous faisait une conférence en arabe ou en anglais, avec un traducteur. L'assemblée était assez hétéroclite : des musulmans, bien sûr, mais d'obédiences différentes. Tous n'étaient pas salafistes, et cela agaçait beaucoup Bachir :

— Regarde ces femmes, là, avec leurs petits voiles de rien du tout, ce sont encore des Ikhwan (Frères musulmans), ce sont pas de vraies musulmanes ! Et les mecs qui ont pas de barbes là-bas, c'est des musulmans, ça ? Tu parles, ils sont connus, c'est une secte, ils viennent d'Égypte. Y a plein de sectes en islam, il y en a 73 exactement ! Le seul islam, c'est celui du salafisme.

Un jour, après une réunion du même genre à Villefranche-sur-Saône, il me dit :

— C'est fini, dorénavant je me renseignerai mieux avant, on ne mettra plus les pieds dans les endroits où il y a des Ikhwan ou d'autres sectes.

Et nous n'allâmes plus que dans des conférences salafistes.

J'y apprenais que seuls les salafistes sont sur la vraie voie, une sorte de groupe « sauvé », un peuple élu, un peu comme les témoins de Jéhovah. Voilà donc d'où leur venaient ce sentiment de fierté et ce complexe de supériorité, par rapport à tous ceux qu'ils considéraient comme « égarés ». Pour les salafistes, tous les autres chemins empruntés par les musulmans menaient sur un mauvais chemin, celui du *sheytan* (du diable). Les « pieux prédécesseurs », ceux qui imitaient le Prophète, nous montraient l'unique voie. Le seul exemple à suivre pour les femmes était celui des femmes du Prophète. Ce n'était pas parce que nous étions en France qu'il fallait nous en écarter, nous ne devions pas « vendre notre religion », au contraire nous devions l'imposer. Nous devions être fiers d'être salafistes, nous étions supérieurs aux autres, les pauvres, qui se fourvoyaient et finiraient en enfer.

Nous, nous serions sauvés, nous irions droit au paradis, pour peu que nous menions sur cette terre une vie pieuse. Ces paroles coulaient en moi comme du miel : je voulais être sauvée, je voulais être sûre d'accéder au paradis. Alors je faisais tout comme on me le recommandait. Pour éviter tout péché, je m'abstenais de regarder un homme en face, je m'occupais de ma maison, de mon mari. Et je priais. La prière m'apportait un véritable apaisement, un bien-être. Je faisais mon devoir vis-à-vis de Dieu, et cela m'était devenu aussi naturel et vital que de manger ou boire. J'aimais faire mes ablutions, me sentir purifiée, j'aimais dérouler mon tapis de prière et m'agenouiller devant Allah. Au fond de moi je priais surtout parce que j'avais profondément peur, une peur inculquée par mon mari. Tous les jours, et même plusieurs fois par jour, il me rappelait à l'ordre :

— Dieu te voit, il voit tes péchés, si tu t'écartes du chemin il te punira, tu risques d'aller en enfer. On ne sait jamais quand on meurt, hein, c'est Dieu qui décide, il ne nous prévient pas ! Tu peux mourir d'une crise cardiaque ce soir, et moi aussi ! ».

Et il ajoutait invariablement :

— Allah veut que l'épouse écoute et suive son mari. S'il est satisfait d'elle, elle entre directement par la première porte du paradis…

C'était une façon pour lui de me dominer et me manipuler, mais je ne m'en rendais pas compte.

Au fil du temps, je faisais mes prières comme un robot, sans vraiment me concentrer, tout ça m'était devenu machinal…

Plus tard, beaucoup plus tard, ma relation à Dieu changea du tout au tout : je compris que contrairement à ce que rabâchait mon mari, Dieu ne pouvait être un Dieu vengeur prêt à tout instant à me jeter dans les affres de l'enfer…

Au fur et à mesure, Bachir m'emmena de moins en moins dans les conférences, puis plus du tout. Toujours pour la même raison : mon devoir d'épouse était de veiller sur mon foyer, pas de courir les réunions. Peu à peu, ayant de moins en moins l'occasion de rencontrer des gens, d'échanger avec eux, je me renfermai sur moi-même. Bachir ne voulait pas que nous ayons la télévision. Pour les salafistes, la télévision c'est Sheytan, le diable. Mais j'insistais, je lui expliquais qu'avec la parabole, nous pourrions avoir toutes les chaînes des Émirats et d'Arabie saoudite, et même les chaînes islamiques. L'argument porta.

Parfois Bachir invitait des amis à dîner, en général pour discuter d'un point de religion, et approfondir un hadith. Il me prévenait le matin, allait acheter ce qu'il me fallait pour cuisiner. Je préparais un bon dîner, je dressais le couvert, puis, avant que les invités n'arrivent, je revêtais mon jilbab. Lorsque l'on sonnait à la porte, je m'enfermais dans la cuisine. Les hommes ne devaient pas m'apercevoir, en tout cas, pas par ma faute. La pudeur me commandait de « disparaître ». Bachir frappait à la porte de la cuisine, et je lui passais les plats sur un plateau. Parfois, mais c'était rarissime, un homme arrivait accompagné de son épouse : nous dînions alors toutes deux dans la cuisine. De là, nous entendions les hommes parler avec véhémence, parfois le ton montait, il s'agissait presque toujours de divergences concernant l'interprétation d'un verset, la fiabilité d'un courant islamique. Ils se disputaient souvent lorsqu'ils parlaient des Frères musulmans : Bachir affirmait qu'ils étaient des « innovateurs », les autres n'étaient pas d'accord. Un « innovateur », pour un salafiste, c'est un « soi-disant croyant » qui fonde sa pratique sur une idée « moderne » car inconnue du temps du Prophète. Il est aussi méprisable qu'un catholique ou un juif, c'est un mécréant. Mon mari reprochait aux Ikhwan de vouloir ressembler aux Occidentaux avec leurs tenues modernes, leurs costumes et leurs cravates, de se raser la barbe pour les hommes, de porter un petit foulard pour les femmes. Il disait que les Ikhwan étaient des hypocrites, qu'ils avaient vendu leur religion pour s'intégrer en France, pour plaire aux mécréants. Il leur reprochait aussi de ne pas être contre les études pour les femmes… Ce qui, évidemment, selon lui, n'existait pas au temps du Prophète pour les salaf… (En réalité, au temps du Prophète, de nombreuses femmes étaient des érudites[1].)

---

1. Aïcha, femme du Prophète, surnommée la « mère des croyants », était connue pour son érudition en matière de Coran, de sciences de la religion, de poésie et d'histoire (Historien : Tabari, Ibn Hicham).

Khadija, la première épouse du Prophète, était une commerçante instruite, qui gérait des caravanes marchandes et les comptes de sa famille. Bien avant d'épouser le Prophète, elle fut son employeur…

Hind, femme d'Abou Sofiane (adversaire du Prophète), était lettrée et instruite, et gérait des affaires politiques et économiques… Fatima, fille de Hussein, fils d'Ali, était l'une des femmes les plus savantes, les plus intelligentes (les chroniqueurs comme Ibn Ishâq et Ibn Hicham l'ont prise comme référence pour rédiger une biographie autorisée du Prophète).

Vivre en bonne musulmane était souvent compliqué. Parfois je croisais des regards de mépris, parfois même de haine, comme si mon jilbab était une agression. Il m'était arrivé, alors que nous faisions des courses à Carrefour avec Bachir, de me faire insulter. Évidemment, cela ne se passait que lorsque j'étais seule dans un rayon, pas quand Bachir était à mon côté. On m'a traitée de « sale Arabe », on m'a dit que je devais « rentrer chez moi »… Au début, je ne me laissais pas faire, je répondais aussi sec :

— C'est ici chez moi ! Je suis née ici, je suis française comme vous !

Et puis, peu à peu, j'ai laissé dire. À quoi cela servait-il ? Ces gens qui m'insultaient étaient en fait à plaindre. Ils étaient dans l'erreur, et ne le savaient pas. Il fallait leur pardonner. Et puis avaient-ils vraiment tort ? Étais-je chez moi ?

À cette période, je me rapprochai un peu de mon beau-père : la façon dont sa famille le traitait me dérangeait. Certes, il était bougon, souvent agressif, parfois carrément violent. Mais il me semblait aussi très seul, et j'avais un peu pitié de lui. Alors quand je remontais du square avec ma belle-mère, je passais le voir dans le salon. Je m'asseyais sur le canapé à côté de son fauteuil, et je voyais bien que cela lui faisait plaisir. Nous regardions un peu la télé ensemble, et parfois il mettait la chaîne Al Jazeera. Mais c'était presque pour lui un réflexe masochiste, car il s'énervait immédiatement :

— Regarde-moi ces escrocs, ils nous mettent des images de massacres en Bosnie et ils font croire que c'est la Palestine ! Ces chaînes c'est tous des Qatariens, ils se détestent avec les Saoudiens mais ce sont les mêmes ! Les pétrodollars ! Ces *khoumeges* (salopards) de salafistes ! Et toi, hein ?, me disait-il en se tournant vers moi, mais en se radoucissant un peu. Toi, tu suis le mouvement ! Tu comprends pas que mon fils fait n'importe quoi ? Il connaît rien à la religion, l'islam, c'est pas ça ! Il croit qu'en se faisant pousser la barbe il ira au paradis ? Il est stupide, ce fils ! T'es plus intelligente que lui, toi, réfléchis un peu, le laisse pas te faire un lavage de cerveau !

Je l'écoutais, mais son discours me laissait perplexe : je ne comprenais pas pourquoi il méprisait son fils, et surtout, pourquoi il détestait autant les salafis. Je me disais qu'à force de patience je lui ferais comprendre qu'il se trompait. Que nous étions, nous, sur le bon chemin.

Bachir n'appréciait pas que je passe du temps avec son père, mais il n'osait pas me l'interdire, car dans l'islam on doit respecter ses parents.

— Il est fou, me disait-il.

Et sa mère me chantait le même refrain :

— Il est fou. L'écoute pas.

Dans cette maison, mon beau-père était en tout cas le seul à parler de la valeur du travail :

— J'ai toujours bossé, moi ! Je suis pas venu ici pour que ma famille se tourne les pouces ! Et toi tu bosses pas, t'es mieux au RMI hein ?!, criait-il à Bachir.

— Ta femme, tu l'as prise alors que t'avais même pas de boulot ! Et c'est moi qui ai payé votre mariage !

Il me prenait à témoin :

— Si j'avais pas été là, il aurait jamais pu t'épouser ! Et ça joue les bonshommes en se faisant pousser la barbe comme un chien ! Tu vis sur le dos de la société ! C'est la secte des chiens de saouds salafiste qui t'a appris à mentir et à voler, tu préfères mendier les aides de l'État plutôt que de travailler, espèce de fainéant !

Car à cette époque, nous vivions du RMI, et des allocations que la Caisse d'allocations familiales avait commencé à me verser, ou plutôt, à verser sur le compte bancaire de mon mari. Car moi, je n'avais pas de compte à mon nom. Le chéquier, la carte de crédit, tout était au nom de Bachir…

Parfois je lui demandais pourquoi je n'avais pas droit, moi aussi, à une carte de crédit :

— T'en as pas besoin, répondait-il invariablement.

Et si j'insistais :

— Tais-toi, *Sakr foumek*, ferme ta bouche !

Je la fermais, ma bouche… Mais je ruminais dans mon coin. Je m'étais rendu compte que quasiment chaque jour, Bachir sortait une boîte à chaussures de l'armoire, et recomptait les billets qu'il avait glissés à l'intérieur. Il ne se cachait pas : il savait très bien que je n'oserais jamais en prendre un seul. C'était l'argent qu'il économisait, disait-il, à chaque petit boulot. Il n'était pas question d'y toucher : il nous servirait le jour où nous ferions notre hijra, le retour vers la terre musulmane, dans le pays qui nous accueillerait. Je ne savais pas si ses économies provenaient vraiment de salaires qu'il avait touchés en liquide ; je n'étais pas stupide, je savais que certains salafistes trempaient dans des histoires louches (elles concernaient les kouffars, donc ce n'était pas haram), mais je savais que Bachir était plutôt poltron : je ne l'imaginais pas capable de prendre des risques. Par contre, j'en avais assez de sa radinerie. Je devais « mendier » auprès de lui pour qu'il me donne de l'argent afin d'acheter des vêtements de bébé en prévision de la naissance.

Un jour, je me rebellai :

— Moi aussi, je veux une carte bancaire ! J'en ai marre de te supplier à chaque fois que j'ai besoin de quelque chose ! Même acheter un soutien-gorge, je peux pas le faire toute seule ! Ton père avait raison, tu es fainéant et radin en plus !

Aussi rapide que l'éclair, il se tourna vers moi et me décocha un coup de poing dans le ventre. J'étais enceinte de cinq mois. J'en eus le souffle coupé : plus que la douleur, c'était l'intention qui me faisait mal : il avait frappé son bébé autant que moi. Je devins hystérique et me mis à hurler :

— Tu as frappé le bébé ! Espèce de salaud, tu me dégoûtes !

— Tais-toi, t'as qu'à pas être insolente !

Je m'enfermai dans la chambre en sanglotant.

Au bout d'une demi-heure, Bachir frappa à la porte :

— Allez, Henda, excuse-moi, je voulais pas te faire mal. Je voulais pas faire mal au bébé ! Allez, ouvre !

Il pleurait !

Il insista durant de longues minutes. Il semblait sincère. Je finis par ouvrir, et il vint s'asseoir sur le lit, me caressa les cheveux, puis mit sa tête sur mon ventre gonflé :

— Pardon, bébé ! Papa a pas fait exprès !

Je sentis le bébé bouger : ça voulait sûrement dire qu'il allait bien.

— Allez, Henda, tu m'excuses ?

— Oui, répondis-je d'une voix mal assurée. Mais ne recommence pas, hein !

— Non, je recommencerai pas, mais toi ne recommence pas à être insolente avec ton mari., me dit-il en se relevant.

J'avais été « insolente », donc, en demandant à avoir ma propre carte bancaire…

Quand sa mère vint me voir, je me plaignis :

— Bachir m'a battue, il m'a donné un coup de poing dans le ventre…

— Ah, c'est pas bien, ça… Mais le bébé, il bouge ? Il va bien, tu crois ?

— Oui, je le sens bouger, ça va…

— Alors t'inquiète pas trop, ma fille, patiente : c'est à cause de la grossesse, il est stressé mon fils, je le connais : dès que le bébé sera là, tu verras, ça ira mieux.

J'ai donc « patienté », comme doivent le faire les musulmans pieux…

Notre fils est né à la clinique Brossolette le 1er juillet 1999 : après avoir dépassé le terme d'une semaine, l'accouchement fut provoqué, car ce petit ne voulait pas quitter le ventre chaud et confortable de sa maman. Le monde devait lui paraître bien hostile… C'est le docteur Riat qui m'a accouchée. Je lui avais dit que ça ne pourrait pas être un homme. J'étais salafiste, je ne pouvais pas être nue devant un autre homme que mon mari, fût-il médecin. À l'hôpital public, cela aurait sans doute posé problème, et nous avions justement choisi une clinique privée pour imposer nos souhaits. Et Bachir m'avait accompagnée lors de ma dernière consultation :

— Il n'est pas question qu'un homme voie l'intimité de ma femme, avait-il déclaré à Mme Riat.

Elle avait haussé les épaules, mais je pense qu'elle s'est débrouillée pour être là le jour de l'accouchement. Peut-être est-ce d'ailleurs pour cette raison que l'accouchement a été provoqué.

N'empêche que si ce jour-là elle n'avait pu être là, et qu'un homme avait dû la remplacer, je ne sais pas ce qui se serait passé. Mon mari lui aurait peut-être cassé la figure. J'aurais peut-être accouché seule, à la maison.

C'est moi qui ai choisi le prénom de mon fils : je l'ai appelé « Adam », et je garde de sa naissance le souvenir d'un moment magique. Ce fut le plus grand et le plus beau moment de ma vie. C'était un magnifique bébé, et j'avais enfin réussi quelque chose d'exceptionnel. J'étais devenue maman ! Il suçait son pouce, à peine sorti de mon ventre, il nous regardait, et je fondis en larmes devant ce petit être si fragile entre mes bras. Je l'allaitai aussitôt, je voulais donner le meilleur de moi à mon fils. Malgré la souffrance d'un accouchement difficile j'étais vraiment heureuse pour la première fois de ma vie.

En découvrant son fils, Bachir eut les larmes aux yeux. Ma belle-mère s'exclama en le prenant dans ses bras :

— Comme il est beau ! Il te ressemble, Bachir ! C'est ton portrait craché !

Le surlendemain de l'accouchement, je rentrai à la maison, dans notre deux-pièces à Condorcet. Ma belle-mère avait préparé les pâtisseries tunisiennes traditionnelles pour la jeune accouchée.

Ma mère était arrivée de Tunisie. Elle logeait chez nous, sur le canapé du salon. Le problème, c'est qu'elle n'aimait pas beaucoup son gendre, mon mari. Elle n'appréciait pas beaucoup les salafistes, et n'avait aucune estime pour Bachir. Même si je ne le lui avais jamais avoué, elle avait compris qu'il avait menti à toute notre famille pour pouvoir m'épouser. Et sans doute avait-elle aussi deviné en lui l'homme lâche, hypocrite, et violent qu'il était.

Chapitre 6

Mère

Une nouvelle vie commençait. J'étais une mère. Enfin, je ressentais vraiment de l'amour, un amour infini pour ce petit être fragile qui dépendait de moi. Et pour la première fois, quelqu'un m'aimait de façon pure et inconditionnelle. Je savais pourquoi j'étais née : pour donner vie à cet enfant, mon fils.

Tout au long de ma vie, ma mère ne m'avait pas donné d'amour, mon père pas beaucoup plus, et pour mon mari, j'avais un rôle utilitaire, car il était obligé de se marier pour ne pas vivre dans le péché. Sa femme devait faire des enfants, la cuisine et le ménage. Il n'était plus question d'amour. Oui, il m'avait vraiment voulue, puisqu'il était venu me chercher jusqu'en Tunisie, mais c'était parce que je correspondais à ses critères de sélection : je lui plaisais physiquement, je portais le voile, et j'étais tunisienne. Ce que j'avais dans le cœur ou dans la tête n'avait pas d'importance pour lui. Mais pour mon fils Adam, j'étais la personne la plus importante au monde. Les premiers mois, il dormait dans son couffin à côté de notre lit, je l'allaitais, et je fermais à peine l'œil. Dix fois par nuit, je me penchais pour vérifier qu'il respirait toujours…

Mon mari aussi, je dois dire, adorait son fils. Il le sortait dans son landau, très fier. Adam était le premier petit-fils de la famille, un petit prince. Ma belle-mère était aux petits soins pour lui, et de fait plus gentille avec moi, qui lui avais tout de même offert ce magnifique bébé.

C'est sans doute la période de mon mariage durant laquelle je fus le plus heureuse, mais cela n'avait rien à voir avec mon mari : mon fils me comblait. Très vite toutefois des conflits apparurent, souvent pour des motifs qui me semblaient après coup futiles, mais qui en réalité ne l'étaient pas.

Par exemple, Bachir ne supportait pas que je parle français à la maison, encore moins si Adam était présent. Il m'ordonnait de parler arabe, en hurlant. J'essayais, mais cela m'était difficile.

Nous nous disputions aussi à cause de l'appareil photo, car Bachir m'interdisait de prendre des photos d'Adam.

— Les images, les dessins, les sculptures, toutes les représentations d'êtres animés sont haram (illicites), m'expliquait-il. À la limite tu peux photographier un arbre ou une maison, mais rien qui soit vivant. C'est un grave péché : ça signifie que tu t'arroges le droit d'imiter la création d'Allah ! Le musulman ne doit pas conserver d'images d'êtres animés dans sa maison, car cela empêchera les anges d'entrer.

Mais moi, je voulais garder des souvenirs de mon bébé ! Il était si beau… Alors je cachais mon vieil appareil photo, et je l'utilisais de temps en temps quand il avait le dos tourné. Fêter les anniversaires aussi était haram, mais cette fois, je ne cédai pas. Dès qu'Adam eut 1 an, je cuisinai un gâteau et sortis la bougie ! Bachir protesta à peine : sa mère était venue pour l'occasion, elle aussi avait envie de fêter l'anniversaire de son petit-fils. Il se contenta donc de quitter l'appartement, pour ne pas risquer de participer involontairement à cette mauvaise action...

Nous nous disputions aussi beaucoup au sujet de l'argent. Comme toute mère qui veut gâter son enfant, je voulais lui acheter de jolis vêtements, et des jouets d'éveil. Mais je n'avais pas d'argent : je devais à chaque fois en demander à Bachir, qui refusait, et n'achetait que le strict minimum. Il aimait son fils, certes, mais supportait mal qu'il lui coûte de l'argent. Il faut dire qu'avec le RMI et les allocations familiales nous ne roulions pas sur l'or. Pourtant, de l'argent, il en avait de côté. Plus tard il me prouva d'ailleurs qu'il avait économisé une somme conséquente. Moi je voulais ce qu'il y avait de meilleur et de plus beau pour Adam, mais ça n'était pas possible : même quand nous faisions les courses au supermarché, si je mettais quelque chose de superflu dans le caddie, comme des biscuits ou de la confiture, il les replaçait en rayon.

Au fil du temps, je n'eus plus vraiment besoin d'argent, car il n'était plus question que je sorte seule avec Adam sauf pour aller chez ma belle-mère, ou à la rigueur à la supérette du quartier. Je ne pensais même pas à désobéir : dans le quartier, tout le monde se connaissait, mon mari le saurait forcément. Et puis il était rarement très loin. Plus le temps passait, moins il trouvait de boulot en intérim. Il faut dire qu'il était particulièrement compliqué d'obtenir un travail dont les horaires coïncident avec les horaires de prière… Car Bachir maintenant faisait toutes ses prières à la mosquée. Y compris la prière de l'aube. Et après il se recouchait bien sûr…

J'aimais, j'adorais mon enfant, et quand il était éveillé je profitais au maximum de ses sourires, de son babillage. Mais quand il faisait la sieste, je m'ennuyais. Nous n'avions plus de télévision, Bachir ayant décidé qu'elle était haram. Parfois, je prenais Adam avec moi sur le lit, et nous faisions la sieste ensemble.

Je n'avais pas vraiment d'amies, je ne fréquentais que mon mari, ma belle-famille, ma belle-mère, et ses copines de square beaucoup plus âgées que moi.

Un jour, chez ma belle-mère, arriva la cousine de Bachir, Samira, accompagnée d'une amie, Cathy, ou plutôt « Radia » de son prénom musulman (c'était une Française convertie à l'islam) ; Radia était mariée à Abdel, l'un des meilleurs amis de mon mari.

Samira était très particulière. Lorsque je la vis pour la première fois, dans le hall de l'immeuble de ma belle-famille, elle était vêtue d'un niqab noir qui ne laissait voir que ses yeux. Elle prit les escaliers avec Adam et moi, et arrivée à l'appartement, en l'absence d'une présence masculine, elle se découvrit. Elle était très grande, très mince, avait un beau visage, très fin, et des yeux marron écarquillés. Elle parlait fort et rapidement, elle agitait les mains, ses longs doigts gantés de noir voletaient en tous sens. Tout en elle donnait l'impression

Janvier 1979.

En mai 1999,
9 mois de mariage…

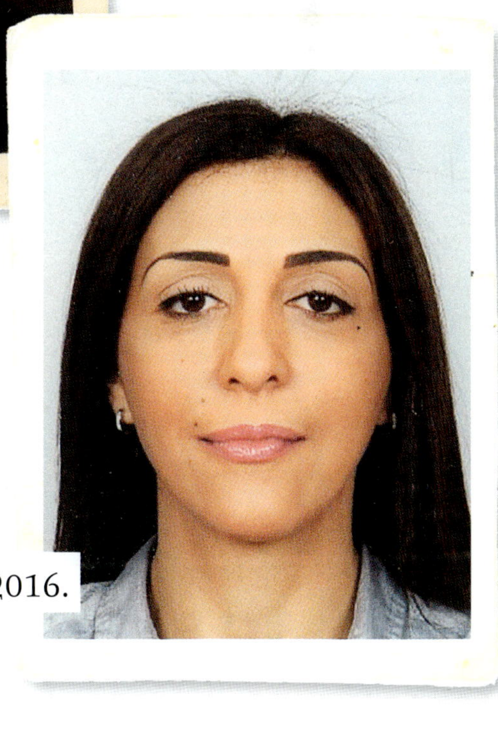

Aujourd'hui, 2016.

Sauf mention particulière, toutes les photos proviennent de la collection personnelle de l'auteur

Avec mon petit frère,
dont je m'occupais après l'école.

21 ans, étudiante
en 1ère année de sociologie à la Fac de Rouen.

Février 1998,
quelques mois avant mon mariage.

Sportive,
juste avant de porter le voile…

Août 1998,
une des tenues de mon mariage en Tunisie.

Enceinte
de mon troisième enfant.

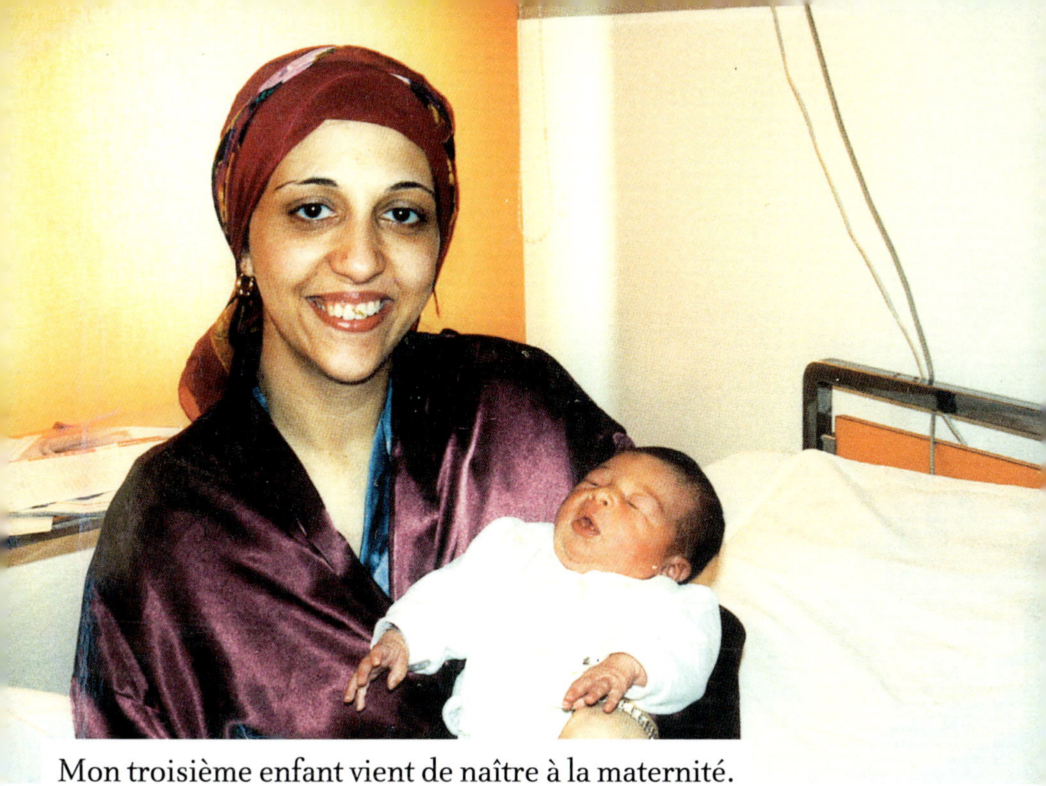

Mon troisième enfant vient de naître à la maternité. Je garde mon foulard en bandana car je ne dois pas montrer mes cheveux, même devant les femmes.

2007,
pour chercher du travail,
je cache mon voile sous un chapeau…

d'un volcan prêt à exploser. En aparté, ma belle-mère se moqua d'elle :

— Regarde-la, on dirait une sorcière, tout en noir. Il y a deux semaines elle était en short !

Je ne comprenais pas, mais je fus vite mise au courant : Samira, selon ma belle-mère, était malade, et même complètement folle. C'est en tout cas ce que tout le quartier racontait. Un jour elle revêtait le niqab, le lendemain, disait-on, on la croisait en minijupe, une cigarette à la main : un jour salafiste, le lendemain féministe…

J'appris rapidement que Samira était mariée et qu'elle avait trois enfants, de deux maris différents, tous deux Français convertis à l'islam, tous deux salafistes. Mais personne ne me raconta que ses deux maris la battaient. On ne parle pas de ces choses-là.

Avec son premier mari, Steeve (Ali de son prénom musulman) Samira avait eu deux garçons. Des rumeurs couraient sur leur couple : elle aurait été infidèle, à moins que ce ne soit Ali… Régulièrement, Samira fuguait. Elle disparaissait quelques jours, et on la retrouvait, errant dans Roanne au petit matin, sortant d'on ne sait où, bar, discothèque. Bien entendu, quand elle rentrait à la maison, elle prenait une trempe. Parfois, elle se rendait d'elle-même à l'hôpital et réclamait qu'on la garde. Elle en ressortait accablée de cachets, vaseuse, calmée, et remettait son niqab. Samira était la cousine de Bachir, mais toute la famille la méprisait. D'ailleurs, le quartier entier se moquait d'elle. Bachir me recommandait de ne pas trop l'approcher. Sans doute craignait-il son influence sur moi. Plus j'entendais dire du mal de Samira, plus je m'intéressais à elle. J'avais envie de comprendre son mal-être, elle me faisait de la peine, et je sentais qu'elle était une personne sensible et généreuse. Je voyais rarement Samira car elle habitait à Lyon et ne venait à Roanne que pour voir ses enfants et visiter sa mère. Lorsque je la croisais dans la rue, elle me racontait qu'elle allait mal. Que son nouveau mari lui tapait dessus. Qu'elle en avait marre. Que parfois elle avait envie de tout envoyer promener, et qu'elle « pétait un câble », qu'elle voulait partir loin, mais qu'elle ne savait comment faire, avec ses mômes. Qu'elle savait qu'on la prenait pour une folle, et que d'ailleurs, elle l'était peut-être, folle.

Samira m'aimait beaucoup, plus encore, elle m'admirait. Elle me disait souvent :

— Tu es un exemple pour moi ! Tu es belle, tu es intelligente, tu sais te débrouiller dans la vie ! Et toi, tu es une bonne musulmane !

Je lui répondais qu'elle aussi était une jolie femme, intelligente, qu'elle pouvait sortir de son cafard, et qu'elle allait trouver le chemin pour être une bonne musulmane.

Elle rétorquait :

— Oui, c'est-ce que je me dis aussi à chaque fois que je mets mon niqab ! Mais après j'étouffe !

Et elle partait d'un grand rire franc.

Au fil des rencontres, Samira me racontait sa vie. Une vie de souffrance, qui avait débuté à l'âge de 9 ans. Son père, me dit-elle, avait abusé d'elle, et cela avait duré des années. J'étais horrifiée, c'était la première fois que j'étais confrontée à l'inceste. Je savais que cela existait, mais n'avais jamais rencontré de victimes, en tout cas, pas à ma connaissance.

Elle ne voulait pas rentrer dans les détails mais avait les larmes aux yeux en évoquant le sujet. Je pensais que Samira aurait pu crier, et je lui demandai pourquoi elle n'en avait jamais rien fait.

— Crier ? Pourquoi faire ? me répondit-elle ce jour-là avec amertume. Tu crois vraiment que ma mère n'était pas au courant ? On vivait dans un trois-pièces de 60 m^2 !

Ce jour-là, j'allai dîner chez ma belle-mère. Dans la cuisine, je lui racontai tout bas ce que Samira m'avait confié. Elle réagit durement :

— Ah, cette Samira ! Elle ferait mieux de se taire, c'est la honte pour sa famille ! Elle a porté plainte contre son père, et il est mort en prison à cause d'elle ! Mais lui, il a toujours nié, on a jamais pu savoir qui mentait, et lui, le pauvre, il s'est suicidé ! De toute façon elle est folle, Samira, tout le monde le sait !

Samira était-elle « folle », parce que son père avait abusé d'elle enfant, ou bien avait-elle accusé son père parce qu'elle était folle… À cette époque, et aujourd'hui encore, mais ce n'est qu'une simple intuition, j'avais tendance à croire qu'elle disait bien la vérité.

En tout cas, ce qui était sûr, c'est que Samira était malheureuse. Son mari, Steeve-Ali, l'avait répudiée peu de temps après qu'elle eut accouché de leurs deuxième fils. Elle était remariée religieusement à un autre converti : « Moustapha-Français » qui affichait une longue barbe rousse. Ils avaient une petite fille et habitaient à Lyon, dans la cité de La Duchère, un quartier investi par les salafistes. Samira n'avait jamais eu la garde de ses deux aînés, elle avait interdiction de les prendre avec elle et ne pouvait les voir qu'à Roanne soit dans la rue ou bien dans l'appartement de sa mère.

Steeve-Ali était un ami proche de mon mari, ils avaient grandi dans le même quartier. Tout salafiste qu'il était, et bien qu'il soit remarié, cela ne l'empêchait pas de me regarder à la dérobée, et cela me mettait très mal à l'aise : je faisais semblant de ne pas m'en apercevoir, car j'étais à la fois gênée et inquiète de ce que mon mari aurait pu en déduire s'il surprenait ces regards. En tout cas cet homme pieux, qui voulait ressembler au Prophète, et qui n'était pas censé me regarder dans les yeux, n'hésitait pas à me faire comprendre que je lui plaisais... Aussi peu respectueux que les kouffars dans les rues de Rouen lorsque je n'étais pas encore une bonne musulmane, finalement !

Radia (Cathy, la convertie) aussi me racontait sa vie, lorsque nous nous croisions quand elle accompagnait Samira en visite dans le quartier.

Radia avait un tout autre profil que Samira : elle n'était pas issue d'une famille arabe modeste, elle n'avait pas grandi dans une cité habituée aux musulmans, voire aux salafistes. Sa famille était relativement aisée. À l'aube de ses 18 ans, Radia, ou plutôt, à l'époque, Cathy, était tout simplement tombée amoureuse d'un jeune Français d'origine marocaine. Il était beau, c'était l'un des petits caïds d'une cité de Villefranche-sur-Saône, vaguement délinquant. Au bout de quelques mois, le garçon s'était mis à fréquenter la mosquée salafiste de son quartier (la commune de Villefranche compte de nombreux salafistes). Il s'était laissé pousser la barbe, la religion tout à coup l'attirait. Il ne connaissait bien sûr rien au Coran, et son apprentissage commença directement dans cette mosquée. Avoir des relations sexuelles avec une « chrétienne » ne lui avait posé aucun problème jusque-là, mais tout avait changé : pour ce garçon, il n'était plus question de sortir avec une non-musulmane, et encore moins de l'épouser ! Pour Cathy, le choix était simple : puisqu'elle l'aimait, elle s'était convertie. En islam, ce n'est pas difficile : il suffit de prononcer la *chahada* (la profession de foi : « J'atteste qu'il n'y a de Dieu qu'Allah et j'atteste que Muhammad est son messager »), si possible devant un imam, sinon devant des témoins. Elle avait choisi son prénom musulman : Radia. Ses parents grincèrent des dents lorsqu'elle leur annonça qu'elle allait se marier. Mais elle était majeure, ils firent donc contre mauvaise fortune bon cœur. Radia ne connaissait rien à la religion, son mari pas beaucoup plus. Quand elle se mit à porter le voile, les relations se tendirent avec ses parents, décontenancés par la transformation si rapide et radicale de leur fille. Quand elle enfila son premier jilbab, c'en fut trop pour sa famille, qui tenta en vain d'y mettre le holà. Radia leur tourna le dos, ainsi qu'à tous ses anciens amis, et s'enferma, comme moi, dans son appartement de salafiste, avec son mari salafiste. L'histoire de Radia, c'est celle de nombreuses jeunes converties : elles tombent amoureuses de garçons plus ou moins en marge, de beaux gosses des cités. Ils passent (ou cumulent) de la délinquance à l'islam, ou plutôt à ce qu'ils croient être l'islam, ce que des « savants salafistes » leur enseignent de la religion. Ils sont jeunes, beaux, conquérants, ils sont sûrs d'eux et protecteurs. Elles les idéalisent. Et pour les garder, elles se convertissent, et se lancent avec passion dans leur nouvelle vie d'épouse soumise.

Comme Samira, moi aussi je revêtais parfois le niqab, pour aller à des conférences par exemple. Mais je ne l'avais jamais porté dans la cité. Je savais que si je commençais à me balader avec le voile intégral dans mon environnement quotidien, je ne pourrais plus l'enlever, sauf à détruire ma réputation, comme elle. Je me souvenais bien des recommandations de mes amies étudiantes, lorsque je ne portais pas encore le voile : se couvrir la tête, ce n'était pas un jeu. Le niqab, encore moins : c'était un engagement profond et définitif. Cela fonctionnait comme un escalier : le voile, pour les croyantes débutantes ou peu aguerries, puis le jilbab, pour les croyantes qui commençaient à vraiment marcher sur le chemin de la vertu, et enfin le niqab, pour celles qui parvenaient à s'élever encore plus haut vers Allah. Le niqab, c'était le palier avant la dernière marche, celle qui menait au paradis. Certaines femmes parvenaient, à force de piété, à s'élever à cette hauteur. D'autres passeraient toute leur vie avec un petit voile. Officiellement, cela ne signifiait pas que les croyantes en niqab étaient meilleures que les autres. Mais officieusement, si. Et ces femmes développaient d'ailleurs souvent un complexe de supériorité.

Moi, je préférais le jilbab au niqab. Ma belle-mère, elle, préférait me voir vêtue avec des manteaux longs et colorés, ou des djellabas traditionnelles tunisiennes. Elle n'aimait pas du tout les jilbab, encore moins les niqabs noirs. Elle critiquait d'ailleurs souvent ceux de Samira, disant qu'elle ressemblait à un fantôme et qu'elle faisait peur, et que ce n'était qu'un moyen pour elle de se faire remarquer. Mon mari, lui, ne supportait pas de me voir avec des voiles trop clairs. Il disait que cela faisait ressortir mon teint lumineux et l'éclat de mes yeux, et qu'ainsi j'attirais trop les regards des hommes ! Il voulait donc me voir en jilbab très foncés, et il n'était jamais aussi fier de son épouse, me disait-il, que lorsque je revêtais le niqab noir pour me rendre aux conférences…

Après qu'Adam eut fêté son premier anniversaire, mon mari me fit une énorme surprise : nous allions faire la *omra*, le petit pèlerinage à La Mecque (qu'on peut faire tout au long de l'année, contrairement au hadj, le grand pèlerinage). Effectuer le pèlerinage fait partie des cinq piliers de l'islam : le musulman s'il en a les moyens doit aller une fois dans sa vie à La Mecque, en Arabie saoudite, sur les pas du Prophète. Les moyens, Bachir les avaient visiblement trouvés. Il faut dire que mon mari était très fort pour débusquer et obtenir toutes les aides sociales qui pouvaient exister, et même pour décider une assistante sociale à négocier un dossier de surendettement. Mais d'où tenait-il cette somme d'argent ? Pour le savoir, il aurait fallu que je fouille dans ses papiers pour y trouver ses relevés de compte, mais tout le courrier arrivait à son nom, et j'avais interdiction de l'ouvrir. Alors je préférais lâchement ne pas me poser de questions sur la provenance de l'argent...

À l'époque, les tarifs pour le pèlerinage n'étaient toutefois pas aussi prohibitifs que maintenant, sur place on pouvait manger pour 5 euros, et il y avait beaucoup moins d'arnaques, car un croyant pouvait se rendre à La Mecque sans passer par une agence de voyages. C'était le mois d'août, une période où les prix étaient bas car la température atteignait facilement 50 °. Ma belle-mère gardait le petit.

Ce voyage fut pour moi une révélation. L'avant-veille du départ, je rêvai que j'étais toute vêtue de blanc, et que je marchais autour de la maison sacrée, la Kaaba...

En arrivant à l'aéroport de Djeddah, j'étais sur un petit nuage. Nous nous installâmes dans un petit hôtel sans prétention, climatisé comme tous les commerces en Arabie saoudite. Il faisait incroyablement chaud, et dès ma première sortie de l'hôtel, sous mon niqab, je crus que j'allais m'évanouir. À partir de ce jour-là, je refusai fermement de me voiler entièrement :

— Je ne peux pas Bachir, je vais étouffer !

Il comprit que, pour une fois, je ne céderais pas. La négociation porta sur la couleur du jilbab : je n'avais toujours pas le droit de m'habiller de blanc.

À La Mecque, à la caisse du Burger King où nous avions déjeuné, un couple derrière nous nous entendit parler français, et nous sympathisâmes.

— Excuse-moi, ma sœur, me dit la femme française une heure plus tard alors que nous nous promenions en ville, je peux te dire quelque chose ?

— Bien sûr, n'hésite pas !

— Tu ne devrais pas te balader comme ça en jilbab.

— Ah non ? Mais pourquoi ?

— Parce que ici toutes les femmes sont en niqab, regarde… Et du coup tu te fais repérer par les hommes, ils n'ont pas l'habitude de voir un visage de femme, faudra pas t'étonner si tu te fais draguer…

En clair, une femme en jilbab se promenant dans les rues de La Mecque ou de Djeddah était forcément assimilée à une femme de mœurs légères. Sa réflexion me vexa profondément, et surtout, me parut totalement injuste. Je décidai de ne pas me laisser influencer :

— Mais ma sœur, il fait horriblement chaud, regarde, toi, comme tu transpires ! Et je ne fais rien de mal ! Ce n'est pas ma faute si les hommes ne savent pas se tenir, je ne vois pas pourquoi je devrais en payer les conséquences.

Ce fut là ma première tentative de révolte ! Mais se révolter en foulant les terres saintes de La Mecque était bien présomptueux…

— Mais tu sais, ma sœur, tu n'as pas l'habitude de l'Arabie saoudite, moi si, je t'assure que c'est choquant de voir le visage d'une femme. Et puis si ton mari t'a demandé de mettre ton niqab, tu dois obéir à ton mari…

Pour lui faire plaisir, à elle dont je voulais me faire une amie, je cédai. Et je m'aperçus que je n'avais finalement pas beaucoup plus chaud avec le niqab que sans. J'y trouvai même des avantages : je pouvais regarder fixement tout le monde, y compris les hommes. Plus besoin de baisser les yeux pour ne pas croiser leur regard ! Personne ne pouvait me reconnaître ! Et ce niqab me donnait une liberté que je n'avais pas en France : mon mari me laissait sortir seule. À Roanne, dans notre quartier, une ou deux femmes seulement portaient le niqab : du coup, même sans voir leur visage, toute la cité savait qui elles étaient. À La Mecque, personne ne me connaissait, et de toute façon des centaines de femmes, habillées comme moi, faisaient leurs courses comme moi dans les souks. Même mon mari, s'il m'avait cherchée, n'aurait pas pu me trouver ! Quand la chaleur était trop suffocante, je faisais comme les Saoudiennes : je relevais le sitar, le petit voile presque opaque qui dissimulait entièrement mon visage. On ne voyait pas grand-chose de plus, si ce n'est mes yeux. Mais cela suffisait aux Saoudiens pour draguer effrontément ! Dans les souks, un vendeur de tissus me dit :

— Viens, je te fais un bon prix, tes yeux le valent bien, tu es une très belle femme, ça se voit…

J'étais à la fois flattée et choquée. Je racontai ça à ma copine, la Française convertie, qui me répondit :

— Oui, c'est vrai, tu as de beaux yeux, alors arrête de les montrer !

Nous allâmes aussi à Médine, en car avec d'autres pèlerins.

Faire une prière à Médine est très important en islam. Mais devant la mosquée, des enfants mendiaient : cela me choqua. Comment, dans le pays du Prophète, un pays très riche de surcroît, était-ce possible que des pauvres n'aient pas de quoi manger ?

Je vis aussi des hommes, souvent noirs, à qui il manquait une main ou même un bras. Bachir m'expliqua que c'étaient des Africains, des pauvres, qui avaient volé, et que dans ce pays on coupait la main ou le bras des voleurs. Cela me glaça. Cet épisode me reviendrait en mémoire, bien des années plus tard.

Nous nous arrêtâmes sur la route avec les autres pèlerins du car pour déjeuner dans un restaurant, une chaîne de pizzas. Bachir et moi nous installâmes côté famille – il y avait aussi un côté femmes et un côté hommes. Je traversai le côté femmes pour me rendre aux toilettes, et le spectacle m'interloqua : plusieurs jeunes femmes, visiblement des amies, riaient entre-elles. Elles avaient relevé le voile de leur niqab, elles étaient maquillées et surtout… elles fumaient ! Ce pays était décidément bien étrange…

À La Mecque, bien sûr, nous allions chaque jour tourner autour de la maison sacrée, la Kaaba. Il était interdit de prendre des photos, mais je réussis quand même à photographier, après avoir dissimulé mon appareil photo sous mon niqab. Bien sûr je me cachai aussi de Bachir.

Le retour à Roanne mit fin au mirage : à Djeddah, mon mari était plus détendu, et me laissait plus libre, persuadé qu'il était que dans ce pays merveilleux les hommes ne représentaient pas un danger. Mais une fois à la maison, la vie reprit comme avant. Adam grandissait. Je ne sortais plus, sauf pour l'accompagner à l'école maternelle (j'avais tout de même réussi à convaincre Bachir que pour le bienfait de notre enfant, il devait y aller chaque matin), pour aller chez ma belle-mère, ou pour faire les courses avec lui. Ma journée se déroulait selon un rite immuable : le matin j'accompagnais Adam à l'école, je rentrais faire le ménage et la cuisine, je ressortais le chercher à 11 h 30, je le faisais déjeuner et faire la sieste, et l'après-midi je descendais avec lui dans le square de la cité. Si je n'allais pas chez ma belle-mère à l'heure du goûter, c'est elle qui nous rejoignait à l'appartement. Adam goûtait, je jouais avec lui, puis venait à nouveau l'heure de faire la cuisine, je lui donnais son bain, le faisais dîner, le couchais en lui racontant une histoire. Je servais le dîner, nous dînions Bachir et moi en tête à tête : pour moi c'était le moment idéal pour lui demander des explications sur ce que je n'avais pas compris dans un livre salafiste. Mais il était vite agacé par mes questions, car souvent il n'avait pas de réponse. Au bout d'un moment il s'énervait, et m'enjoignait de me taire. Alors je me levais, je débarrassais la table, faisais la vaisselle et allais me coucher à mon tour. Il n'y avait pas de place à l'improvisation dans ce scénario. Je ne parlais à personne d'autre que mon mari, ma belle-mère, éventuellement mon beau-père ou mes belles-sœurs, et Samira quand je la croisais. Devant l'école, quand nous attendions nos enfants, certaines mères de famille discutaient ensemble durant quelques minutes. Pas moi, ni aucune de celles qui portaient le jilbab, encore moins celles – très rares dans le quartier – qui étaient vêtues d'un niqab (et en ville celles qui le portaient étaient systématiquement accompagnées de leur mari).

J'étais une prisonnière qui ignorait qu'elle était en prison. À de très rares reprises, j'avais osé crier ma colère, accuser mon mari de m'avoir épousée uniquement pour faire le ménage, la cuisine, et avoir des enfants. Il m'avait répondu froidement, un sourire sarcastique aux lèvres :

— Oui ! Tu as raison ! Je t'ai bien eue ! Et alors ? Tu vas faire quoi maintenant ? Tu vas t'en aller avec ton fils sous le bras ? Dans la rue ? Tu vas le priver de son père ? Tu veux le rendre malheureux ? Non, je sais bien que non, puisque tu l'aimes. Et voilà, c'est simple : tu es ma prisonnière. Tu resteras avec ton mari, c'est ta place. Tu patientes avec ton mari.

Je ne pensais pas à me rebeller, mais je commençai à me confier sur Mejliss. Mon pseudo protégeait mon identité, je pouvais donc écrire ce que je voulais. Alors je posais des questions à des interlocuteurs anonymes : en islam l'épouse devait-elle obligatoirement accepter que son mari soit dur avec elle ? Supporter ses cris, voire ses coups ?

« Uniquement s'il a de bonnes raisons », me répondaient certains (des hommes en général.). J'avais beau chercher, je n'en voyais pas… D'autres au contraire m'expliquaient, sourate à l'appui, que battre sa femme était haram en islam… Régulièrement, une sœur me disait que je devrais quitter mon mari car il n'était pas un bon musulman…

Ma vie était monotone, mais j'avais mon fils. Mon mari avait raison, jamais je ne pourrais séparer Adam de son père. Jamais donc je ne pourrais quitter Bachir. De toute façon, je serais incapable de me débrouiller seule : je ne sortais pas, je n'avais pas d'amies, je ne savais pas me débrouiller pour les papiers administratifs, je n'avais pas de compte bancaire, j'étais une femme au foyer, et n'avais pas de place ailleurs. J'avais perdu toute confiance en moi.

Cela n'avait pas d'importance : pour Adam j'étais prête à supporter beaucoup. Je tenais même à lui donner un petit frère ou une petite sœur : je ne voulais pas qu'il soit enfant unique. Moi qui n'avais pas de « vrai » frère ou sœur, je savais bien que pour traverser les épreuves de la vie, il valait mieux appartenir à une fratrie. J'espérais encore que mon mari se rapprocherait de moi si nous avions un autre enfant, qu'il deviendrait plus aimant, et qu'à force j'arriverais à donner un sens au mot « famille ».

J'étais également impatiente que mon mari retrouve du travail. Car cela faisait plusieurs mois que Bachir passait de plus en plus de temps à la maison. Il touchait le RSA, et faisait bien attention à ce que les allocations familiales ne diminuent pas. Je supportais mal cette situation :

— Pourquoi tu cherches pas de boulot ?, lui demandai-je de temps en temps.

Je n'obtenais aucune réponse. Parfois, j'avoue, je poussais les critiques encore plus loin :

— Tu me dis que ma place est à la maison, OK, mais la tienne, elle est où ? À la maison aussi ?

Un soir, alors que je l'asticotais ainsi, il me lança une gifle, puis deux, puis une volée de coups s'abattit sur moi. Je me protégeai tant bien que mal, surtout le ventre : j'étais enceinte de quelques semaines, il ne le savait pas encore :

— Arrête ! Arrête ! Je suis enceinte !

Il me laissa aller jusqu'à la salle de bains. Mon visage était brûlant, j'avais un œil à moitié fermé, mal au menton, au cou et au ventre. J'étais sonnée, moralement plus encore que physiquement. J'avais peur pour mon bébé. Pour la seconde fois.

Le lendemain matin, j'avais pris une décision : j'irai au commissariat porter plainte contre lui. Je ne comptais pas le quitter, mais j'espérais bien lui faire peur : s'il était convoqué chez les flics, ça le ferait réfléchir à deux fois avant de recommencer. Après avoir déposé Adam à l'école, je filai prendre le bus. Pas question d'aller au poste de police du quartier, tout le monde risquait de me voir. À l'accueil du commissariat, j'expliquai pourquoi je venais. La policière jeta un coup d'œil à ma pièce d'identité, puis me toisa. J'étais vêtue d'un jilbab noir.

— On ne prend pas ce genre de plainte, madame.

Mais il m'a frappée ! Je suis enceinte !

— Vous n'habitez pas le secteur, allez à l'antenne de police de votre quartier.

— Mais, madame je ne peux pas, s'il me voit, il va être furieux !

Elle se pencha vers moi par-dessus le comptoir, son visage à quelques centimètres du mien :

— Vous avez l'intention de quitter votre marı, madame ?

— Mais… Non, enfin… J'ai un enfant, je suis enceinte…

— Alors qu'est-ce que vous faites là ?

— Mais je veux que vous lui fassiez peur, je veux porter plainte contre lui, il m'a frappée !

Elle se recula, haussa les épaules :

— Je peux rien pour vous, madame. Revenez quand vous voudrez le quitter. De toute façon, vous les femmes musulmanes, vous vous faites tout le temps taper dessus, vous n'aviez qu'à pas épouser un sale type, un salafiste je suppose…

Humiliée, en rage, je tournai les talons.

Ce matin-là, je venais d'avoir la preuve que pour la police, parce que j'étais salafiste, je n'avais pas les mêmes droits que les autres Françaises. Peut-être Bachir avait-il raison : ce pays n'aimait pas les musulmans, n'aimait pas l'islam. Nous, les croyants, devions nous serrer les coudes.

Le jour même, je racontai une fois de plus à ma belle-mère ce que son fils avait fait.

Je dois reconnaître qu'elle m'écouta avec attention, comme l'aurait fait une amie. Je lui dis même que j'avais eu l'intention de porter plainte, sans lui relater toutefois la scène du commissariat. Mais elle me conforta dans l'idée que je devais me satisfaire de mon sort.

— Ce n'est rien, ma fille, patiente, l'islam nous dit de patienter. Moi, mon mari m'a fait bien pire, un jour il m'a même cassé le bras ! Mais je savais bien que je m'en sortirais pas sans lui alors j'ai supporté. Tu dois faire pareil : de toute façon tu ne t'en sortiras jamais sans Bachir… Et les gens ils vont dire que tu es une *ejallah* ! (En Tunisie, c'est une grave insulte, une femme seule avec enfants.) Personne ne voudra plus de toi !

Ma belle-mère m'avait toujours expliqué, comme ma mère avant elle, qu'une femme sans mari n'est rien. Mais au fil du temps, je me confiais à elle presque à chaque fois que son fils me frappait. Elle me soutenait, elle morigénait son fils, et je le retrouvais tout repentant, implorant mon pardon.

— Tu comprends, c'est pas ma faute, me disait-il, ma sœur aînée me frappait souvent petit, et mon père est méchant avec moi. Depuis que je suis petit, ils me tapent dessus. Et depuis que je porte la barbe, avec mon père c'est encore pire…

Je lui pardonnais, toujours pour la même raison : ne pas faire éclater ma famille, ne pas faire vivre à mes enfants ce que j'avais vécu.

C'est triste à dire, mais c'est dans ces moments-là, lorsqu'il cherchait à se faire pardonner de m'avoir frappée, que je gagnais mes plus grandes victoires auprès de Bachir. Pour se faire pardonner, il se faisait conciliant. C'est ainsi que j'obtins le droit d'apprendre à conduire. Au début bien sûr il refusa : une femme salafiste n'a pas besoin de conduire. Mais je sus trouver les bons arguments : avec un second enfant, ce serait beaucoup plus pratique, ne serait-ce que pour emmener les petits chez le médecin, ou jusqu'à l'école. De plus, dans le bus les gens me regardaient souvent d'un drôle d'air. Parfois je me faisais agresser, insulter. Je lui dis que j'avais peur :

la voiture serait une protection. Il finit par accepter, à condition bien sûr que le moniteur d'auto-école soit une monitrice... Quelques mois plus tard, j'avais mon permis. Une petite victoire. L'assistante sociale de secteur qui nous donnait un coup de main – entre autres pour obtenir des aides sociales... – me félicita chaudement. C'était une Française d'origine kabyle. Elle m'aimait bien, et me disait souvent :

— Vous ne m'avez pas l'air très heureuse...

Je lui répondais d'un pâle sourire. Même si elle ne le disait pas, je sentais bien qu'elle n'appréciait pas beaucoup mon mari. Quant à lui, il détestait les assistantes sociales.

— C'est elles qui sont responsables des divorces. Regarde autour de nous, les femmes, elles arrivent du bled, elles ne connaissent rien ni personne, les assistantes sociales les prennent en main et hop ! Un an plus tard elles demandent le divorce !

Il n'aimait pas les services sociaux, donc, mais il me poussait pourtant à en faire le siège pour obtenir des allocations, et des bons d'achat de nourriture ou de vêtements.

Deux ans et demi après la naissance d'Adam, je donnai naissance à Cheïma, ma fille. J'avais espéré une fille de tout mon cœur. J'avais même prié toute une nuit pour ça. Je la désirais plus que tout au monde ! Je voulais la chérir, lui apporter tout l'amour que ma mère ne m'avait pas donné. Elle serait ma revanche, j'en ferais ma princesse.

Comme pour celle d'Adam, la naissance de Cheïma fut un des plus beaux moments de ma vie. J'étais maman d'une jolie petite fille aux yeux bridés, on aurait dit une petite poupée, c'était la mienne. Ma petite princesse.

Nous étions quatre : une vraie famille. C'était ça mon destin : avoir des enfants, et les éduquer. L'amour que personne ne m'avait donné, je le trouverais auprès de mes enfants. Pour eux, pour leur bonheur, j'étais prête à me sacrifier en restant avec un homme que je n'aimais pas. Allah m'indiquait le chemin en me donnant un fils et une fille, et ils étaient du même sang. Moi j'avais rêvé, enfant, d'avoir un frère ou une sœur du même père et de la même mère que moi. Je m'étais souvent sentie rejetée par mes demi-frères et demi-sœurs. Quoi qu'il arrive dorénavant entre Bachir et moi, je devais rester à ses côtés, pour que nos enfants grandissent avec leurs deux parents. Et, pour eux, je devais faire mon maximum pour que l'ambiance à la maison soit moins tendue Je devais réussir à faire que mon mari m'aime, après tout peut-être avait-il raison lorsqu'il me répétait :

— C'est à toi de faire des efforts.

Des efforts, j'en faisais. Beaucoup. Mais plus les mois passaient, plus Bachir semblait aigri et nerveux. Cette année-là, la période du ramadan fut particulièrement délicate. Adam avait 5 ans, Cheïma 2 ans et demi, et je venais d'apprendre que j'étais au début de ma troisième grossesse. Je jeûnais et j'étais très fatiguée. Malgré tout je cuisinais chaque jour le repas du *f'tour* (la rupture du jeûne) : chorba (soupe) et bricks en entrée, salade mechouiya, tajine tunisien, pain maison couscous, mermez, *market khodra* (râgout de veau et de légumes) ou tajine en plats principaux, petits gâteaux en dessert. Je passais des heures devant les fourneaux. Un matin, je me levai plus tard que d'habitude, j'avais la migraine, je me sentais mal.

Bachir travaillait à nouveau au noir chez un ami, puis il se rendait à la mosquée (encore plus fréquentée en cette période de ramadan). Il restait quelques bricks au thon de la veille dans le réfrigérateur. Je décidai que cela suffirait, avec une petite salade comme deuxième entrée : nous en aurions une chacun, je cuisinerais une chorba et des macaronis à la sauce tomate. À 18 heures, le repas était prêt, et le couvert mis quand Bachir rentra.

Il s'installa directement à table, mais quand il me vit sortir les bricks du frigo pour les faire réchauffer, il explosa :

— Quoi ? Tu me sers les bricks d'hier ? T'as pas honte ? Tu fous rien de la journée, tu fais la grasse matinée, et t'es pas foutue de cuisiner ?

— Mais elles sont très bonnes, les bricks ! On va pas les jeter, c'est haram de jeter la nourriture ! Et y a de la salade, de la chorba et des pâtes !

Il se leva brusquement, repoussa sa chaise en hurlant :

— Espèce de feignasse, tu réponds à ton mari en plus ! J'ai travaillé toute la journée c'est comme ça que je suis accueilli pour la rupture du jeûne !

J'ignore pourquoi, mais contrairement à d'habitude, je n'eus pas peur de lui. J'étais juste outrée, estomaquée par une telle réaction, la rage m'envahit, la colère me monta au visage, et pour la première fois je me mis moi aussi à crier :

— J'en ai assez ! Je suis fatiguée, je suis crevée, je fais tout ce que je peux et toi tu hurles pour des bricks !

Adam pleurait, assis sur sa chaise devant son assiette, et Cheïma hurlait dans son lit. D'un bond je sortis de la cuisine, sous le regard stupéfait de Bachir, j'attrapai mon manteau et les clés de la voiture dans l'entrée, et je sortis en sanglotant et en claquant la porte. La nuit était tombée. Je montai dans la voiture, et je dois dire que je fis quelque chose de totalement haram dans notre religion : je mis ma vie en danger. Je conduisais vite, beaucoup trop vite, j'allais droit devant moi, au hasard, je tournais sans ralentir, ou presque, je ne m'arrêtais pas aux stops, ni aux feux rouges, les larmes brouillaient ma vue, bref : je faisais n'importe quoi. À un carrefour, une camionnette pila à cinquante centimètres de ma voiture lorsque je lui coupai la route. Moi aussi j'avais eu le réflexe de freiner : je ne voulais sans doute pas mourir, finalement… Je me garai doucement sur le bas-côté, et sanglotai la tête sur le volant. Le conducteur de la camionnette apparut à ma portière, et lui qui s'apprêtait à me maudire à cause de la peur que je lui avais causée s'affola devant mes sanglots, persuadé que j'étais blessée.

C'était la première fois que je me révoltais ainsi.

Quand je rentrai à la maison, tout le monde dormait : Bachir ne s'était absolument pas inquiété pour moi.

Cela me rendit encore plus triste, mais je regardai le visage de mes deux enfants endormis, je pensai à ce petit être que je portais en moi, et me répétai que, pour eux, j'avais le devoir de faire attention à moi : qui veillerait sur eux si je n'étais plus là ?

Ce fut, je crois, ce soir-là que la graine de la rébellion s'implanta en moi.

Régulièrement, je demandais à Bachir :

— Mais qu'est-ce que je dois faire pour te rendre heureux ?

— Pour me rendre heureux, tu dois m'aider.

— Mais t'aider comment ? Je fais tout ce que je peux et tu n'es pas heureux, à chaque fois tu m'insultes, à chaque fois y a quelque chose qui ne va pas !

— C'est normal que je sois pas heureux dans ce pays de racistes, de kouffar ! Ils nous aiment pas ! Tu me reproches de pas travailler mais tu ne te rends pas compte de la situation ! Personne me donnera de boulot avec ma barbe ! Et moi, mon devoir, c'est de ressembler au Prophète. Pas question que je la taille ! Et pas question que ma femme porte un petit voile. C'est ta fierté de marcher dans les pas des épouses du Prophète. Ils comprendront jamais ça, ce sont tous des mécréants ! Et nos enfants, hein, comment ils vont grandir ? Regarde l'école, avec ces cours dégueulasses sur la sexualité, ils se respectent même pas eux-mêmes, ces Français ! Ils vont nous faire perdre nos enfants dans ce pays dévergondé ! Regarde.

Ce jour-là, il sortit de son cartable (que je n'avais pas le droit de toucher) une feuille sur laquelle il avait listé tous les graves inconvénients qu'il y avait pour nos enfants et pour nous-mêmes à vivre en France (je reproduis cette feuille *in extenso* dans les documents) :

– *Le vendredi – jour de la grande prière pour les musulmans – n'est pas un jour férié. Alors qu'en France les juifs ont leur samedi, et les chrétiens leur dimanche. Donc si une personne travaille toute la semaine, il ne pourra pas effectuer le joum'moua (*Salat Joum'moua, la prière du vendredi), *ce qui est capital pour un musulman.*

– *Plus de voile hijab à l'école, donc c'est grave car la fille va grandir sans son hijab et ceci fait partie de l'éducation de la fille.*

– *Les enfants ne parleront que le français, et ils vont oublier l'arabe même s'il y a 12 heures par semaine d'arabe* (cours à la mosquée).

– *Les enfants vont à l'école pendant 8 heures, ils dorment pendant 10 heures, il ne reste rien sur une journée de 24 heures, à l'école ils vont apprendre les mauvaises choses, les mauvaises pensées… À l'adolescence c'est catastrophique.*

– *En vivant dans une terre de mécréants, tous nos voisins ou presque sont des juifs ou des chrétiens, donc nos ennemis car entre eux ils cherchent des stratagèmes contre les musulmans.*

– *Tu n'entends pas l'adnan* (l'appel à la prière), *donc c'est comme un cimetière.*

– *En France il y a 60 millions de personnes dont 8 millions de musulmans ce qui est très minoritaire. Si nous vivions dans un pays musulman ce ne serait pas pareil (même s'il y a) des Pakistanais ou Indiens (ce sont des musulmans, pas des mécréants).*

– Quand tu meurs en France on doit te rapatrier, ce qui est très long pour un mort (pour prendre le chemin du paradis). Alors que dans un pays musulman en 24 heures tu es enterré.

– En France si tu payes pas ta taxe (une concession au cimetière) on te déterre, pas dans un pays musulman.

– Tu ne vois rien de l'Aïd El Adha (l'Aïd El Kbir, la grande fête qui commémore le sacrifice d'Abraham durant laquelle on égorge le mouton) *ni de l'Aïd El Fitr* (le petit Aïd, fête qui clôture le ramadan). *Mais tu vois Halloween, Noël, Pâques, etc., de fausses fêtes inventées.*

– Le musulman quoi qu'il fasse est toujours jugé dangereux surtout s'il porte une barbe.

– La musulmane avec son hijab est mal vue car ils croient qu'elle est soumise, alors qu'elle se couvre par dévotion à Allah.

Sa liste, je dois dire, m'ébranla. Tous ces écueils... Toutes ces difficultés sur notre chemin pour nous empêcher de gagner le paradis...

— Donc si tu veux qu'on soit heureux, me dit-il, il faut que tu trouves une solution pour qu'on puisse s'installer dans un vrai pays musulman, en Arabie saoudite ou aux Émirats. Toi tu parles anglais, tu dois pouvoir trouver un moyen.

Il avait raison : la vie en France était très compliquée, très frustrante pour nous les musulmans qui ne demandions qu'à suivre nos obligations religieuses. Pour trouver un appartement, j'avais été obligée de mettre mon voile en bandana. Je n'avais pas pu m'inscrire aux cours de couture à cause de mon jilbab. Au commissariat, la policière n'avait pas voulu m'aider, toujours à cause de mon apparence… Et si mon mari était au RSA et ne trouvait pas de travail, ce n'était peut-être finalement pas parce qu'il était paresseux comme je l'avais cru, mais bien parce que les Français ne voulaient pas de lui. Les Français, ces mécréants, je commençais à les haïr (je me suis rendu compte plus tard que cette haine m'avait été transmise peu à peu, au fil des ans, par mon mari). Un événement dont je ne me souviens qu'avec peine et dégoût acheva de me persuader que « les Français » étaient nos ennemis. Un matin, en sortant de l'appartement pour emmener Adam et Cheïma au jardin public, je trouvai un cadeau sur le paillasson : des excréments. Adam fut le premier à les voir :

— Caca ? C'est toutou ?

J'étais pétrifiée. La nausée me monta à la gorge. Je reculai dans l'entrée de notre appartement, tirant mon fils par la main, et je balbutiai :

— Oui, c'est un toutou très sale qui a fait ça.

Mais je savais bien que ce n'était pas un chien. Plutôt un message précis et lâche d'un voisin, l'un de ceux sans doute qui ne répondaient pas à mon salut lorsque je les croisais.

La haine montait en moi, donc. Et au fond, elle venait de loin. Toute petite déjà, n'avais-je pas pris l'habitude d'entendre ma mère dire :

— Nous, on est pas des *gaouris*, hein, on est des Arabes !

Les « gaouris », c'est ainsi qu'en Tunisie on appelle les étrangers. Même si au départ ce n'est pas une insulte, ce terme est employé de façon très péjorative : un gaouri n'arrivera jamais à la cheville d'un Arabe.

Qu'allions-nous devenir dans ce pays de gaouris ? De mécréants ? Comment nos enfants allaient-ils grandir ?

L'idée de Bachir était la bonne : il fallait trouver le moyen pour toute notre famille de nous installer en terre musulmane.

Chapitre 7

Partir

En attendant d'émigrer dans un pays digne de nous, nous continuions à vivre en France.

Bachir ne supportait pas de dépenser de l'argent en vêtements pour les enfants. Il disait que c'était inutile de gaspiller des sous, puisqu'ils allaient grandir ! D'autant que je pouvais leur trouver tout ce que je voulais dans les vestiaires du Secours catholique. Mais je refusais de mendier pour habiller mes enfants. Ça ne gênait pas Bachir : accompagné de sa mère, il allait faire la queue aux Restaurants du cœur, et en rapportait des colis de nourriture. Deux fois par semaine il allait aussi à la Croix-Rouge chercher des couches, du lait et des petits pots pour le bébé. C'était sa façon de se débrouiller dans la vie : aux assistantes sociales, il expliquait que personne ne voulait lui donner de travail à cause de sa barbe, que nous vivions donc à quatre avec son RSA, qu'une fois payé le loyer il restait à peine de quoi régler l'électricité et l'eau…

Pour nous, le seul salut était de gagner l'Arabie saoudite ou les Émirats. Une installation en Tunisie n'était pas envisageable, tant que le président Ben Ali ferait la chasse aux barbus. Mais il fallait bien nous rendre à l'évidence, ce n'était pas en vivant avec le RSA que nous allions économiser suffisamment pour nous installer aussi loin.

Ismaïl, notre troisième enfant, naquit en juin 2005. Sa naissance fut un moment de bonheur pur. L'accouchement avait été beaucoup moins douloureux que pour mes deux premiers enfants, et je me sentis totalement comblée lorsque je pris mon fils dans mes bras.

Peu de temps après, le divorce de mes beaux-parents accéléra brutalement l'échec de notre mariage.

Un matin, le père de Bachir partit comme il était prévu pour quelques semaines en Tunisie. Mais, cette fois, il ne revint pas.

Ma belle-mère pleurait et se tordait les mains, mon mari insultait son père, ses sœurs le maudissaient. Ils apprirent bientôt que leur père comptait divorcer et se remarier en Tunisie.

Nous arrivions au mois de décembre, Ismaïl avait six mois. Nous ne célébrions pas Noël, mais j'aimais son ambiance magique, les guirlandes qui clignotent, les sapins déguisés, le Père Noël sur son traîneau… Je m'amusais des lueurs d'émerveillement dans les yeux d'Adam et de Cheïma, et même d'Ismaïl qui criait en tendant les bras au Père Noël à Carrefour. Je regrettais parfois que, pour eux au moins, nous ne puissions célébrer cette fête. Le matin du 24 décembre, nous allâmes avec Bachir faire des courses à Carrefour. Mauvaise idée : il y avait un monde fou, nous avions complètement oublié que « les Français » préparaient leur réveillon. Bachir finissait de remplir le coffre de la voiture et j'allais remettre le caddie dans le magasin quand je tombai nez à nez avec mon beau-père : il était de passage, venu régulariser son dossier pour sa retraite et chercher des papiers pour le divorce. Aucun de ses enfants, me dit-il, n'avait accepté de discuter avec lui, et aucun d'entre eux ne voulait l'héberger :

— Tu vois, j'ai travaillé toute ma vie pour les élever, et là ils me laissent à la rue ! Toute notre vie leur mère les a montés contre moi ! Tu comprends pourquoi je suis parti ? Ma famille ne m'aime pas !

Il s'apprêtait à chercher un hôtel, mais je ne pouvais admettre qu'il passe sa soirée tout seul, surtout un soir de Noël. Même pour des non-chrétiens, ce devait être un moment de paix et de réconciliation. Je l'invitai donc à la maison, et lui affirmai que son fils serait d'accord, et qu'à défaut j'allais le convaincre. Il eut l'air sceptique, mais accepta l'invitation, et me prévint qu'il arriverait en fin d'après-midi.

Je retournai à la voiture et prévins Bachir que son père était à Roanne (il le savait bien sûr déjà) et qu'il allait nous rejoindre pour une nuit, car il n'avait aucun endroit où dormir. Il entra dans une rage folle.

— C'est hors de question ! Qui tu es pour oser décider !? C'est un pourri, il ne mettra pas les pieds chez moi !

— Bachir, c'est ton père, tu ne peux pas le laisser dehors comme un chien ! La nuit de Noël en plus !

— La nuit de Noël, on en a rien à foutre ! C'est une nuit de kouffars ! Qu'il crève avec eux ! C'est tout ce qu'il mérite ! Je te préviens, s'il dort ici, je pars et pas question pour moi de dormir en la présence de cette pourriture !

Je ne supportais pas sa violence verbale envers son père. En islam, le respect voué aux parents est le socle même de la vie familiale. N'importe quel musulman sait cela. Arrivés en bas de notre appartement, dans la voiture, je me tournai vers mon mari et lui dis très calmement :

— Bachir, ce que tu veux faire est haram. On ne laisse pas son père dehors. Moi, je ne laisserai pas mon beau-père dehors : il dormira à la maison ce soir.

J'ignore pourquoi Bachir ne m'a pas frappée. Il a hurlé, m'a insultée, a voué son père aux gémonies, puis est parti dormir chez sa mère, laissant le champ libre à ce père qu'il ne voulait pas croiser.

Ce soir-là, la nuit du 24 au 25 décembre 2005, mon beau-père et moi n'avons pas fêté Noël, mais nous avons parlé durant de longues heures. Notre première véritable discussion.

Jusqu'au matin, il me raconta sa vie, en pleurant parfois. Je compris que son agressivité, et même sa violence envers sa femme et ses enfants, étaient liées à l'échec de son mariage : il avait vite compris que ma belle-mère ne l'aimait pas vraiment, et que seuls comptaient pour elle ses enfants, et en particulier mon mari. Toutes ces années, il l'avait vue monter leurs enfants contre lui. Il s'était senti méprisé et très seul. S'il ne l'avait pas quittée plus tôt, c'était pour élever et assumer ses enfants jusqu'à ce qu'ils deviennent adultes et autonomes. Il ne voulait pas priver ses enfants d'un père. Il semblait tellement sincère que les larmes se mirent à couler sur mon visage, lui aussi se mit à pleurer doucement, et s'excusa de m'avoir poussée dehors lorsque je vivais chez eux :

— Je te jure que je ne voulais pas faire ça, mais ta belle-mère me harcelait pour que je te chasse, elle disait que tu étais menteuse, paresseuse, qu'elle ne voulait plus te nourrir. Pour avoir la paix, j'ai cédé. J'ai fait une erreur, j'ai été faible.

Au matin, avant de partir, mon beau-père nous serra tous les quatre dans ses bras, les larmes aux yeux, et me dit :

— Tu es comme ma fille, Henda, mon fils ne te mérite pas, essaye de partir d'ici si tu peux. Essaye de t'en sortir, de trouver un travail. Tu es intelligente, tu vas y arriver, j'en suis sûr, mais ne reste pas avec cette famille, ils sont mauvais et mon fils ne te rendra jamais heureuse.

J'étais soulagée que nous ayons pu faire la paix, et ses paroles m'avaient profondément touchée. Il venait de se passer quelque chose d'étonnant : mon beau-père lui-même me poussait à réfléchir au divorce...

Je pensais que Bachir allait rentrer furieux. C'est ce qui se passa quelques jours plus tard.

Les enfants étaient à l'école et le bébé dans sa chambre lorsque la clé tourna dans la serrure. J'étais dans la salle de bains, je parlais au téléphone avec Samira. Je n'eus même pas le temps de raccrocher : il me sauta dessus et m'arracha le téléphone pour le jeter à terre en hurlant :

— Tu parles avec qui, salope !

La rage et le dégoût m'envahirent.

— Lâche-moi, espèce de malade !

— Non, mais tu te prends pour qui, toi ? Tu crois que tu vas faire la loi ici !

Je lui répondis :

— Je fais ce que je veux !

Un coup de poing dans l'estomac me fit perdre le souffle, je me pliai en deux. Il me frappa au visage, me donna un coup de poing sur la tête, m'attrapa les cheveux et me tira d'un coup sec vers lui, me prit aux épaules et me secoua violemment en hurlant :

— Tu parlais à un mec, hein, sale pute ! Je suis sûr que tu me trompes, sale vicelarde ! T'as fêté Noël avec lui et mon père, c'est ça ? Et tu l'as logé, mon père, hein, t'es fière de toi ! Récupérer ce vieux saligaud qui a trompé ma mère ? Ce vieux salopard qui ne respecte pas l'islam ? Il crache sur les salafistes, et toi tu l'aides ?! Tu me fais honte ! Vous allez me le payer, toi et mon père !

Il me cognait tout en insultant son père, comme s'il le frappait à travers moi.

Entre chaque phrase il me secouait violemment. J'essayais de me défendre tant bien que mal, mais il écumait, et la rage décuplait ses forces. Il me lâcha si brusquement que je tombai à demi assommée sur le carrelage. Il se précipita dans notre chambre, je l'entendis ouvrir des tiroirs et la porte de l'armoire. Quelques minutes plus tard il ressortit, un grand sac de voyage à la main. Il avait fourré quelques vêtements dedans, et me bouscula en criant au passage :

— À partir de maintenant, je veux plus de toi ! Je veux plus de toi ! Je te répudie ! Je vais vivre chez ma mère ! Tu resteras seule comme une chienne, sale clocharde ! Tu peux crever, maintenant espèce de folle, va pleurer chez qui tu veux, je ne reviendrai plus !

Et comme Ismaïl, terrorisé par les cris, hurlait dans son berceau, il prit la boîte avec toutes nos économies et ajouta :

— Et tu vas les élever toute seule, tes gosses !

Et il sortit en claquant la porte si fort que les murs en tremblèrent.

Je saignais du nez, et mon bébé terrorisé, sanglotait. Je le calmai, le recouchai, et m'écroulai à mon tour. Je pus à peine me lever du lit pour aller chercher mes deux petits à l'école. La journée suivante, j'avais mal à la tête, et des bleus partout.

Bachir était parti alors que je n'avais pas un centime. Le lendemain, j'allai déposer une plainte pour coups et blessures au commissariat, et pour avertir que mon mari nous avait abandonnés, seuls, sans argent (la justice le convoqua pour un simple « rappel à la loi »).

« Je te répudie », m'avait-il jeté à la figure : cette phrase, nombreuses sont les musulmanes qui en connaissent la portée. Mais pour les Français « de souche », il est difficile de croire qu'elle puisse avoir un sens. Et pourtant, en 2016, en France, des milliers d'hommes l'utilisent. « Répudier » signifie « renvoyer sa femme suivant les formes religieusement légales ».

Évidemment, seul l'homme a le droit de répudiation… Rien de plus facile pour lui que de divorcer : il lui suffit de prononcer les paroles adéquates devant sa femme. Et nul besoin d'autre témoin que Dieu… Pratique ! Car de nombreux salafistes se contentent d'un mariage religieux. Pourquoi passer devant un mécréant de maire ? Accepter la justice des mécréants, ce serait accepter le *taghout*, la justice des hommes, qui selon les salafistes peut faire entrer le musulman dans la mécréance. Cela revient à renier la justice divine. Et puis, pourquoi, surtout, se compliquer la vie avec un juge et des papiers à signer ? Et peut-être même avec une pension alimentaire à verser ? En France, quand les couples salafistes sont vraiment unis civilement et légalement, c'est la plupart du temps parce que la femme l'a exigé avant de donner son accord. C'est le signe d'une grande lucidité sur la précarité de son statut : cette femme sait que, sans mariage légal, du jour au lendemain son mari peut la jeter dehors et prendre une nouvelle épouse. Aux yeux de Dieu et de tous les musulmans, l'homme et la femme sont alors séparés, et libres de se remarier religieusement. Toutefois, le mari a le droit de changer d'avis, et de revenir sur la répudiation, cela s'appelle la période du *ida* : durant les trois mois qui suivent la répudiation, « l'ex-mari » et « l'ex-épouse », s'ils ont des relations sexuelles, sont à nouveau mariés « aux yeux de Dieu »…

Une règle limite toutefois le nombre de remariages avec la même personne : les époux ne peuvent pas changer d'avis plus de deux fois. Il est donc permis de se marier trois fois avec la même personne, pas une de plus. Enfin… si, mais plus tard : l'épouse répudiée trois fois pourra être réépousée si elle se marie durant plusieurs mois au moins avec un homme dont elle divorce ensuite. Mais elle devra tout de même attendre six mois pour être sûre de ne pas être enceinte du précédent… ! Compliqué ? Pas pour les salafistes, croyez-moi… Il arrive régulièrement que les hommes s'échangent leurs femmes : rien de plus facile que de divorcer et d'épouser le meilleur ami de son mari… Tant que les choses sont faites dans le *halal*, c'est-à-dire avec un mariage religieux, tout est possible. Beaucoup de femmes se retrouvent ainsi utilisées par leur mari. Elles ont souvent un rôle de servante et de génitrice, elles gèrent le foyer, les tâches ménagères, la cuisine. Moins elles ont de temps pour se servir de leur cerveau et réfléchir, et mieux c'est pour ces messieurs. Ils ont donc une nette préférence pour celles qui n'ont pas fait d'études et sont plus facilement manipulables. Les plus prisées sont les jeunes fraîchement converties, très appréciées des salafistes. De toutes jeunes filles, souvent, un peu naïves, immatures, qui croient au prince charmant et acceptent très facilement le mariage religieux. Elles idéalisent la vie de famille, et pour beaucoup d'entre elles déchantent très vite une fois qu'elles ont des enfants. Comment être heureuse avec un mari qui la plupart du temps ne travaille pas et vit exclusivement des aides sociales ? Un époux qui souvent souhaite « faire la polygamie » ? Certaines subissent, et se taisent, d'autres demandent à être répudiées. Elles se retrouvent seules avec un ou plusieurs enfants, sans diplôme, sans formation. Voilà pourquoi beaucoup hésitent à divorcer.

Bachir était retourné chez sa mère. En plus de ses vêtements, il avait pris l'argent liquide qu'il gardait dans la boîte à chaussures. C'était une grosse somme, je le savais, car je l'avais entendu récemment en parler au téléphone, je ne sais avec qui. Il avait mis de côté 15 000 euros. Il avait aussi pris mon sac à main, avec tous mes papiers d'identité. Mais ça, je ne m'en rendis compte qu'au moment de sortir. Il m'avait laissée seule avec nos trois enfants, sans argent, sans carte de crédit.

Les semaines qui suivirent furent très pénibles. J'avais très rapidement épuisé le maigre stock de denrées alimentaires et de couches de la maison. Chaque fois que je téléphonais chez ma belle-mère pour demander à mon mari d'au moins me donner de l'argent pour ses enfants, c'est elle qui décrochait :

— Ah ! Te voilà, toi, toi qui défends mon mari le salaud, tu payes maintenant ! Reste avec tes enfants, goûte la misère ! Moi j'ai récupéré mon fils !

Et elle me raccrochait au nez.

Je n'osais pas me rendre chez elle : j'avais peur du scandale. Selon ma belle-famille, j'avais fait quelque chose de très grave en accueillant mon beau-père. Moi, j'avais le sentiment au contraire d'avoir agi de façon juste.

J'allai voir l'assistante sociale du quartier, et je crois qu'elle me comprit aussitôt. Elle fut d'ailleurs la première à me parler de mon « enfermement ».

— Vous savez, madame B., me dit-elle, vous vivez comme en prison. Vous êtes sous surveillance. J'ai un conseil à vous donner : allez parler à un psychologue. Cela vous fera du bien.

Elle me donna des bons alimentaires, et les coordonnées d'un psychologue. Mais je n'avais pas d'argent pour manger, alors, aller voir un psychologue…

La mort dans l'âme je pris donc à mon tour le chemin des Restaurants du cœur. J'accompagnai Adam et Cheïma à l'école, et m'y présentai avec Ismaïl dans la poussette. Je savais qu'on allait me demander des justificatifs d'identité et de ressources. C'est effectivement ce qui se passa, et j'expliquai pourquoi je n'avais ni papier d'identité sur moi, ni papier administratif. Apparemment, je n'étais pas la première que son mari abandonnait ainsi sans ressources : on me crut sur parole. En cherchant dans les fichiers, la bénévole des Restaurants du cœur à qui je m'étais adressée trouva le nom de mon mari.

— Eh bien, me dit-elle, j'espère qu'il ne s'avisera pas de revenir nous voir, sinon je le recevrai comme il faut !

Deux fois par semaine, donc, j'allais chercher un colis alimentaire. Mais je vivais très mal cette situation, j'avais l'impression de demander l'aumône. Et cette fois, c'était moi qui devais aller « mendier », alors même que le père de mes enfants avait de l'argent !

Dès que courut dans la cité le bruit que Bachir était parti – autant dire dans l'heure qui a suivi son départ, les nouvelles vont très vite dans nos quartiers, c'est le principe du « téléphone arabe » – les hommes, les salafistes emplis de principes, défilèrent sur mon palier. Et le premier d'entre eux : Ali, l'ex-mari de Samira, le Français converti, qui était aussi un ami de Bachir.

Un matin il sonna à l'interphone :

— Salam Alaykoum, ma sœur, c'est Ali, est-ce que je peux te parler ?

— Bien sûr, mon frère, dis-je un peu étonnée, je ne suis pas très en forme, mais monte.

Je n'imaginais pas une seconde ce qui allait s'ensuivre.

Il arriva sur le palier, j'étais en jilbab, mon visage était donc visible. Il regarda ailleurs, bien sûr : surtout que son regard ne croise pas le mien ! Ce serait un grave péché ! Encore moins question, bien sûr, de me serrer la main, un salafiste ne touche pas la main d'une femme.

Par contre, me draguer ne lui posa aucun problème, à lui qui était un proche de mon mari,

— Hind, tu sais, je voulais te dire, ma sœur, c'est pas bien ce qu'il a fait Bachir, il aurait pas dû te laisser comme ça, on est tous déçu par lui, il t'a laissée sans argent, ma sœur ?

— Oui, sans argent, sans papiers, sans rien, mon frère. Je n'ai même pas de quoi acheter de l'eau pour les biberons du bébé.

— Je vais m'occuper de ça, ma sœur, ne t'inquiète pas.

Et quelques heures plus tard, il déposa des packs d'eau devant ma porte, et sonna, toujours en détournant le regard :

— Voilà de l'eau, ma sœur, tu sais, je vais lui parler à Bachir, c'est vraiment moche ce qu'il a fait, je vais lui dire que c'est pas bien, qu'il doit venir te donner de l'argent.

Je hochai la tête, le remerciai et tirai les packs d'eau à l'intérieur. Le lendemain soir, il sonna à nouveau.

— Est-ce que je peux te parler, ma sœur ?

— Euh oui, mon frère, il est un peu tard mais pas de problème, j'ai confiance…

Il monta, et toujours sur le palier, dans l'embrasure de la porte, en tournant la tête pour ne surtout pas croiser mon regard, me dit cette fois :

— Écoute, ma sœur, je voulais te parler, voilà, c'est un peu délicat, les enfants dorment ?

— Oui, ils dorment.

— Parce que c'est un peu délicat de te parler, là, dans le couloir, j'ai des choses à te dire, j'ai parlé avec Bachir à la mosquée, je peux entrer ?

— Oui, oui, entre.

Je le précédai dans le salon, et nous nous assîmes chacun sur une chaise.

— Ma sœur, je voulais te dire, vraiment dans le quartier tout le monde te soutient, on sait que c'est dur avec Bachir, toi tu es une femme bien, droite, une vraie musulmane, lui c'est vraiment un pourri…

Je me tus. J'attendais la suite, en regardant ses mains, qu'il croisait et décroisait sur ses genoux.

En théorie, moi aussi j'aurais dû faire en sorte de ne pas croiser son regard. Mais j'étais trop intriguée : je voulais l'observer, pour savoir ce qu'il avait exactement en tête.

De toute façon, les bonnes mœurs salafistes interdisaient totalement cette situation : Ali seul avec moi dans mon salon ! Un homme et une femme susceptibles de pouvoir se marier seuls ensemble dans une pièce !

Apparemment, cette interdiction, qui est vraiment la base des relations homme-femme, n'avait pas effleuré l'esprit de « mon invité ».

— Tu sais, ma sœur, je voulais te parler de quelque chose, mais je ne sais pas si je peux ?

Je jouai les idiotes.

— Ah bon, quoi ?

— Ben voilà, je trouve que ton mari, franchement, il a beaucoup de chance !

— Ah ? Pourquoi ?

— Ben, parce que tu as toutes les qualités du monde, tu es sérieuse et… En plus Mach'Allah, tu es vraiment belle, hein !

— Ah bon ? Merci, c'est gentil.

— Oui, franchement, on te voit pas très bien, ma sœur, bien sûr, vu comme tu t'habilles avec pudeur, mais crois-moi, j'ai bien vu que tu es une belle femme ! C'est vrai que tu es toujours en jilbab, Mach'Allah. Mais moi, ça fait longtemps que je t'ai remarquée ! J'osais pas te le dire, rapport à Bachir, c'est tout.

— Ah bon ? C'est pour ça qu'une fois, quand on allait faire des courses, on t'a croisé et tu as fait demi-tour, tu t'es retrouvé aux caisses en même temps que nous ? Il me semblait bien que tu me regardais !

— Oui, tu avais remarqué ? C'était juste pour essayer de te voir mieux !

— Et quand tu nous as emmenés à l'aéroport, lorsque nous sommes partis en Arabie saoudite, j'ai senti ton regard sur moi dans le rétro !

— Oui ! Je ne savais pas que tu t'en étais aperçue ! Heureusement que Bachir n'a rien vu sinon il m'aurait embrouillé… Déjà tu vois, à l'époque, je pensais à toi sans arrêt. Et encore plus maintenant…

Il y eut un blanc.

— J'aimerais tellement te voir sans jilbab, ma sœur. Est-ce que je peux voir ce que tu as en dessous ? J'aimerais trop que tu te montres en pantalon, Hind, s'il te plaît, juste en pantalon ?

— Ah non, Ali ! Enfin ! Ce n'est pas possible, c'est haram !

— Oui, je sais, mais écoute, s'il te plaît, je voudrais qu'on fasse quelque chose tous les deux, physiquement tu m'attires trop, je pense tout le temps à toi, tu vas me rendre fou. J'ai qu'une envie, je pense que tu comprends ce que je veux dire, on peut le faire, là, mais t'inquiète pas, personne ne le saura !

— Mais Ali, tu es marié ! Et moi aussi !

— T'inquiète pas, personne le saura, c'est entre nous deux !

— Mais Allah nous voit.

— Mais t'inquiète pas, je te dis, tout le monde fait des péchés dans la vie, c'est humain, Allah le sait !

À ce moment-là de la discussion, je pris peur : si je le laissais aller plus loin, Ali allait se jeter sur moi. Je me levai et lui dit qu'il était temps qu'il rentre chez lui, que je le remerciais beaucoup de son aide et le priai de saluer son épouse.

Il eut l'air d'abord surpris, puis agacé, puis géné. Il se leva avec effort.

Dès qu'il sortit, je barricadai la porte d'entrée et m'y adossai, après avoir tourné la clé dans la serrure d'une main tremblante. J'étais profondément choquée, j'en avais le souffle coupé. Voilà comment Ali, un homme « de bien », un salafiste avide de pureté, se comportait ! Il m'avait tout simplement proposé « la fornication », comme disent les salafistes... Être sa maîtresse, « personne ne le saurait ! ». Comme n'importe quel kouffar qui trompe sa femme aurait pu le faire ! Lui qui était, comme tous les vrais musulmans, soi-disant extrêmement exigeant quant à « la pudeur » des femmes, m'avait de plus profondément manqué de respect : pensait-il que je n'avais aucun principe ?

Des gouttes de sueur roulaient depuis la racine de mes cheveux. J'allai dans la salle de bains me passer de l'eau sur le visage. Je me regardai dans la glace. Les yeux dans les yeux. J'étais en colère, mais petit à petit, monta en moi un sentiment pénible de malaise, que je tentai en vain de chasser : je me sentais coupable. J'avais accepté de laisser entrer Ali chez moi, alors que j'étais seule avec mes enfants : c'était une faute vis-à-vis des préceptes de ma religion. Je n'avais pas le droit d'être seule avec un homme qui n'était ni mon frère, ni mon père, ni mon mari, ni le fils de mon mari... Peut-être Ali en avait-il conclu que je n'étais pas une femme sérieuse et droite ? Peut-être, donc, avais-je une responsabilité dans cette scène aussi choquante que surprenante ? J'allai me coucher, troublée et triste. Décidément, la vie d'une femme salafiste, seule avec trois enfants, sans ressources, n'était pas simple…

Le lendemain matin, dès 8 heures, Ali était dans le hall. Je le laissai monter, persuadée qu'il venait me prier de l'excuser pour la scène de la veille.

— Alors ? Hind ? Tu as réfléchi à ma proposition ?

Cette fois, une véritable fureur m'envahit. Je lui crachai à la figure tout le mépris que je ressentais pour lui :

— Tu sais quoi ? Tu me dégoûtes Ali ! C'est ça être musulman ? À partir de maintenant, ne m'appelle plus jamais sinon je te balance à tout le monde dans la cité ! À ta femme la première ! Je vais aller la voir, je vais aller voir l'imam, je vais le dire à mon mari !

Il recula d'un pas, effaré :

— Non ! Non, Hind s'il te plaît, ne fais pas ça, c'est bon, je te laisse tranquille, j'ai fait une faute, c'est bon, c'est fini…

Ce fut la dernière fois qu'il m'adressa la parole. Par la suite, lorsqu'il me voyait arriver dans la rue de loin, il changeait de trottoir. Je lui faisais peur, et j'en étais fière.

Cela ne résolvait pas mes problèmes : où trouver de l'aide ? Mes rares amies, comme Samira, étaient elles-mêmes anéanties par leurs propres soucis, et il était semblait-il impossible d'espérer un coup de main désintéressé de la part des hommes, mes « frères » : Ali en avait apporté la preuve. Je ne pouvais pas non plus espérer grand-chose de ma mère ou de mon père, qui étaient loin. Je tournais en rond, incapable d'imaginer une issue de secours.

La solution, c'est Abdel, l'autre ami de mon mari, et accessoirement le mari de ma copine Radia (la Française convertie, Cathy, que j'avais rencontrée par l'intermédiaire de Samira) qui la trouva.

Il me téléphona un matin :

— Salam Alaykoum ma sœur, comment vas-tu, ma sœur ?

— Alaykoum Salam, mon frère, ça va comme ça peut…

— Oui, je sais que c'est difficile pour toi en ce moment, on le sait tous, Bachir est vraiment pas sympa avec toi, je le lui ai dit, il devrait au moins te donner de l'argent même s'il t'a « divorcée » (dans le « français » des salafistes, un couple ne divorce pas, c'est le mari qui « divorce la femme », et la femme qui « est divorcée par le mari »…). Bon, Hind, donc, je ne vais pas y aller par quatre chemins, on a tous appris qu'il t'avait divorcée, et moi je veux te demander en mariage.

— Quoi ?, répondis-je éberluée.

Lui aussi, donc, s'y mettait !

— Mais je te rappelle que tu as déjà une épouse, Radia !

— Non, c'est fini, je l'ai divorcée il y a une semaine. Moi je veux me marier avec toi, je suis amoureux de toi !

— Quoi ?

— Mais oui, écoute, ça fait des années que je pense à toi ! Un jour, chez nous, j'ai vu tes cheveux, je t'ai vue sans ton voile, tu es tellement belle, je n'ai pas réussi à t'oublier !...

Une scène me revint en mémoire : l'an passé, Bachir et moi avions été invités chez Abdel et Radia pour la circoncision de leur petit garçon, Brahim. Chez les musulmans comme chez les juifs, ce rite est très important et donne lieu à une célébration.

J'étais dans leur salle de bains, je faisais mes ablutions avant la prière : j'avais donc enlevé mon voile, mais sans que je m'en aperçoive, la porte de la salle de bains s'était très légèrement entrebâillée. J'avais cru sentir un regard pesant sur moi. J'avais vivement relevé la tête, et juste eu le temps d'apercevoir une ombre. Puis j'avais entendu une porte se refermer. L'impression avait été furtive, je n'y avais pas accordé plus d'importance que ça.

— C'était toi ! Tu avais ouvert la porte de la salle de bains pour me voir ! C'est haram !

— Non ! Je n'ai rien ouvert du tout, ça s'est fait tout seul. Un courant d'air. Mais c'est vrai que quand je t'ai vue, je n'ai pas pu m'empêcher de m'arrêter et de te regarder... Tu étais tellement belle !, ajouta-t-il, confus... Et puis, c'est la faute de Radia aussi ! Elle parlait tout le temps de toi ! Alors à force... Elle me disait que tu es une femme gentille, qui cuisine très bien, intelligente, qui parle anglais... En plus, Mach'Allah, Henda, tu as passé ton permis de conduire, tu sais, les autres femmes, elles sont pas comme toi, Hind ! Toi, tu es au-dessus d'elles ! Je rêve de t'avoir comme épouse !

— Mais Abdel, rétorquai-je brusquement, tu te rends compte ? Je suis la copine de Radia ! C'est mon amie !

— Mais Hind, enfin, c'est la vie, ça arrive tout le temps, tu le sais bien !

— Non, non, je ne sais pas. Et Bachir, c'est ton ami aussi !

— Mais Bachir, c'est pas quelqu'un de bien, il te mérite pas, c'est un pourri, je vais te protéger de lui, moi ! Moi je suis un homme, pas comme lui, c'est un détraqué !

Cette demande en mariage, Bachir en eut connaissance peu après. Je n'étais pas avec lui pour voir sa réaction, mais on m'a raconté qu'il était arrivé comme un fou à la mosquée en cherchant Abdel partout. Il ne l'avait pas trouvé, cela avait sans doute évité un règlement de comptes aux poings. Bachir avait entrepris de raconter toute l'histoire à l'imam, en criant et s'énervant devant les autres fidèles, qui le connaissaient tous. Mais l'imam avait pris la défense d'Abdel : puisque Bachir « m'avait divorcée », il n'avait plus voix au chapitre, un autre homme pouvait m'épouser. Et les autres croyants de renchérir – sans doute d'autres parmi eux avaient-ils éventuellement des vues sur moi :

— Oui, elle est divorcée, c'est bien toi qui en as décidé ainsi, mon frère ! Maintenant n'importe lequel d'entre nous a le droit de se marier avec elle ! Et puis y a rien de choquant, c'est comme au temps du Prophète, les hommes se mariaient avec les femmes de leurs amis quand ceux-ci mouraient…

— Mais je suis pas mort ! Ah, vous voulez épouser ma femme ! Bande de salopards ! Vous êtes tous des hypocrites !, hurla alors Bachir.

L'imam n'apprécia pas ce scandale au sein de son lieu de culte. Il estimait aussi que Bachir s'était mal conduit avec moi, en prenant tout l'argent. À partir de cette période, mon mari alla donc prier dans une autre mosquée.

J'ai refusé l'offre d'Abdel, il n'était pas question que j'épouse l'ex-mari d'une copine, mais j'avoue avoir été flattée. Abdel était un homme bien, qui pardonnait toujours les écarts de sa femme car elle avait des problèmes psychologiques. Il ne la frappait pas, il était gentil, travailleur et sérieux.

Des années durant, et encore tout récemment, il continua à me demander en mariage, patiemment, sans doute convaincu que je céderais un jour. Pour me convaincre, il usa même d'un argument sur le ton de la plaisanterie : notre mariage me donnerait l'opportunité de me venger de tout le mal que m'avait fait Bachir, car cela le rendrait fou de rage… Il alla encore plus loin dans son raisonnement :

— En plus il sera coincé, il ne pourra rien faire, me dit-il un jour très sérieusement, parce que si tu m'épouses, ça lui redonne une chance de « te remarier »… Puisque après notre mariage vous pourrez vous remarier ensemble… Enfin si je te divorce, évidemment !

Toujours la même organisation, qui vient des cheikhs salafistes, ils pondent des *fatwas* sur mesure pour arranger les hommes : puisqu'un salafiste ne peut pas avoir de maîtresse, car c'est totalement haram, proscrit, la fatwa lui offre la possibilité d'épouser une femme, puis d'en divorcer comme bon lui semble. Il peut même se marier pour un jour ou deux, voire moins. La femme a la même liberté, sauf qu'elle ne peut pas décider seule de son divorce, si son mari n'est pas d'accord, tant pis pour elle : elle reste. Quitte à se transformer ainsi en deuxième, troisième ou quatrième épouse.

Ce sont ces petits arrangements autour du mariage qui commencèrent à m'amener à m'interroger : je ne mettais pas encore en cause le salafisme, mais certaines de ses règles. Le fait qu'un homme puisse se marier autant de fois qu'il le souhaitait, des centaines s'il le voulait, me choquait. Autour de moi, je connaissais une dizaine de femmes qui avaient deux, trois, quatre ou cinq enfants, d'autant de pères différents : elles s'étaient mariées religieusement avec chacun d'entre eux. Souvent le mari était immature, un jeune de cité, ancien dealer, ancien délinquant ayant tout à coup trouvé une « rédemption » dans la religion. Après quelques semaines, quelques mois, parfois quelques années de mariage, leurs époux les avaient ensuite répudiées. Alors elles aussi avaient cherché un autre mari, pour ne pas rester seules. La plupart de ces couples n'étaient pas mariés civilement, et les pères même s'ils reconnaissaient leurs enfants, versaient très rarement une pension alimentaire à leurs ex-épouses.

Des centaines, peut-être des milliers de femmes vivent aujourd'hui ainsi en France. Certaines, surtout les plus jeunes, sont complètement fragilisées par ce système, elles finissent par souffrir de dépressions, parfois très graves, et par être hospitalisées en psychiatrie après une ou plusieurs tentatives de suicide. Évidemment, le suicide étant un tabou absolu, haram en islam, leur famille ou leur entourage cache la réalité. Mais j'en ai connu plusieurs personnellement. Elles craquent, car une fois divorcées elles n'ont d'autre choix que de rester seule et de vivre dans la précarité, ou de se remarier avec qui voudra bien d'elles. Si personne n'en veut, ou si elles sont trop exigeantes, au bout d'un certain temps elles seront mises au banc de la communauté : comment une femme seule avec enfants pourrait-elle être considérée comme une femme « honorable » ?

Comme je l'ai expliqué plus tôt, une femme salafiste, divorcée, ne peut rester seule, encore moins seule avec ses enfants. Elle a besoin d'argent pour vivre et subvenir aux besoins de ses enfants, or elle ne peut pas travailler puisqu'elle est enfermée dans son apparence et ses convictions : elle porte le jilbab et elle ne peut côtoyer des collègues de sexe masculin. Donc, si elle arrive à survivre, ou, encore mieux, à faire vivre ses enfants, c'est qu'elle a de l'argent. Très vite, les pires rumeurs courront à son sujet. D'où lui vient son argent ? Elle sera soupçonnée d'être une femme entretenue, autant dire une prostituée. Elle sera bannie de la communauté. Plus personne ne lui adressera la parole. Ce châtiment explique en partie pourquoi à peine divorcées les femmes salafistes cherchent à se remarier. La très grande majorité d'entre elles, une fois répudiées, sont prêtes à accepter quasiment n'importe quel mari. Le mariage est la pierre angulaire de la société salafiste.

Et c'est aussi pour cela que les sites de rencontres sur internet sont saturés de petites annonces de femmes cherchant mari. À la différence des hommes, c'est rarement pour assouvir leurs envies sexuelles (encore que cela existe, bien sûr) mais bien plutôt par nécessité économique (quelqu'un doit gagner leur vie et celle de leurs enfants) et sociale : elles ont psychiquement et moralement un besoin fondamental du soutien de leur communauté. On dit qu'une femme seule est comme la brebis qui s'est trop éloignée de la bergerie : elle va se faire manger par le loup. Le mari doit la protéger du loup. Dans le salafisme, le mariage est pour moitié dans le chemin qui mène au paradis. Il protège en grande partie du péché. Cette croyance aberrante incite de nombreuses jeunes filles à s'y précipiter, sans forcément connaître l'homme qui sera leur époux et le père de leurs enfants.

Ces femmes imaginent qu'elles n'ont pas le choix, et c'est d'abord pour elles que j'écris ces lignes. Pour qu'elles sachent qu'il est possible de se libérer des chaînes du mariage : j'en suis la preuve.

Pour me sortir de cette mauvaise passe, je décidai d'aller voir l'imam du quartier : c'est son rôle, dans la communauté musulmane, d'aider et de guider les fidèles dans leur vie quotidienne, comme le ferait un prêtre pour les catholiques. Lui pouvait intervenir auprès de Bachir pour qu'il me donne dc l'argent, afin que ses enfants et moi puissions manger à notre faim. Il lui dirait aussi que l'islam commande de se conduire en honnête homme envers son ex-épouse et ses enfants. C'est du moins ce que j'espérais lorsque je lui expliquai la situation en détail. Il m'écouta avec attention, et me dis qu'il parlerait à Bachir, mais à une condition : il fallait que je me conduise en bonne épouse, que je respecte et soutienne mon mari en toutes circonstances… Même s'il commettait des erreurs.

Je rentrai chez moi totalement démoralisée. Mon mari m'avait abandonnée avec mes enfants, emportant tout l'argent liquide, me dépouillant de mes papiers d'identité, et selon l'imam, qui était une référence pour moi, je devais non seulement me taire mais lui demander de me pardonner, et espérer qu'il veuille bien revenir vers moi ! Mes aînés étaient à l'école, Ismaïl faisait la sieste, je m'installai devant mon ordinateur. Depuis l'enfance, les épreuves m'avaient endurcie. Je savais qu'à chaque problème correspond une solution. Au fil des ans, j'avais appris à ne pas me confronter à mon mari directement : pour éviter les cris, ou pour parvenir à mes fins, je savais utiliser la ruse. Par exemple, comme il était exclu pour moi de sortir sans que tout le quartier ne mette ma belle-famille, et donc mon mari, au courant, je m'évadais en passant des heures à chatter sans que mon mari s'en aperçoive.

C'était mon ouverture sur le monde. Mais je compris que je pouvais aussi faire un tout autre usage de Mejliss, un usage dont je n'étais pas très fière, mais qui allait m'être particulièrement utile : si j'arrivais à deviner le mot de passe du compte de Bachir, je saurais ce qu'il tramait, et s'il avait l'intention de nous revenir, ou pas. J'ai cherché, et trouvé, son mot de passe : ça n'a pas été très difficile, Bachir n'avait pas fait de grand effort d'imagination, sans doute n'avait-il jamais envisagé que sa femme puisse pirater son compte Mejliss. On me dira que « ce n'est pas bien ». Peut-être. Mais cela me fut bien utile.

Cet après-midi-là, je me sentais tellement humiliée et seule que je décidai d'écrire mon témoignage sur le site.

À ces inconnus avec qui je conversais anonymement, j'expliquai que j'étais à bout : mon mari m'avait quittée en emportant nos économies. Était-ce normal qu'un musulman, qui plus est salafiste, se comporte ainsi ?

Les réponses se ressemblèrent :

— Ne t'inquiète pas, ma sœur, il va revenir.

— Patiente, ma sœur.

— Va voir l'imam pour qu'il t'aide…

Et puis j'eus la curiosité de me connecter sur le compte de mon mari… Et là, je fis une sacrée découverte. Il correspondait depuis plusieurs semaines avec une femme, une salafiste de Lyon, dont les intentions étaient claires : elle cherchait un mari, et elle insistait pour rencontrer Bachir. Tout simplement. Voilà sans doute pourquoi il m'avait répudiée aussi rapidement.

Je me débrouillai pour trouver le numéro de télé phone de cette femme, et entrai en contact avec elle Sur Mejliss, elle se faisait appeler « Linda ».

— Salam Alaykoum ma sœur, c'est bien toi, Linda ?

— …Salam, oui, c'est moi…

— Tu sais qui je suis ?

— Non, ma sœur, pas du tout.

— Je suis la femme de Bachir.

Un silence.

— Je ne connais pas cette personne.

— Oh si, tu la connais ! Puisque j'ai trouvé tous vos messages dans sa boîte mail, et ton numéro de téléphone !

— Mais… Comment ça tu es sa femme ? Il t'a divorcée !

— Non, pas du tout ma sœur, on est toujours marié, il ne m'a pas répudiée trois fois, et de toute façon on est marié civilement. Et il a trois enfants avec moi. Il nous a abandonnés sans argent, sans rien, alors s'il te plaît, ma sœur, éloigne-toi de cet homme, arrête de le contacter, c'est pas bien ce que tu fais, c'est haram. C'est un homme marié, et moi je veux récupérer mon mari.

— Mais ce n'est pas l'épouse qui décide ! Ton mari a le droit de choisir ! De toute façon, je rentre pas dans vos histoires, moi, fichez-moi la paix !

Et elle me raccrocha au nez.

Ce que je ressentis à ce moment-là, bien plus que de la jalousie, c'est une immense incompréhension, et un profond dégoût : je savais bien que mon mari, tout musulman qu'il était, n'était pas un homme bien. Je n'étais donc pas très étonnée de son comportement. Mais qu'une femme, salafiste elle aussi, soit prête à détruire un foyer pour son intérêt personnel, cela me dépassait. Où était l'islam là-dedans ? Notre religion nous enseignait de ne pas faire du mal intentionnellement !

Je téléphonai aussitôt chez ma belle-mère pour parler à Bachir. Exceptionnellement, il répondit. Je lui annonçai que j'étais au courant de tout :

— Alors comme ça tu es en contact avec une autre femme ? Tu te rappelles qu'au début de notre mariage, tu m'as promis que tu ne ferais jamais la polygamie ?

« Faire » la polygamie », je le répète, c'est ainsi que les hommes et les femmes salafistes parlent. On n'« est » pas polygame, on « fait » la polygamie. C'est une action. Comme on « fait » le bien ou le mal. Et cette action-là est halal (autorisée par Allah).

— Quelle polygamie ? Tu n'es plus ma femme, je t'ai divorcée ! J'ai trouvé beaucoup mieux que toi !

Et il me raccrocha au nez à son tour.

Que faire ? Je n'avais ni argent, ni papiers, mon mari ne semblait pas plus se soucier de ses enfants que de moi-même, et il avait déjà trouvé celle qui allait me remplacer. Si nous divorcions vraiment, de quoi allais-je vivre ? Si je n'avais pas de ressources, qu'allaient devenir mes enfants ?

Dans le quartier, il y avait une femme salafiste que son mari avait répudiée : elle avait fini à la rue, elle dormait dans la mosquée, les services sociaux lui avaient retiré ses deux enfants. En adviendrait-il de même des miens ? Ma situation était trop précaire pour que je puisse m'en sortir seule. Il fallait que je réagisse, j'avais trop attendu. Je passai le reste de la journée à réfléchir. J'avais une certitude : il fallait absolument que je quitte mon mari. Même si cela m'en coûtait, je devais mettre un point final à notre mariage. Je n'avais plus le choix, j'avais tout essayé pour que ça marche entre nous, pour offrir un vrai foyer à nos enfants, mais je n'avais récolté que des cris, des humiliations, parfois même des coups. Mon mari était un homme mauvais, qui avait fait de moi sa prisonnière, des années durant. Si je ne voulais pas devenir folle, il fallait que je m'enfuie avec mes enfants. Oui : j'allais les séparer de leur père. Je m'en voudrais sans doute toute ma vie, mais je n'avais pas d'autre solution. Je n'avais plus peur du « châtiment de Dieu » : je savais qu'Il était à mes côtés. Mais je ne pouvais partir sans un sou devant moi, or l'argent, il y en avait dans la boîte à chaussures... Il me fallait trouver un stratagème pour que Bachir revienne. Toute la soirée, et une bonne partie de la nuit, je réfléchis. Au petit matin, j'avais trouvé la solution. Je n'en étais pas très fière, mais j'étais quasi sûre que mon plan fonctionnerait : j'allais faire croire à Bachir que j'avais tenté de me suicider ; par peur du scandale, il serait obligé de se manifester. D'une part, il serait ainsi contraint de prendre nos enfants en charge, d'autre-part, cela l'inquiéterait peut-être suffisamment pour revenir s'installer à la maison. Mon intention n'était pas de mourir.

Je ne rentrerai pas dans les détails : je finis aux urgences, avec un lavage d'estomac. Bachir entra dans ma chambre d'hôpital en pleurnichant, et en me demandant pardon. Il était surtout choqué, je pense, que son épouse ait pu oublier ce précepte fondateur : Dieu nous donne la vie, c'est Lui qui la reprend, quand Il le souhaite. Choqué aussi parce que, au-fond de lui, il se savait responsable, et ça aussi, c'est haram : un mari doit choyer son épouse. Si elle se suicide, c'est qu'il ne s'est pas assez bien occupé d'elle. Et c'est aussi un grand péché. Je sortis de l'hôpital après 48 heures, et Bachir pris de remords, se réinstalla à la maison. Mais cette fois, je savais que mon mari était mon ennemi.

Tout en lui était faux et tronqué. Il était salafiste, mais il n'était pas un musulman honorable.

J'avais été manipulée, mais j'étais aussi responsable de ma situation. J'avais été passive et naïve. À la recherche désespérée de mon idéal de famille équilibrée, j'avais fermé les yeux sur des choses très graves : les coups, la séquestration sociale. Plus jamais je ne devais lui accorder de nouveau ma confiance.

Si je voulais vivre, je devais changer. Recommencer quelque chose ailleurs.

Mais je ne pouvais pas partir sur un coup de tête, Bachir ou sa famille me retrouveraient très facilement, et je le payerais cher. D'abord, il fallait que je trouve la boîte à chaussures.

Ce ne fut pas très difficile, car elle n'était pas dissimulée, mais tout bonnement posée sur le dessus de notre armoire. Je fus sidérée par la somme que j'y trouvai : près de 20 000 euros, 5 000 de plus que la dernière fois, en liquide bien sûr. Sur le coup, cela m'effraya : d'où cet argent provenait-il ? Je savais bien qu'en économisant nos allocations familiales, il ne pouvait réunir une telle somme. Je n'ai jamais eu le fin mot de l'histoire, mais je dois dire que je ne l'ai pas vraiment cherché : j'avais trop peur de ce que je risquais de découvrir. Si j'apprenais que cet argent provenait d'un trafic ou d'un vol, je ne pourrais plus l'utiliser ; or j'en avais absolument besoin. Et même si c'était de l'argent mal gagné, je ne serais pas dans le péché si j'ignorais la vérité ! Ce ne serait pas haram de l'utiliser. Le Coran permet ça ! Par exemple, si l'on mange du porc sans savoir que c'en est, ce n'est pas un péché. Bien sûr, dans le cas de l'argent liquide, j'ai été très hypocrite. J'ai fermé les yeux, détourné la tête, fait l'autruche. Mais avais-je le choix ?

Je remis l'argent dans la boîte, la boîte sur le haut de l'armoire. Et j'organisai mon plan.

D'abord, il fallait que je regagne la confiance de Bachir. Pour ça, je devais jouer l'épouse qui a peur de perdre son mari. Nous avions traversé des moments difficiles, nous devions faire en sorte de les effacer, de redonner une chance à notre couple, de recommencer à zéro : c'est ce que je lui expliquai. Je lui dis également que je comprenais son besoin d'avoir une autre femme. La polygamie ne me choquait pas en soi, lui affirmai-je, mais je voulais qu'il nous redonne une chance avant de se choisir une seconde épouse. Je tenais à mon foyer, à ce que mes enfants grandissent auprès d'un père et d'une mère, pas comme chez les kouffars où un enfant sur deux a des parents divorcés.

L'argument fit mouche : pour Bachir, rien dans notre vie ne devait ressembler à celle des kouffars (en réalité, je suis persuadée que le taux de divorce chez les salafistes est bien supérieur à celui des « mécréants » !).

Au début méfiant, Bachir sembla se laisser prendre à mon discours. Cela me donnait quelques mois de répit pour organiser ma fuite.

En apparence nous étions à nouveau une famille, un couple salafiste avec trois enfants, le mari à la mosquée la majeure partie de la journée, l'épouse à la maison. La vie quotidienne avait repris son cours. Nos habitudes n'avaient pas changé. Pourtant, dans ses relations avec moi, Bachir semblait, non pas moins agressif, mais un peu moins sûr de lui.

Une fois tous les quinze jours, nous allions ensemble faire les courses. Un matin, je descendis de l'appartement quelques minutes après lui, avec les enfants. Nous devions nous rendre au supermarché. Ce jour-là, j'avais décidé de m'octroyer une fantaisie : pas de jilbab. À la place, j'enfilai une jupe longue – on ne pouvait pas voir mes chevilles – et une ample veste trois quarts qui descendait presque jusqu'aux genoux, style redingote. Rien de sexy, bien sûr, mais ne pas revêtir le sempiternel jilbab gris, marron ou noir me procurait déjà une grisante sensation de liberté. Lorsque j'arrivai à la voiture, la main de Cheïma dans la mienne, et Ismaïl dans les bras, Bachir, la mâchoire crispée, me fusilla du regard :

— Dégage de là, siffla-t-il entre ses dents. Tu dégages, tu remontes mettre ton jilbab. Immédiatement !

Je soutins son regard : je le connaissais bien, ce regard. Mais la haine et le mépris que j'y lisais ne me faisaient plus peur. Je ne parlai pas. Je lui tendis Ismaïl, laissai Cheïma monter dans la voiture à côté d'Adam, et remontai à l'appartement. Cinq minutes plus tard, j'ouvris la portière côté conducteur. Sur le visage de Bachir, cette fois, je lus d'abord la surprise, puis le doute, puis la fureur : j'étais en pantalon. Un pantalon large, certes, mais un pantalon tout de même : un interdit, chez les salafistes. Une femme qui met un pantalon est une femme qui veut ressembler aux hommes. C'est une rebelle, une épouse qui n'est pas soumise à son mari, donc elle le ridiculise. Je montai dans la voiture. Bachir en descendit :

— Tu me fais honte, fut son seul commentaire.

Il me jeta quelques billets à la figure. Il partit, je pris le volant et allai faire les courses à Carrefour, pour la première fois sans Bachir ! Les enfants étaient tout excités, et moi aussi. Lorsque nous rentrâmes, il me traita de « sale pute », mais sans grande conviction. À partir de ce jour-là, je sortis de temps en temps en pantalon, toujours sous des tuniques longues et larges, bien entendu. À chaque fois, Bachir m'insultait et m'affirmait que j'irais en enfer. Mais je ne le croyais plus. Jusque-là, il m'avait dominée en utilisant « la peur de Dieu ». Mais Dieu ne me faisait plus peur, je savais qu'Il ne me voulait pas de mal. Au contraire, Dieu ne pouvait être qu'Amour. Depuis ma « tentative de suicide », j'étais suivie par un psychologue. Je lui avais dès le premier entretien expliqué que je n'avais pas voulu mourir, mais juste faire peur à mon mari afin qu'il nous revienne. Il m'avait regardée fixement sans rien dire. Depuis, je le voyais régulièrement, et c'est en partie grâce à lui que je trouvai un jour la force de partir. Après que je lui eus raconté que mon mari avait voulu prendre une seconde épouse, il me dit :

— Madame, vous seule avez la clé de votre propre prison. C'est vous qui l'avez bâtie, cette prison. Oui, vous ! Votre mari est votre tortionnaire, mais c'est vous qui l'avez choisi. C'est vous qui avez accepté cette vie. À vous d'agir.

Ces mots ont été pour moi un vrai déclic. J'en serai toujours reconnaissante à ce psychologue.

Le plan que j'avais imaginé était très simple : pour partir, il me fallait d'abord un point de chute. Pas question d'errer dans les rues avec trois enfants, dont un bébé. L'urgence, c'était donc de trouver un appartement. Et surtout pas à Roanne.

De mon ancienne vie à Canteleu, près de Rouen, j'étais restée en contact avec une amie qui m'adressa à un gardien d'immeuble, un homme très gentil. Il était d'origine algérienne. Je l'appelai et lui expliquai tout, sans rien omettre : mon mari me séquestrait et avait confisqué tous mes papiers, il me frappait régulièrement, j'avais maintenant trois enfants, je voulais m'enfuir mais n'avais aucun endroit où dormir. Est-ce qu'il pouvait m'aider à obtenir un appartement, même tout petit ?

Cet homme fut très touché par mon histoire, et il s'engagea aussitôt à m'aider. Il était exceptionnellement généreux et me promit de trouver une solution : il tint parole. Je lui avais expliqué que je me débrouillerais pour faire les photocopies des papiers nécessaires et les lui envoyer, mais qu'il ne fallait en aucun cas que lui-même m'envoie quoi que ce soit à la maison : si mon mari se rendait compte que je tentais de fuir, il serait capable de me tuer.

Un matin, j'allai au marché avec les enfants. Je leur achetai des vêtements et des babioles, et je craquai pour un ensemble rose, avec un long foulard, pour moi. Une tenue pakistanaise, beaucoup plus attrayante que mes jalabib et autres niqabs. Je l'essayai aussitôt arrivée à la maison. Je voulais prendre une douche pour me rafraîchir (Bachir n'aimait pas que j'en prenne trop souvent, il disait que je lui coûtais cher en eau...). J'étais dans la salle de bains, à me regarder dans le miroir, quand Bachir en poussa la porte que je n'avais pas fermée à clé. Je vis son regard, d'abord surpris, puis furieux. J'eus la conviction que la terrible scène du jour de Noël allait se reproduire. Il me sauta dessus, attrapa le foulard et le serra autour de mon cou. Il était rouge écarlate, il suait, et hurlait :

— Espèce de pute ! C'est quoi, ça ! Comment tu oses t'habiller ?! En quel honneur tu dépenses l'argent des vêtements pour les enfants ? Pour des conneries ! Tu achètes sans demander l'autorisation maintenant ! C'est nouveau, ça ! Tu vas le payer !

Bachir semblait pris d'une véritable crise de folie et je tentai tant bien que mal de desserrer le foulard qui commençait à m'étrangler. Je ne sais combien de temps cette scène dura, mais je crus que j'allais mourir là, assassinée par mon mari. Ce sont les cris de notre fille, derrière la porte de la salle de bains, qui ramenèrent Bachir à la réalité. Il me lâcha, je glissai à terre, à demi évanouie, essayant de reprendre mon souffle. De cette scène, je gardai une marque rouge sur le cou plusieurs jours durant. Cette fois, je devais hâter notre départ : Bachir était devenu fou, il était dangereux.

Le lendemain de cette scène horrible, comme à l'accoutumée Bachir s'excusa. Je fis mine de lui pardonner une fois de plus, mais je me tins sur mes gardes : j'avais peur.

Nous étions en juin 2006, et officiellement nous souhaitions toujours nous installer à Djeddah. Je savais que si j'allais là-bas avec lui, je ne pourrais plus revenir, en tout cas pas avec mes enfants. Avec la justice française, si je le quittais j'avais des chances d'en obtenir la garde. En Arabie saoudite, Bachir ferait exactement ce qu'il souhaitait, je n'aurais que le droit de me taire. Il pourrait même me répudier et me faire expulser du pays, sans les enfants.

Bachir devait aller faire des demandes de visas au consulat d'Arabie saoudite à Paris le lendemain. Il avait prévu de partir juste après la prière du fajr pour être devant le consulat dès l'ouverture. À l'aube, il partit au volant de sa vieille voiture. Dès que j'entendis le ronflement du moteur s'éloigner, je me précipitai hors du lit. La première chose que je fis, ce fut de vérifier la boîte sur l'armoire : l'argent y était, nous étions presque sauvés. J'avais tout organisé dans ma tête : méthodiquement, je remplis deux gros sacs de voyage avec mes vêtements et ceux des enfants. Je les réveillai en leur disant que nous allions déménager.

Il était à peine 5 heures du matin, et j'avais réservé un taxi très tôt pour qu'aucun membre de ma belle-famille ne puisse nous voir. Le chauffeur à qui j'avais raconté mon histoire avait accepté d'accrocher une petite remorque à l'arrière de son véhicule, et j'y avais enfourné quelques affaires, dont les matelas des petits. C'est ainsi que nous partîmes, les enfants et moi, vers le chemin de la liberté, direction Rouen. Je retins mon souffle jusqu'à ce que nous nous soyons éloignés du Parc des Sports

À la sortie de Roanne, j'appelai ma belle-mère : je tenais enfin ma vengeance.

— Allô, c'est Henda. Tu peux prévenir ton fils que vous ne nous reverrez jamais plus, les enfants et moi. Il peut venir récupérer ses affaires, elles sont dans un sac-poubelle.

Et je raccrochai. Je me sentais forte et fière à cet instant, j'avais enfin ma vengeance… Je bluffais, bien sûr : il n'était pas dans mon intention d'éloigner définitivement mes enfants de leur père. Pour être en règle avec la justice, et ne pas être accusée d'abandon du domicile familial, discrètement, quelques jours plus tôt, j'étais allée déposer une main courante au commissariat. J'avais signalé que mon mari m'avait frappée, et que je comptais me réfugier avec mes enfants chez mes parents.

Tout au long du voyage, je ressentis à la fois une grande excitation et une angoisse folle : qu'allait-il faire lorsqu'il se rendrait compte que je l'avais berné ?

Sept cents kilomètres plus loin, nous arrivâmes à Rouen, sous la pluie. La course me coûta très cher, mais la liberté n'a pas de prix, me dis-je alors ! Je me sentais enfin soulagée, les enfants et moi étions en sécurité dans ma ville natale. Loin du monstre, loin de la prison dans laquelle j'avais croupi presque dix ans. Ma mère nous attendait, et pour une fois nous tombâmes dans les bras l'une de l'autre. Je m'installai dans la chambre d'un de mes demi-frères, le plus jeune. Je savais que cette situation ne pouvait être que transitoire.

Quelques heures après mon arrivée, Bachir me téléphona : non seulement il avait trouvé l'appartement vide, mais la boîte sur l'armoire avait disparu. Il était dans un état de fureur indescriptible :

— Qu'est-ce que t'as foutu, grosse diablesse ?!, hurlait-il dans le téléphone, où est mon argent ?

Pas de questions sur ses enfants. Seul lui importait l'argent. Je laissai enfin, à mon tour, éclater ma rage :

— Ton argent ! Y a que ça qui compte pour toi, l'argent ! T'en as rien à foutre de nous ! T'as voulu me détruire, tu n'y arriveras jamais, tu ne me feras plus de mal ! Maintenant je suis une femme libre !! C'est toi qui vas payer parce que Dieu est avec les gens justes et les victimes, et toi tu m'as fait beaucoup de mal !

Il respirait fort dans le téléphone, il criait, incapable de se dominer :

— Salope ! Je vais venir te trouver chez ta mère, je vais te tuer, je vais te buter, tu perds rien pour attendre, je vais te retrouver et tu vas payer ça ! Jamais tu pourras m'échapper !

Je frissonnais, mais j'étais sûre qu'il n'oserait rien faire avec ma mère ou mon père dans les parages.

J'avais quitté mon mari, et j'avais 20 000 euros avec moi.

Si je voulais être juste, et je voulais l'être, je devais considérer que cet argent appartenait à la famille. Je devais donc le diviser en cinq parts égales. Mon mari avait droit à une part, une aussi pour chacun de mes enfants, et une pour moi.

Quelques jours après mon arrivée, je l'appelai et lui fis une proposition :

— Rappelle-toi, quand tu es parti de la maison pour aller chez ta mère, tu as pris tout l'argent, sans penser à tes enfants ! Moi je ne suis pas comme toi, je crains

Dieu, et je vais partager l'argent en cinq parts égales. Je te donnerai ta part à condition que tu me ramènes l'intégralité de mes affaires.

Il hurla une fois de plus, mais l'attrait de l'argent était le plus fort : il accepta. Il remplit un camion avec toutes mes affaires, et vint jusqu'à Rouen avec son ami Abdel.

Le gardien d'immeuble avait tenu parole, il avait plaidé ma cause auprès du groupe de HLM pour lequel il travaillait. Je ne sais comment il s'était débrouillé, ni quel piston il avait utilisé, toujours est-il qu'il me donna les clés de mon nouvel appartement. Je lui garde aujourd'hui encore une profonde reconnaissance, pour m'avoir fait confiance, alors qu'il me savait dans une situation financière précaire.

L'appartement se trouvait dans la cité de la Grand Marre, à Rouen, une cité où personne ne voulait s'installer. Il n'était pas en très bon état, mais cela m'était égal : j'avais un chez-moi, un chez-nous, où mes enfants pourraient grandir.

Le jour où Bachir arriva au volant du camion avec mes meubles et les affaires des enfants, mon père était présent, avec ses fils, mes demi-frères. Dans les yeux de mon mari, je lus toute la haine qu'il ressentait à mon égard. D'ailleurs, à un moment, il se pencha sur moi, près de mon oreille, et me dit très distinctement :

— Je te tuerai un jour.

Je haussai les épaules d'un air bravache, mais je frissonnai. Je savais ce qu'il pensait : il s'était fait avoir. À aucun moment, j'en suis sûre, il ne se remit en question, à aucun moment il ne se demanda s'il avait une quelconque responsabilité dans l'échec de notre mariage.

Nos enfants étaient restés chez ma mère : il ne demanda même pas à les voir.

Je lui donnai sa part de l'argent, 4 000 euros, et il me répudia une fois de plus. Il ne me regarda même pas, il me tourna à moitié le dos, et répéta trois fois « *N'ti M'talkkaa* », « je te divorce ».

Chapitre 8

TOMBER

Notre nouvelle vie commençait.

L'appartement était petit, les enfants et moi prenions nos marques. Je les inscrivis à l'école et au collège pour la rentrée prochaine Le ciel était très bleu, à Rouen, l'été est souvent chaud. Une ou deux petites pluies venaient quasiment chaque jour rafraîchir l'atmosphère. Nous faisions de grandes balades, j'emmenais les enfants visiter la vieille ville, la cathédrale de Rouen... Nous allions aussi parfois rendre visite à ma mère ou à mon père. Les jours passaient, tranquillement. Peu à peu, nous commencions à nous sentir à l'aise dans notre nouveau décor. Les enfants me questionnaient parfois :

— On va vivre là tout le temps ? Papa va venir ?

Je leur répondais que pour le moment nous étions bien ici, et que leur père viendrait sûrement leur rendre visite. Difficile de leur répondre qu'il ne semblait pas très pressé de les voir.

Et puis il se passa ce qui arrive très souvent dans les familles musulmanes quand un divorce se profile à l'horizon : les parents, ou bien les frères, les sœurs, ou les oncles et tantes, en tout cas ceux qui au sein de la famille représentent une « autorité », interviennent pour tenter de réconcilier les époux. Car le divorce est très mal vu dans la culture musulmane. Qu'il soit douloureux, peu importe, divorcer est surtout honteux. Et même si de nos jours le divorce est aussi courant dans de nombreux pays musulmans qu'ailleurs, un sentiment de honte y est toujours un peu attaché. C'est donc Fatima, la petite sœur de Bachir, qui me téléphona.

Dès que je reconnus sa voix, je compris : elle ne m'appelait jamais, nous n'étions pas proches, elle était donc forcément en service commandé.

— Henda, me dit-elle, je sais ce que tu as souffert...

— Vraiment ?, l'interrompis-je immédiatement, alors pourquoi ne m'en as-tu jamais parlé ?

— Mais parce que... J'avais ma vie, et je ne voulais pas me mêler de vos histoires, je n'étais pas sûre mais... Et puis tu sais bien que mon frère et moi on ne se parle pas beaucoup ! C'est maman qui m'a raconté. Mais là, franchement, Bachir me fait pitié : il est malheureux, il traîne comme une âme en peine, il dit qu'il a tout perdu en vous perdant, toi et les enfants... Il regrette vraiment, tu sais.

— Non, je ne sais pas ! C'est pas tout à fait l'impression qu'il m'a donnée la dernière fois que je l'ai vu !

— Je te jure, Henda, c'est vrai, il me l'a dit et je le crois. Il regrette d'avoir été parfois méchant avec toi, il dit que c'était à cause du stress, il jure que ça n'arrivera plus ! Bref il m'a demandé de te parler. C'est ton mari quand même, Henda ! Il t'aime, même s'il t'aime mal ! C'est le père de tes enfants ! Tu n'as pas le droit de les séparer de lui !

— Mais je ne veux pas les séparer de lui, murmurai-je, chavirée…

— Alors, est-ce que tu accepterais au moins qu'il vienne vous voir le week-end prochain ?

J'acceptai. Dans ma tête il s'agissait seulement de maintenir le lien entre les enfants et leur père.

Le week-end suivant, donc, Bachir arriva, tout sourire, des fleurs à la main. Moi, j'avais prévenu mes parents : si je ne les appelais pas d'ici la fin de l'après-midi, c'est qu'il y avait un problème.

Je m'offris une petite vengeance : pour accueillir Bachir, j'avais revêtu la tenue pakistanaise rose (la tunique avec le pantalon) avec laquelle il avait tenté de m'étrangler, et mis un petit voile blanc. C'était ma façon de lui montrer que j'étais dorénavant une femme libre.

Cette fois encore, et devant les enfants, il se jeta à mes pieds :

— Pardonne-moi, Henda ! Je n'aurais jamais dû faire ça ! Je t'ai fait du mal, je le regrette tellement ! Je ne peux pas vivre loin de toi et de mes enfants, je vais changer je te le jure !

Pourquoi ai-je accepté qu'il reste dormir ? Parce que Adam lui avait sauté dans les bras en hurlant de joie. Cheïma aussi était heureuse, même si elle restait un peu craintive (la scène de la salle de bains l'avait profondément marquée). Quant à Ismaïl, à quatre pattes, il poursuivait son père dans toutes les pièces.

Cette fois encore, une fois de trop sans doute, j'ai espéré que nous pourrions retrouver une vie de famille normale. Pour ça, il fallait rester à Rouen dans ma ville natale, pas question de retourner à Roanne : la condition *sine qua non* pour que Bachir puisse changer, c'était de vivre loin de sa famille, surtout de sa mère, trop influente et malveillante.

Effectivement, le mois d'août se déroula sereinement. Bachir ne m'empêchait pas de sortir, mais il m'accompagnait partout. Nous allions tous les cinq nous promener dans la campagne non loin. Nous fîmes même une sortie de deux jours à Paris ! Nous dormions chez sa sœur, et je ne reconnaissais plus mon mari : il se montrait attentionné, doux, affectueux. Nous nous baladions et faisions les boutiques. Je tins à lui acheter de nouveaux vêtements : je détestais ses pantalons larges, qui s'arrêtaient bien au-dessus de la cheville, et ses longues chemises. Avec un nouveau look, peut-être me plairait-il physiquement ! Et peut-être pourrions-nous repartir sur de bonnes bases… Être une vraie famille. La période du ramadan commençait sous de bons augures. J'allais me surpasser, faire de bons petits plats pour la rupture du jeûne.

Mais quinze jours plus tard, peu après la rentrée des classes, sa mère lui téléphona : elle venait de rentrer de Tunisie, et apparemment, elle découvrait que son fils avait renoué avec moi et qu'il nous avait rejoints à Rouen. Bachir s'enferma dans la chambre, le téléphone rivé à l'oreille. Puis il sortit, et raccrocha, l'air si soucieux que je crus qu'un malheur était arrivé :

— Qu'est-ce qui se passe ? Ta mère a un problème ?

Il se retourna d'un coup vers moi :

— Ne parle pas de ma mère ! Tu crois qu'elle va comment ma mère, hein ? Alors que tu la prives de son fils ! T'es contente de toi hein ?!

Et il me repoussa si brutalement que j'allai me cogner contre le réfrigérateur.

Je restai sans voix. Instinctivement, je me protégeai la tête, dans l'attente de coups qui ne tombèrent pas. Ce soir-là, j'allai me coucher sans même faire la rupture du jeûne en famille. Au réveil je me sentais mal, nauséeuse et courbaturée. Au rez-de-chaussée de notre immeuble, il y avait un cabinet médical. Je laissai Ismaïl à la garde de son père et descendis chez le médecin avec les enfants. Nous étions assis dans la salle d'attente depuis une demi-heure quand la porte du cabinet s'ouvrit brutalement. C'était Bachir. Il avait le bébé dans les bras, et deux gros sacs de sport sur l'épaule. Il me fit signe de le rejoindre dans l'entrée. Arrivée devant lui, il me tendit Ismaïl, et me dit ceci :

— Prends ton gosse. Cette fois je me casse. Je te supporte plus, ma mère est rentrée de Tunisie, elle pleure à cause de toi. Je retourne vivre chez elle, je veux plus jamais te revoir ! Tu me dégoûtes !

Machinalement, j'avais tendu les bras pour prendre mon bébé. Ismaïl tout contre mon cou, Cheïma et Adam, les yeux ronds, collés à mes jupes, j'étais plantée dans le couloir, sidérée devant la tournure brutale qu'avaient pris les événements.

Je me ressaisis :

— Bachir, lui dis-je, C'est toi qui es revenu, je ne t'ai rien demandé ! Pourquoi tu es revenu ?

— Pourquoi je suis revenu ? Tu crois que c'est pour toi ? T'as vu à quoi tu ressembles ? Regarde comment tu t'habilles maintenant, comme une pute ! (Je portais ce matin-là une jupe jusqu'aux chevilles, beige, et une longue tunique noire par-dessus). C'est pour les enfants que je suis venu, pas pour ta gueule ! Et tu crois que je vais rester dans cette ville de merde, de racistes, de kouffars, comme ta mère !

Depuis la salle d'attente, les patients nous fixaient. Il me faisait honte. À voix basse je grinçai :

— Arrête de parler comme ça ! Et si tu veux partir, vas-y ! Mais je te préviens, si tu pars, cette fois, pas la peine de revenir !

— J'en ai pas l'intention, démerde-toi avec tes gosses dans ta ville pourrie !

Il partit donc, claquant la porte du cabinet médical de toutes ses forces, sans même dire au revoir à ses enfants qui nous regardaient, bouche bée.

J'étais estomaquée, mais je ne le pris pas complètement au sérieux. Il voulait me faire peur, c'était sûr. Quand je remontai à l'appartement avec les enfants, pourtant, il fallut me rendre à l'évidence : Bachir avait pris toutes ses affaires, il était vraiment parti. Cette fois, mon idéal de vie familiale était vraiment anéanti. Je m'écroulai sur mon lit et sanglotai une bonne partie de la journée. Les jours qui suivirent furent douloureux. Je ne mangeais quasiment plus, je pleurais toute la journée, et les enfants, bien sûr, faisaient triste mine. Informée de la situation et étonnamment compréhensive, ma mère vint s'occuper de nous. Elle tentait de me remonter le moral, et ne pouvait s'empêcher de traiter son gendre de tous les noms. Dans sa précipitation pour s'enfuir, car on peut parler de vraie fuite devant ses responsabilités d'époux et de père, Bachir avait oublié de prononcer à nouveau les paroles fatidiques pour « me divorcer ». Sur le moment, j'avais cru à une tactique, car s'il me répudiait une troisième fois, il ne pourrait plus revenir en arrière.

Mais je me trompais : le soir même, il me téléphona de Roanne :

— Je t'appelle pour te répudier, me dit-il froidement. Je ne veux plus de toi. Tu ne me mérites pas. Et c'est la troisième fois, j'ai plus de joker, c'est terminé.

Pour la troisième fois, donc, il prononça donc à trois reprises la fameuse formule : « *N'ti M'Talkka…* ».

Il m'avait donc répudiée, définitivement… Par téléphone !

Je sais aujourd'hui que ce jour-là, j'ai eu une chance immense : car si Bachir ne m'avait pas « divorcée », aurais-je eu, moi, à nouveau, le courage de partir ? De briser une union qu'Allah avait bénie ? De séparer encore mes enfants de leur père ? Après tout, personne ne m'avait vraiment contrainte à épouser cet homme, personne ne m'avait battue comme on avait battu ma mère pour qu'elle accepte de se marier. Mais j'étais très jeune, naïve, je m'étais laissée influencer, j'avais cédé à la pression. J'espérais aussi en me mariant, je l'avoue, pouvoir sortir des griffes de ma mère, et peut-être enfin être heureuse avec quelqu'un qui me protégerait. Le jour de mon mariage, j'étais comme anesthésiée, une poupée sans vie. Je voulais devenir une bonne musulmane, et Bachir m'avait fait un tel lavage de cerveau en me parlant de l'enfer et du paradis… Mais j'avais fui parce que mon mari était violent, et qu'il cherchait à me détruire psychologiquement et physiquement : ça, Dieu le comprenait, j'en étais certaine. Finalement, que Bachir me répudie m'arrangeait : ainsi était-ce lui qui prenait la décision de briser notre foyer. D'ailleurs, c'était peut-être bien uniquement pour ça qu'il était revenu, par orgueil, pour « reprendre la main ». Il ne pouvait accepter de se faire larguer comme un malpropre. Comment aurait-il pu sinon garder la tête haute dans le quartier, au milieu de tous ses amis salafistes qui riaient sans doute de lui, le super-macho, ridiculisé parce que sa femme s'était jouée de lui et l'avait quitté en emmenant leurs trois enfants ?

Plus tard, j'ai su que sa mère et lui racontaient à qui voulait l'entendre que j'avais quitté mon mari pour rejoindre mon amant à Rouen…

Finalement, j'étais donc soulagée.

Pourtant, si j'avais su, à cette époque-là, comment allaient se dérouler les années qui viendraient, j'aurais peut-être reculé. Car le combat pour mener une vie libre et heureuse allait être terrible…

Quelque temps plus tard, je fus convoquée au commissariat, et reçue par un enquêteur. J'appris alors avec stupeur que mon mari et moi étions sous surveillance depuis plusieurs années. Bachir avait semble-t-il des relations avec des membres de groupes islamistes sous surveillance. Lui reprochait-on des choses précises ? Aujourd'hui encore, je l'ignore. Je répondis patiemment et honnêtement à chaque question. L'entretien dura plus de deux heures. Je me rendis compte à plusieurs reprises que le policier qui me faisait face connaissait très bien ma vie... Plus tard, ce policier devint un véritable ami, il me soutint avec constance dans mon parcours pour fuir le salafisme. (Qu'il en soit ici remercié.)

En m'éloignant de mon mari, j'avais gagné la première manche. Mais il en restait tant d'autres à jouer ! Et la plus complexe était tout simplement de réussir à gagner ma vie, pour vivre et surtout faire vivre mes enfants. Depuis bientôt dix ans, j'étais comme enfermée dans une secte. Je ne sortais pas seule, je n'avais pas le droit de regarder les chaînes françaises à la télé, ni d'écouter de la musique, encore moins d'aller au cinéma... Et surtout je n'avais pas appris de métier. Je n'avais pas fait de longues études, j'avais seulement le bac et une année d'études supérieures (plus tard, ce modeste bagage me serait malgré tout très utile). J'avais vécu des aides sociales (et des fraudes à l'aide-sociale puisque mon mari travaillait au noir), je n'avais jamais rempli un dossier de Sécurité sociale, encore moins une déclaration d'impôts.

J'étais une handicapée sociale, en quelque sorte. Et, ce dont je n'avais pas encore vraiment conscience, mon voile était un handicap supplémentaire pour gagner une place dans la société.

Financièrement, la situation n'était pas reluisante : administrativement j'étais mère isolée, les services sociaux m'avaient allouée une aide d'urgence, et aidée à remplir une demande de RSA. Bachir m'avait dit :

— Tu n'auras pas un centime de moi pour tes gosses, comme ça tu comprendras la valeur d'un mari, salope. Tu finiras clocharde à mendier pour nourrir tes gosses, ou prostituée…

J'étais donc dans une situation très précaire.

Bien sûr, je voulais travailler, et j'étais prête à accepter n'importe quel boulot, ou presque : je n'avais aucune qualification, je savais bien que je ne pouvais pas être exigeante. Mais Ismaïl était tout petit : comment faire ? J'avais été à la mairie, comme me l'avaient conseillé les assistantes sociales, pour demander une place en crèche, mais il fallait attendre, et je ne pouvais compter sur personne pour garder mon bébé de façon régulière.

Ma mère voulait bien me plaindre, mais pas s'investir. Elle avait sa propre famille, me disait-elle. Pareil pour mon père. Mes relations avec mes différents demi-frères et sœurs étaient épisodiques, et je ne connaissais pas grand-monde. Alors trouver du travail dans ces conditions… D'autant que je portais encore le jilbab. Je ne me résolvais pas à quitter ces longues tenues informes qui me couvraient de la tête aux pieds. Elles me protégeaient du regard des autres. Derrière elles, sous elles, recouverte par elles, je dissimulais mon corps, auquel j'accordais bien peu d'importance, mais aussi mes échecs et mes angoisses. Et surtout, mon vêtement prouvait encore que malgré tout, malgré mon divorce, j'étais restée proche de Dieu. Très concrètement, mon jilbab m'évitait aussi d'être importunée par les hommes dans la cité HLM où nous habitions : *a priori*, ils n'allaient pas draguer à la légère une « sœur » en jilbab, sauf à avoir l'intention de lui proposer le mariage.

Enfin, tout cela, c'était de la théorie... Pour ma part, je n'aspirais qu'à une chose : trouver un moyen de survivre sans dépendre d'un mari. Hélas, je savais bien que je ne pourrais pas tenir longtemps, sans argent, sans ressources, avec trois enfants à charge. Je voyais avec crainte se profiler devant moi le même destin que celui de Samira, de Radia, de toutes les sœurs que j'avais connues et qui s'étaient remariées très vite après leur divorce, en partie parce qu'elles n'avaient pas de quoi vivre, mais aussi pour préserver leur *dinn*, leur « chemin dans la religion ». Une vraie musulmane se devait d'être mariée : cette certitude, Hasnia, ma première amie en niqab, me l'avait inculquée il y avait bien longtemps, à Mantes-la-Jolie. De toute façon, dès que les salafistes du quartier auraient repéré que j'étais une femme seule avec trois enfants ils tenteraient leur chance. Les femmes salafistes, elles, avaient déjà compris : elles me disaient à peine bonjour. J'étais divorcée, donc célibataire, je représentais un danger car forcément bientôt sur le marché du mariage ! Dans cette communauté salafiste où une femme sans époux n'est rien, la solidarité féminine ne peut exister...

Pourtant je n'étais pas du tout prête à me remarier, j'avais trop souffert avec Bachir. J'allais mettre toutes les chances de mon côté pour pouvoir assumer seule mes choix. Si je changeais d'avis, ce serait uniquement parce que j'aurais rencontré quelqu'un dont j'aurais la preuve qu'il était un type bien. Cela excluait les rencontres avec des inconnus, que ce soit par intermédiaire, comme pour Bachir, ou bien par le truchement des réseaux sociaux.

En attendant, j'essayais désespérément de nous fabriquer une vie la plus harmonieuse possible, mais c'était difficile. Les enfants et moi avions le strict minimum pour vivre, ou plus exactement, un peu moins. Je ne pouvais pas payer à la fois le loyer et les charges. Pour qu'on ne nous coupe ni l'eau ni l'électricité, je choisissais donc de m'acquitter des charges. Les dettes de loyer s'accumulaient. Nous mangions des pâtes et des boîtes de conserve. C'était dur, l'avenir me semblait de plus en plus bouché.

Adam et Cheïma souffraient beaucoup de l'absence de leur père, qui leur téléphonait très rarement... Les mois passèrent.

Un an après notre séparation, la justice nous déclara enfin divorcés, et m'accorda la garde officielle des enfants (Bachir ne l'avait de toute façon pas réclamée). Mais officiellement Bachir était insolvable, il vivait du RSA. Je ne touchais donc pas de pension alimentaire. En réalité, Bachir continuait à faire des petits boulots au noir, et il aurait pu participer un peu à l'entretien de ses enfants, mais comment pouvais-je le prouver devant la justice ? Lors du divorce, mon avocat commis d'office m'avait affirmé que cela ne servait à rien de demander une pension ! Je n'aurais pas dû accepter, mais je n'imaginais pas à l'époque pouvoir m'élever contre une décision de justice.

Bachir avait un droit de garde d'une semaine lors des petites vacances scolaires, et d'un mois l'été. Mais puisqu'il n'était pas solvable, j'étais censée accompagner les enfants jusque chez lui, en train, à ma seule charge financière. Pour moi, c'était impossible. Les enfants n'allaient donc le voir que lorsqu'il venait les chercher. Parfois, les larmes me montaient aux yeux lorsque je réalisais que je faisais vivre à mes enfants exactement ce dont je m'étais juré de toujours les protéger : l'éclatement de leur famille. Au moins étais-je parvenue à ce que leur lien, très fort, avec leur grand-mère, soit préservé. L'année 2008, tant bien que mal, leurs allers-retours pour les vacances chez leur père s'organisèrent. Bachir vint les chercher, et les ramena, en février et au printemps. Mais lorsqu'il se retrouvait face à moi il ne pouvait s'empêcher de me menacer et de m'injurier, en présence des enfants.

La haine se lisait dans son regard. J'essayais de ne pas répondre, pour ne pas en rajouter devant Adam, Cheïma et Ismaïl.

En mai, je trouvai un petit job : je me présentai à un forum des emplois et discutai avec un jeune couple qui tenait un stand de cosmétiques naturels, et venait de créer une petite franchise pour une société suisse. Je les convainquis que je pourrais de mon côté vendre une partie de leur stock : j'allais être agent commercial pour leur société, et en échange ils me verseraient un petit pourcentage. J'eus droit à deux jours de formation, durant lesquels j'appris tout ce qu'il fallait savoir des techniques de vente, des produits et des soins du visage, etc. Puis j'entamai le démarchage à domicile. Pour moi, c'était très pratique : je confiais Ismaïl à ses frère et sœur et m'absentais quelques heures seulement. J'étais douée pour la vente. Durant quelques mois, je gagnai un peu d'argent, et cette expérience me donna un peu confiance en moi. Je me découvrais capable d'aller vers les autres, j'avais le contact facile, et j'étais pleine d'empathie : j'aimais bien écouter les femmes me raconter leur vie. Et puis cela m'avait donné l'occasion d'enlever mon jilbab, car pour démarcher les clients je portais seulement un joli petit foulard, j'étais habillée en tailleur-pantalon, avec une veste longue. Sans que je m'en rende compte, je faisais un premier pas vers mon ouverture au monde. Cela me donna l'envie de créer, moi aussi, un jour, ma société.

Début août, Cheïma et Adam partirent chez leur père, à Lyon, en train. Bachir ne s'intéressant visiblement pas beaucoup à Ismaïl, il resta avec moi. Je profitai de ces semaines-là pour nettoyer à fond l'appartement, et le repeindre, pour faire une surprise aux enfants à leur retour. Pendant un mois, je n'eus pas de nouvelles d'eux : leur père, je le savais, leur interdisait de m'appeler.

Il allait bientôt se remarier, et je m'inquiétais un peu de savoir comment cela allait se passer entre les enfants et sa nouvelle épouse. Ils avaient avec eux leurs billets de retour, et j'allai les attendre comme prévu à la gare de Rouen, au tout début du mois de septembre, l'avant-veille de la rentrée des classes.

Ils nous avaient manqués, à Ismaïl et moi, et nous étions impatients de les revoir. Mais les retrouvailles sur le quai de la gare furent étrangement froides. Je voulus les serrer dans mes bras, mais Adam ne me souriait pas, il avait le visage fermé, et Cheïma pleurait. Je m'inquiétai, craignant qu'il ne se soit passé quelque chose pendant le voyage.

— Non, me dit Adam en haussant les épaules. On veut pas rentrer chez toi, c'est tout !

Et il grimpa dans la voiture, sa petite sœur imitant tous ses gestes. Seul Ismaïl babillait et rigolait, tout heureux d'avoir retrouvé son frère et sa sœur.

J'étais estomaquée, mais je décidai de passer outre : leur père leur avait sûrement bourré le crâne, il fallait leur faire oublier ça.

Je m'attendais à ce qu'ils explosent de joie en voyant les murs de leur chambre repeints. Cheïma ne dit rien, mais je vis un sourire poindre sur son visage. Adam, par contre, s'assit sur son lit, et me dit, le plus sérieusement du monde :

— Papa dit que tu n'es pas une bonne musulmane.

Je reçus cette phrase comme un coup de poing à l'estomac. Au fond de moi, j'avais toujours su que ce jour-là arriverait, que mon ex-mari essaierait d'emmener mes enfants sur la route du salafisme. Mais je ne m'attendais pas à ce que cela arrive aussi tôt.

Je m'obligeai à répondre tranquillement. Je voyais qu'Adam m'observait avec attention. Il me testait. Si je montrais mon inquiétude, c'était fichu.

— Ah bon ? Et pourquoi ne suis-je pas une bonne musulmane ?

— Il dit que tu fais plein de choses que les musulmanes n'ont pas le droit de faire et que tu vas aller en enfer.

Je restai calme :

— Et qu'est-ce que je fais de mal par exemple ?

— Tu as enlevé ton jilbab, tu travailles et tu vas chez des gens que tu connais même pas ! Tous les hommes peuvent te voir !

Et il se mit à crier et pleurer en même temps :

— À cause de toi, Abbi papa est loin, tu nous as séparés de notre père ! Je te déteste ! Je veux retourner chez Abbi papa !

Pour la première fois, Adam manifestait de la violence. Il frappa le mur à coups de pied et de poing, en hurlant qu'il voulait « Abbi », le surnom affectueux qu'il donnait à son père. Cheïma criait en même temps que lui :

— Il a raison ! Il a raison ! C'est pas bien, maman, ce que tu fais ! Par ta faute on peut plus rester avec Abbi, on va tous aller en enfer !

Mes enfants avaient passé un mois avec leur père, et ils en revenaient méconnaissables.

J'attendis qu'ils se calment, je préparai le dîner, et nous eûmes une longue conversation. Je leur expliquai le plus calmement du monde ce qui selon moi était vrai, et ce que je savais faux, dans toutes les affirmations de leur père. Non, en islam, la femme n'était pas obligée de rester enfermée chez elle pour être une bonne musulmane. Dieu demandait seulement aux gens d'être bons et de faire le bien. Oui, Dieu était d'accord pour que la femme travaille quand elle devait nourrir ses enfants. Je leur dis au passage que leur père ne me donnait pas d'argent, comme il l'aurait dû, et que je n'avais donc pas le choix.

— C'est pas sa faute !, s'énerva Adam, il a pas d'argent ! T'avais qu'à pas le quitter !

J'accusai le coup. C'était clair : en plus de manipuler ses enfants avec sa pratique de la religion, Bachir se faisait passer pour une victime : c'était moi qui l'avais quitté, moi qui avais privé mes enfants de leur père.

Je ressentis une grande lassitude. Ce soir-là, j'envoyai tout le monde se coucher, pour pouvoir être seule.

Heureusement, l'école reprenait le surlendemain : au fil des jours, les enfants semblèrent oublier les leçons paternelles. Pas moi. Quand arriva la première semaine des vacances de Noël, j'écrivis au juge aux affaires familiales et lui dis pour quelle raison je n'enverrai pas les enfants chez mon ex-mari cette fois-ci. Bachir déposa plainte, sans doute plus pour me causer des problèmes que par amour pour ses enfants. Il s'était remarié, sa femme était enceinte, et Adam, Cheïma et Ismaïl n'étaient pas ses priorités. D'ailleurs il ne cherchait plus à les voir. Ismaïl était très petit, il ne semblait pas ressentir le manque de son père, mais Cheïma, si. Elle en souffrait beaucoup, et régulièrement, le soir au coucher, elle réclamait son père en sanglotant et Adam encore plus. Mon fils aîné devenait triste et agressif. Il demandait régulièrement à appeler son père.

Très régulièrement, je composais son numéro pour que ses enfants puissent lui parler, mais Bachir ne répondait pas. Je laissais des messages, mais il ne rappelait pas.

Adam piquait de véritables crises de nerfs, il se roulait sur le plancher en réclamant son père d'une voix déchirante :

— Abbiiiiiiiiiiiiiiii ! Je veux Abbi !

Le directeur de l'école me convoqua : mon fils se montrait très agressif avec les autres enfants, il les frappait, les mordait, il ne tenait pas en place, bref : il était en souffrance. J'en avais parfaitement conscience, mais je me sentais totalement démunie. Le directeur, inquiet, me demanda d'emmener Adam voir un psychologue, et je pris rendez-vous pour lui au Centre médico-psychologique du quartier. Adam dut passer des tests de QI. Ses résultats montrèrent un QI de 136 : Adam avait de grandes capacités intellectuelles. Mais c'était un enfant hypersensible, m'expliqua le psychologue, et il fallait le suivre de près, être très à l'écoute. Je décidai bien sûr de suivre ses conseils.

Je savais qu'il souffrait à cause du divorce, à cause de moi donc. Un après-midi, une fois Adam assis dans la cuisine devant son goûter, je m'installai face à lui et lui parlai doucement :

— Adam, mon chéri, ça va pas ? Tu n'es pas heureux ? C'est l'école ?

Il me regardait sans cesser de mastiquer, à la fois attentif et circonspect.

— Oui, je les déteste !

— Mais pourquoi ? Quelqu'un t'a fait quelque chose de mal ?

— Non ! Je les déteste, c'est tout !

— Que puis-je faire pour toi, mon fils ? Qu'est-ce qui te ferait vraiment plaisir, qu'est-ce qui ferait que tu sois heureux, tranquille ?

Il me fixa de ses grands yeux noirs :

— Je veux parler à Abbi.

Je soupirai :

— OK. On va essayer, mon chéri, on va l'appeler, peut-être qu'il répondra.

Je pris le téléphone, et une fois de plus je composai le numéro de mon ex-mari. Il répondit aussitôt, je lui passai son fils.

— Abbi.

Adam se mit aussitôt à pleurer.

— Abbi, pourquoi on te voit plus ?

— J'ai voyagé mon fils, je pouvais pas…

Bachir revenait d'un voyage en Arabie saoudite, il préparait sa hijra (départ en terre musulmane) avec sa nouvelle épouse…

— Mais tu vas venir nous voir bientôt ?

— Euh… Non, pas bientôt, c'est pas prévu. J'ai beaucoup de choses à faire, ici, tu sais…

Cette fois, Adam ne pleurait plus, il sanglotait…

— Papa ! Papa, est-ce que je peux venir chez toi alors ?

— …Euh… Mais oui, bien sûr, tu peux venir, Adam, aux prochaines vacances, avec plaisir !

— Non, je veux pas venir en vacances ! Je veux rester chez toi, je veux habiter avec toi, Abbi, tu me manques trop !, ajouta Adam en sanglotant de plus belle.

J'assistai, déchirée, à cette déclaration d'amour désespérée de mon fils envers son père. J'étais à la fois émue jusqu'au plus profond de moi de le voir aussi malheureux, et immensément peinée de comprendre qu'il était prêt à nous quitter pour rejoindre son père.

Bachir, un peu surpris, lui dit néanmoins qu'il l'accueillerait chez lui aussi longtemps qu'il le souhaitait. Adam se tourna aussitôt vers moi, très vite, levant son visage tout à coup plein d'espoir :

— T'es d'accord, maman ? T'es d'accord ?

Comment aurais-je pu lui dire non ? Mon fils était en grande souffrance depuis plus d'un an, depuis que j'avais quitté son père. J'étais en partie responsable de son mal-être, et je sentais bien qu'il m'en voulait de l'avoir séparé de « Abbi ». Je pris immédiatement ma décision :

— Mon chéri, si c'est-ce que tu veux, c'est d'accord.

Adam poussa un hurlement de joie. Je pris le téléphone, pour entendre Bachir déclarer froidement :

— Je n'ai aucune confiance en toi. Si ça se trouve, tu vas m'accuser d'enlèvement.

— Mais enfin, Bachir, tu plaisantes ? Notre fils veut vivre un peu avec toi, c'est son choix à lui, je le respecte, c'est tout !

— OK, alors tu me fais un papier, noir sur blanc, comme quoi tu es d'accord pour que Adam vive avec moi. S'il n'apporte pas ce papier avec lui, je ne le garderai pas.

J'écrivis le papier en question, à destination de la justice : j'acceptais que mon fils aille vivre chez son père, à sa demande, et jusqu'à nouvel ordre.

Quinze jours plus tard, Adam était installé à Lyon, chez son père. Il avait fait sa rentrée dans sa nouvelle école. J'essayais de lui téléphoner chaque jour, même si visiblement cela agaçait la nouvelle épouse de Bachir. J'étais inquiète. Je craignais que les attentes d'Adam ne soient déçues. Il avait tant besoin de son père, une telle dette d'amour, qu'il risquait de se montrer envahissant. Or sa vie dorénavant serait en partie gérée par sa belle-mère. Je ne la connaissais pas, mais j'étais instinctivement très méfiante. Je dois aussi reconnaître que je peinais à admettre le fait que mon fils préfère nous quitter, son frère, sa sœur et moi, pour vivre avec son père.

Adam s'éloignait de nous. Je n'avais pas un sou de côté pour prendre le train et aller le voir à Roanne, il aurait de plus fallu que je me paye une chambre d'hôtel. Étais-je une mauvaise mère ? Allait-il nous oublier ?

De cette période, je garde un souvenir de chaos. Je me sentais très fatiguée, le matin je devais faire un effort surhumain pour sortir de mon lit. J'accompagnais Cheïma et Ismaïl dans leurs écoles respectives, et je rentrais aussitôt me remettre au lit. Je glissais doucement vers une profonde dépression.

Tout s'accéléra lorsque je reçus un avis d'expulsion, un courrier à en-tête des HLM : je devais 4 500 euros de loyer, et si je ne payais pas dans les quinze jours, nous serions expulsés. Cette menace, je la pris pour argent comptant. À l'époque, j'ignorais totalement que la France est un État de droit, qui offre des avantages sociaux inégalés, que les locataires sont protégés, et qu'il n'est pas si simple de jeter à la rue une femme avec trois enfants. Sans doute aurais-je pu facilement gagner un an, en lançant des recours administratifs. En une année, j'aurais eu le temps de renégocier ma dette, de trouver une solution. Mais j'ignorais tout ça. J'étais une « handicapée sociale » : Bachir avait toujours tout géré, ne me laissant même pas ouvrir le courrier. Même si je l'avais quitté, j'étais encore très maladroite lorsque je devais me faufiler dans les arcanes administratifs. Le ciel s'abattait donc sur ma tête : dans quinze jours, les enfants et moi serions à la rue. Qui nous offrirait un toit ? Je déposai soigneusement la lettre sur la table de la cuisine. Je l'observai. Je n'avais aucune idée de ce qu'il me fallait faire.

Le lendemain matin, alors que je m'apprêtais à sortir pour accompagner ma fille à l'école, je m'évanouis dans l'entrée. Je ne perdis sans doute conscience que quelques secondes, mais ce fut suffisamment long pour que Cheïma soit complètement paniquée. Lorsque je rouvris les yeux, elle sanglotait à côté de moi en m'appelant. Je la rassurai, me relevai et allai pousser la porte du cabinet médical en bas de chez nous, accompagnée des enfants. En pleurs, je fis au généraliste un résumé des dix dernières années de ma vie. Ce médecin était très bienveillant. Il me regardait, un peu effaré, et m'écoutait patiemment.

Quand je finis par me taire, il me tendit une boîte de Kleenex, et m'ausculta :

— Madame, me dit-il, vous êtes épuisée. Vous faites ce qu'on appelle un burn-out. Votre corps me semble aussi fatigué que vous. Si vous continuez comme ça, vous ne tiendrez pas. Il vous faut du repos. Je vais vous prescrire des médicaments, mais je pense vraiment que le mieux serait que vous restiez quelque temps au calme, pas longtemps, quelques jours, une semaine ou deux. Pouvez-vous faire garder vos enfants ? Quelqu'un peut-il vous accompagner à l'hôpital ?

Sur le coup, je ressentis un immense soulagement : être prise totalement en charge, ne serait-ce que quelques jours, n'avoir plus à m'occuper de rien, fermer les yeux et dormir, dormir… Oublier que nous allions être expulsés. J'en rêvais. Mais c'était impossible, j'étais seule, qui allait gérer les enfants ?

Le médecin insista. Devant moi, il appela un confrère à l'hôpital. Dès qu'il eut raccroché, il me dit :

— Madame, vous pouvez vous présenter demain, ou après-demain, auprès de ce docteur. Il s'occupera bien de vous. C'est un très bon médecin, vous avez besoin d'aide.

Je rentrai à la maison, et je contactai ma mère :

— Maman, j'ai un problème de santé, je dois être hospitalisée, est-ce que tu peux prendre les petits quelques jours ?

— Quoi ? Mais je peux pas ! Pas question, débrouille-toi !

Et elle me raccrocha au nez.

Le découragement m'envahit. Pas la peine de poser la question à mon père : sa femme refuserait. Je me rendais compte à quel point j'étais seule dans la vie. Pas d'amis vers qui me tourner. Il n'y avait qu'une solution : Bachir. Il fallait qu'il récupère ses enfants, au moins quelques jours. Après tout, il était leur père.

Je lui téléphonai donc pour lui expliquer la situation. Depuis notre séparation, un an plus tôt, c'était la première fois que je lui parlais aussi longuement. Il se montra glacial, mais il m'écouta. Puis me répondit froidement :

— C'est impossible. Je n'ai pas la place. Et je ne suis même pas sûr de garder Adam, il me cause trop de problèmes avec ma femme.

— Bachir, je n'ai pas le choix ! Tu es leur père ! Je dois être hospitalisée demain au plus tard !

Il avait déjà raccroché. Je restai prostrée à terre, à côté du téléphone. Je n'avais pas le courage de me relever. Un brouillard opaque avait envahi mon cerveau.

— Cheïma, je dois aller chercher Cheïma…

Je ne sais combien de temps s'écoula. Plusieurs minutes ? Plusieurs heures ?

Je finis par me lever, et j'allai chercher Cheïma. J'avais décidé. Cette décision, j'ai longtemps culpabilisé de l'avoir prise. Aujourd'hui encore je m'étonne, en y repensant, d'avoir osé m'y résoudre. Mais je me dis que, si je n'avais pas accepté d'être hospitalisée à ce moment-là, je ne serais peut-être plus de ce monde, mes enfants n'auraient plus de mère. J'étais tout simplement à bout. C'était l'hôpital ou la mort.

Le lendemain matin, je préparai une valise pour les enfants, et nous allâmes prendre le train pour Lyon où vivaient Bachir et son épouse. J'avais donc décidé de laisser nos enfants à leur père : mis devant le fait accompli, il serait bien obligé de s'en occuper. Je rédigeai un courrier à l'attention du juge des enfants, dans lequel j'expliquais ma situation, et j'en fis une copie pour Bachir : je confiais momentanément la garde de nos enfants à mon ex-mari car j'avais de graves problèmes financiers, et parce que je devais être hospitalisée. Je demandais à pouvoir récupérer mes enfants dès que je serai sortie de ce marasme.

Dans le train, Cheïma et Ismaïl se montrèrent très heureux à l'idée de revoir Bachir, et Adam, qui nous avait quittés trois semaines plus tôt. Je leur expliquai que je devais être hospitalisée mais qu'ils ne devaient pas s'inquiéter, ça n'était pas grave, ce serait l'affaire de quelques semaines, et je reviendrais les chercher. Dans la valise, j'avais glissé la copie de la lettre écrite au juge.

La suite, je la revois comme en rêve.

Nous avons pris un taxi depuis la gare de la Part-Dieu à Lyon. Bachir n'était pas chez lui, c'est sa femme, enceinte, qui nous a ouvert la porte. Je ne lui laissai pas le temps de parler : je lui expliquai que j'allais être hospitalisée le lendemain, et que personne d'autre que leur père ne pouvait garder les enfants. Je posai leur valise dans l'entrée, les embrassai, et j'exposai la situation à la nouvelle épouse de mon ex-mari. Elle me demanda de repartir d'où je venais, avec les petits…

— Tu as voulu épouser un homme avec trois enfants, il faut assumer !, lui dis-je.

Je fis demi-tour, et ne me retournai point. Sinon, je n'aurais pas eu le courage de continuer. En sortant, je croisai Adam qui rentrait de l'école. Il se jeta dans mes bras. Nous nous serrâmes fort, et je lui demandai de prendre soin de son frère et sa sœur, le temps que je me fasse soigner : à lui aussi, j'expliquai que ce ne serait pas long, que je reviendrais bientôt en pleine forme pour les chercher. Adam était tout heureux à l'idée de passer du temps avec ses frères et sœurs.

J'ignorais que je n'allais pas revoir mes enfants pendant près de deux ans.

La suite de l'histoire, ce sont eux qui me l'ont racontée… Beaucoup plus tard.

La veille de ma venue chez eux, Bachir et sa femme s'étaient disputés : elle l'avait menacé de quitter le foyer conjugal s'il ne se débarrassait pas d'Adam, qu'elle ne supportait pas. Et j'avais débarqué le lendemain avec les deux autres ! Cheïma et Ismaïl n'étaient restés que quelques heures chez leur père : la tante de Bachir les avait récupérés le soir même, et les avait gardés pour la nuit. Le lendemain matin, Bachir les avait fait monter dans sa voiture, et avait roulé jusqu'à Rouen. Sans avoir prévenu quiconque, il les avait déposés dans le jardin de leur grand-père, mon père. À ce moment-là j'étais allongée sur un lit d'hôpital, abrutie de médicaments. Le médecin avait décidé que je devais me reposer, en coupant tout contact avec le monde extérieur pendant au moins quelques jours. L'infirmière m'avait donc retiré mon téléphone. Personne ne savait où j'étais. Je me sentais glisser dans un état semi-comateux, je m'abandonnais complètement à l'équipe médicale : j'étais enfin totalement prise en charge. Seule. Mes trois enfants étaient chez leur père. C'est du moins ce que je croyais.

Quelques jours plus tard, quand je sortis de ma léthargie, et que l'équipe soignante accepta de me rendre mon téléphone, je trouvai mon répondeur saturé de messages. D'abord, des insultes de Bachir, qui ajoutait qu'il ne garderait pas « mes gosses ». Puis venaient des messages d'un policier : il m'informait que mon père était au commissariat avec mes enfants. Enfin, mon père : il m'expliquait qu'il avait trouvé les petits dans son jardin et que sa femme ne voulait pas les garder. Il était désolé, mais il était obligé de les déposer au commissariat pour qu'ils soient placés dans un foyer. Les policiers avaient contacté le juge des enfants. Heureusement, dans son dernier message, mon père disait que, finalement, au dernier moment, avant que le placement en foyer ne soit décrété par la justice, ma belle-mère, la mère de Bachir, avait réagi et proposé de les récupérer : ainsi, grâce à elle, échappaient-ils au foyer de l'Aide sociale à l'enfance…

Ces messages furent autant de coups de poignard. Je pleurai durant de longues heures, sans pouvoir m'arrêter, à tel point que le médecin reprocha aux infirmiers de m'avoir rendu mon téléphone ! Mes petits, que je croyais à l'abri, avaient failli être placés dans un foyer, comme des enfants abandonnés. Je me sentais tellement coupable ! Heureusement, ma belle-mère leur avait évité ce cauchemar. Mais comment avais-je pu croire que Bachir s'occuperait d'eux ? Je me reprochai amèrement d'avoir été aussi stupide et naïve. Pourtant je savais bien que cet homme était mauvais. Mais je n'aurais jamais pu imaginer qu'il serait capable de jeter ses enfants comme deux paquets de linge sale dans le jardin de mon père… Il avait fait encore pire, mais je ne le savais pas : non seulement il s'était débarrassé des deux plus jeunes, mais il avait contacté l'assistante sociale du quartier et la justice, à propos de l'aîné : il voulait qu'Adam soit placé en foyer d'accueil à Lyon.

Quand la mère de Bachir avait tenté de le récupérer lui aussi, il était trop tard : la justice avait entamé sa procédure.

Aucun de mes trois enfants n'était donc là où je pensais qu'il était, lorsque j'étais entrée à l'hôpital.

Chapitre 9

ME RELEVER

Je restai plusieurs semaines à l'hôpital. J'avais subi une petite opération, et j'étais surtout épuisée psychologiquement. Je me reconstruisais, peu à peu, mais j'avais une peur terrible de « retourner dans la vraie vie ». À l'hôpital, j'étais bien : je n'avais aucune décision à prendre. Aucune responsabilité. J'étais logée et nourrie. J'étais en paix. Mais il me fallut bien finir par rentrer chez moi. Une infirmière venait chaque jour changer mes pansements, je pouvais à peine marcher, et on me livrait des repas à domicile, comme si j'étais une personne âgée. Je passai ma convalescence dans une terrible solitude, avec la douleur de savoir mes enfants loin de moi, et mon aîné dans un foyer. Lorsque je tentais d'avoir de leurs nouvelles, ma belle-mère me répondait sèchement que la justice m'interdisait de contacter mes enfants. J'appris avec stupeur que Bachir avait fait de moi le portrait d'une femme malade, psychiquement très instable, potentiellement dangereuse pour elle-même et pour les enfants. Ainsi utilisait-il le même stratagème pervers que ses amis salafistes, comme le mari de Samira, par exemple, qui se débarrassaient de leur femme en les faisant passer pour folles... Il avait brandi la lettre que je lui avais laissée, dans laquelle j'expliquais que ma situation financière catastrophique ne me permettait plus d'élever mes enfants. J'étais hospitalisée pour une grave dépression avait-il expliqué au juge, et quand je n'étais pas dépressive, j'étais toxique pour mes enfants, disait-il, j'étais manipulatrice et affabulatrice. Le magistrat avait compati. Aux enfants, Bachir avait affirmé que je ne voulais plus d'eux, que je les avais abandonnés : Ismaïl avait beaucoup pleuré, mais Cheïma ne l'avait pas cru. Elle me raconta plus tard que son père avait déchiré la seule photo de moi qu'elle possédait, ainsi que le petit répertoire dans lequel elle avait inscrit mon numéro de portable : elle n'avait donc aucun moyen de me joindre...

La justice avait effectivement décidé que mes enfants et moi devions être totalement séparés. J'étais abasourdie. Quelle immense faute me faisait-elle donc payer ? Certes, j'avais un temps faibli, baissé les bras, contrainte par la maladie et par les problèmes financiers. Mais avant cela, j'avais trouvé la force de fuir un mari extrémiste et violent. Or, loin de me féliciter d'avoir eu ce courage, la justice me condamnait à une peine cruelle : elle m'arrachait mes enfants. Je n'avais même pas le droit d'entendre leur voix. Je plongeai dans un abîme de tristesse.

Mais j'avais déjà beaucoup souffert dans mon enfance, et cela m'avait endurcie. Je réussis à puiser de la force dans la prière, je regardais souvent les photos de mes enfants, et me disais que je n'avais pas le droit de baisser les bras. Parfois, malgré tout, l'angoisse était la plus forte. Je me sentais amputée. Vivre sans pouvoir toucher, embrasser, entendre mes enfants était inhumain. Je savais que Cheïma et Ismaïl étaient entre de bonnes mains avec leur grand-mère : elle ne m'aimait pas, mais elle aimait ses petits-enfants, je n'avais aucun doute là-dessus. Mais j'étais folle d'inquiétude pour Adam. Je l'imaginais, seul, perdu dans un foyer au milieu d'enfants abandonnés comme lui. Lui qui était un enfant si sensible, et déjà si perturbé…

Sans mes enfants, j'étais terriblement malheureuse. Pourtant je ne tentai rien pour les récupérer : c'était inutile, puisque j'étais incapable de les assumer financièrement. J'étais une mère en déroute. J'avais dû quitter notre grand appartement de Petit-Quevilly en catastrophe, et déposer tous mes meubles dans un garde-meubles. Grâce à une assistante sociale, et à l'allocation logement, j'avais loué une misère un tout petit studio meublé. Je passais des nuits à sangloter, au matin je me réveillais rouge et les yeux bouffis. Parfois, le découragement me terrassait : ce cauchemar ne finirait jamais, me disais-je. Je me sentais tellement seule ! C'est à cette période que j'ai ouvert mon compte Facebook. J'avais besoin de « parler » à des « amis » virtuels, qui ne connaîtraient rien de mon passé. Je m'étais inscrite à plusieurs groupes, et je posais souvent des questions à des spécialistes de l'islam. Je savais que je devais évoluer, mais j'avais peur.

Et puis, peu à peu, je remontai doucement la pente. L'assistante sociale qui me suivait me redonnait du courage. Elle était bienveillante, et savait trouver les mots justes pour me réconforter. J'avais une chance de récupérer mes enfants, me répétait-elle, si je trouvais du travail.

Mais pour trouver du travail, c'était une certitude, il fallait d'abord que je retire mon voile. Jusque-là, je n'avais pu m'y résoudre. Déjà, j'étais passée du jilbab au petit voile : ça n'avait pas été trop difficile, car j'avais tout un stock de jupes et de vestes longues qui dissimulaient parfaitement mes formes, à peine moins bien qu'un jilbab. Mais je faisais bien attention à ce que pas un seul de mes cheveux ne dépasse de mon foulard. Par contre, j'osais laisser apparaître mes sourcils... Quelle avancée par rapport aux années passées avec Bachir ! Mais sortir dans la rue tête nue... Je l'avais déjà fait, mais c'était très difficile à assumer. Je craignais que Dieu ne me punisse, et ne m'aide pas à retrouver mes enfants. Alors je m'entraînais dans le studio : je jouais mon rôle. Je faisais comme si j'étais dans la rue, et, dévoilée, je m'inventais un dialogue avec le boucher, ou avec un voisin. Pour m'habituer ! En me couchant je me disais :

— Ça y est, c'est pour demain, demain, je l'enlève.

Mais je n'en dormais pas de la nuit. C'était comme s'il avait été question de me jeter du haut d'un plongeoir dans une piscine sans savoir nager. Le voile me protégeait depuis tellement d'années, il symbolisait mon lien avec Dieu. Allah allait me voir. Qu'allait-il advenir de moi lorsque je l'enlèverais ? Me priverait-il définitivement du paradis ? Je me souviens parfaitement de la première fois où je réussis à sortir dans la rue sans voile. Ce fut une réelle douleur. Je devais me rendre à l'ANPE pour un premier rendez-vous avec une conseillère. Je savais que je ne devais pas y aller voilée : je perdrais toutes mes chances de prouver que je voulais vraiment m'insérer dans la société. Je n'eus toutefois pas le courage de sortir la tête complètent nue, et je mis un petit bonnet avec une écharpe autour du cou. Ma conseillère comprit, je pense, que je portais habituellement le voile, et que j'avais « rusé » pour le rendez-vous. Je lus la méfiance dans son regard. Alors je décidai de sortir « en cheveux », comme on disait dans le temps ! J'avais l'impression de marcher nue dans la rue, et que tout le monde m'observait. J'étais sûre que les hommes se retournaient sur moi et me regardaient comme un morceau de viande. Tous les hommes sont des pervers, pensais-je, et ne pensent qu'à assouvir leur bas instincts sexuels… Je baissais les yeux, serrais les dents, et marchais le plus rapidement possible. Mais cela paya : lorsque j'eus mon premier entretien d'embauche pour une boîte d'intérim, je réussis le test, et on m'appela dès le lendemain pour me proposer un poste de manutentionnaire dans un magasin de vêtements pour enfants. Il fallait être debout toute la journée, ranger les vêtements, mettre des antivols, le plus rapidement possible. Ce n'était pas le métier idéal, mais au moins pourrais-je avoir des fiches de paye, et gagner un peu d'argent. Je pensais à mes enfants : un jour, je les retrouverais…

Je commençais à prendre confiance en moi, je fis la tournée des boîtes d'intérim, en insistant auprès des recruteurs sur ma détermination et mon besoin de travailler. Les agences m'appelaient de plus en plus souvent, et lorsque le premier intérim se termina, je décrochai une autre mission comme vendeuse de prêt-à-porter. Là encore, c'était un contrat de courte durée, un remplacement. Je me forçais à sourire, et tâchais d'avoir l'air le plus détendu possible.

Je travaillai pendant trois mois dans une boutique du centre-ville. Chaque matin, je me regardais dans la glace avant de partir : mon visage dans le miroir, sans foulard pour dissimuler mes cheveux, me semblait étrange, trop grand. Je me maquillais le moins possible, pour ne pas attirer encore plus l'attention. Au travail, j'étais un peu intimidée par mes collègues. Puis, peu à peu, je me détendis. Nous étions quatre vendeuses, et je me liai avec l'une d'entre elles, Pauline. C'était une chouette fille, célibataire et sans enfants. Je ne lui dis pas que j'étais maman. Comment aurais-je pu expliquer que mes enfants n'étaient pas avec moi ? Que je n'avais même pas de leurs nouvelles ? Un samedi soir, à la fermeture, Pauline me proposa de sortir avec elle et deux autres copines. J'acceptai. Nous passâmes la soirée dans un bar avec une piste de danse. Pauline et les autres me poussèrent sur la piste, et contre toute attente, je me mis à danser en rythme, comme elles. Si mes copines avaient su quelles idées me trottaient alors dans la tête, je pense qu'elles auraient été sidérées. Car je fermais les yeux en dansant, convaincue que le diable allait fondre sur moi, et que j'étais en train de perdre le peu de chances qu'il me restait d'obtenir le paradis après ma mort…

Quand je repense à cette période, je me rends compte que j'étais complètement à côté de mes pompes.

Durant plusieurs semaines, je sortis régulièrement avec Pauline, et je finis par prendre du plaisir à danser, et à chanter en chœur les refrains à la mode avec mes copines. Mais je ne buvais pas une goutte d'alcool. Et quand des hommes me draguaient, je faisais mine de ne pas m'en apercevoir.

Depuis que j'avais retiré mon voile, on me regardait bizarrement dans mon quartier. Les « sœurs salafistes », qui ne me parlaient auparavant quasiment pas, me lançaient maintenant des regards méprisants. Mais même les autres, celles qui ne portaient qu'un petit voile, me jaugeaient d'un œil méfiant. Pour elles, c'était clair : j'avais choisi le mauvais chemin. Visiblement je ne faisais plus partie de leur communauté. Cela me questionnait : pour qui se prenaient-elles ? Comment pouvaient-elles savoir si j'étais ou non une bonne musulmane ?

Un jour, je coupai sèchement ma voisine, qui me sermonnait régulièrement depuis que je ne portais plus le voile :

— Qu'est-ce que tu crois ? lui dis-je, que la longueur du voile fait l'islamité ? Tu n'as jamais rencontré de femme mauvaise qui porte le voile ? Si ? Alors est-elle une bonne musulmane ? Et toi ? Tu te penses meilleure que moi. Tu me juges sans savoir ce que j'ai vécu et pourquoi j'en suis arrivée là. Allah me connaît, Lui, il sait ce que j'ai traversé et à quel point j'ai souffert. Crois-moi, j'avance, et je me battrai pour m'en sortir, avec ou sans voile.

Ce fut une période étrange. Je culpabilisais toujours d'avoir enlevé mon voile, pourtant j'étais profondément sûre que c'était la seule façon pour moi de reprendre pied. Le voile m'était un frein : cette pensée-là me faisait souffrir. Je me sentais l'âme d'une traîtresse, pourtant sur ma page Facebook je postais des photos de moi sans-voile, pour m'habituer à mon « nouveau visage ». Sur les réseaux sociaux, je cherchais des informations sur l'islam, je m'intéressais à de nombreux sujets, la malbouffe, le conflit israélo-palestinien, les théories du complot… Je regardais des photos et des vidéos qui me choquaient. Je me posais de nombreuses questions. J'avais besoin d'être rassurée, car je culpabilisais aussi de ne plus faire mes prières à l'heure…

Sur le net, un homme répondit à mes nombreuses questions : c'était le théologien, le fameux Zoubeyr, dont mes anciennes amies étudiantes m'avaient parlé à l'époque de la fac de Rouen. J'avais lu certains de ses livres, j'estimais beaucoup son travail et je lui avais envoyé un message privé. Zoubeyr m'avait très gentiment répondu, et nous entretenions depuis une « correspondance via Messenger », en tout bien tout honneur. Je savais qu'il était marié à une convertie et qu'il avait des enfants. Je lui demandais conseil, il m'éclairait. Je l'admirais de loin. J'aurais adoré le rencontrer, mais il était extrêmement pris, il donnait des conférences dans de nombreux pays. Il me répondait toujours avec une grande gentillesse et beaucoup de respect, mais qui étais-je pour oser solliciter quelques minutes de son précieux temps ?

Au fil des mois, travailler me stabilisa. J'aimais devoir me lever le matin, avoir un but. Je fis plusieurs petits boulots, marketing téléphonique, démarchage à domicile, je fus vendeuse, serveuse en restauration, factrice, démonstratrice, agent administratif, animatrice en supermarché, dans les stands à la foire expo ou lors de grandes manifestations culturelles comme l'armada de la liberté… À chaque fois, des CDD qui duraient rarement plus de quelques mois, mais qui me redonnèrent peu à peu confiance en moi. Je m'accrochais : il n'était plus question de baisser les bras.

Pour avoir des nouvelles de mes enfants, je contactai leur école : la directrice m'envoyait leurs photos de classe, leurs dessins, sur lesquels ils écrivaient : « Je t'aime, maman » : une grande joie, une immense torture… Je fondais en larme à chaque fois.

Au fil des mois, je réussis à me rapprocher de ma belle-mère, et je l'appelais régulièrement. Elle ne me passait pas mes enfants au téléphone, mais au moins me donnait-elle quelques détails sur leur quotidien. Je savais qu'ils voyaient assez peu leur père. Au début Bachir leur rendait visite tous les week-ends, mais depuis plusieurs semaines, il ne donnait plus signe de vie. Quant à Adam, personne ne se souciait de lui, il était seul, livré à lui-même dans un foyer à Lyon.

Et puis un soir de l'été 2011, ma belle-mère me téléphona :

— Henda, j'ai des problèmes de santé, il faut que je me fasse opérer. Je ne vais pas pouvoir garder les enfants encore bien longtemps.

Après quelques minutes de discussion, je compris qu'elle était vraiment fatiguée, un peu dépassée par l'énergie de Cheïma et Ismaïl, et qu'elle se sentait abandonnée. Bachir ne passait quasiment plus la voir, et ne lui donnait plus d'argent pour les courses et pour les dépenses des enfants. Ils devenaient donc une véritable charge financière pour elle, et ils étaient de plus en plus souvent livrés à eux-mêmes. Leur grand-mère s'allongeait très souvent parce qu'elle avait mal au dos, et Cheïma s'occupait de son petit frère. Aux dires mêmes de sa grand-mère, Cheïma était très protectrice, c'est elle qui accompagnait son petit frère à l'école, qui faisait les courses et aidait sa grand-mère dans les tâches ménagères, mais plus personne ne suivait leur scolarité. En théorie, une éducatrice était censée les voir régulièrement. Ce n'était que de la théorie. Tout au plus les appelait-elle une fois de temps en temps pour prendre des nouvelles, et poser beaucoup de questions, mais elle ne prenait aucune initiative pour soutenir cette grand-mère malade et ses petits-enfants. Et la seule fois où elle se manifesta avec autorité, ce fut pour faire voler l'organisation familiale en éclat. Ma belle-mère m'appela à cette occasion :

— Henda, il y a un gros problème ! L'éducatrice m'a contactée, elle veut placer les enfants en foyer parce que je suis malade ! J'ai peur, ils vont me les prendre ! C'est vrai que je ne peux plus m'occuper d'eux mais je ne veux pas qu'ils aillent en foyer, pas mes petits-enfants chéris ! Il faut absolument qu'on trouve une solution.

Je compris que pour elle, enfin, la meilleure solution était que les enfants me reviennent.

— Écoute, lui répondis-je calmement, mes enfants bien sûr que je veux les récupérer, jamais je ne les ai abandonnés, tu le sais bien ! Si je n'avais pas eu d'énormes problèmes d'argent, si je n'étais pas tombée malade, rien ne se serait passé comme ça...

— D'accord, Henda, je me suis trompée... Tu ne les as pas abandonnés. Mais maintenant je fais comment si je veux te les rendre ? La justice ne nous laissera pas faire, tu n'as pas le droit de les avoir !

— Il faut qu'on trouve une solution, la justice comprendra. Je veux les reprendre. S'il te plaît, aide-moi !

Je pense que mes supplications ont fait sauter le dernier verrou qui l'empêchait de sauter le pas : elle me proposa que nous nous organisions discrètement pour que je puisse les récupérer.

À partir de ce moment-là, j'eus un sursaut de courage. Je me sentais mieux dans ma peau, avoir travaillé m'avait redonné confiance en moi, et surtout, contrairement à tout ce que j'imaginais, enlever mon voile m'avait libérée. J'avais pris conscience de ce qu'était la prison de l'islamisme, dans laquelle j'avais vécu si longtemps. Sans voile, je pouvais pratiquer ma religion sans l'étaler aux yeux du monde, prier dans l'intimité, respecter et aimer Dieu, tout en jouant un vrai rôle dans la société. Je savais que j'avais une chance de récupérer mes enfants, mais il fallait que je joue serré. J'écrivis une belle lettre à la juge des enfants. Je lui expliquai que j'allais bien, que j'avais une vie stable depuis de longs mois, que mes ressources s'étaient améliorées et à quel point mes enfants me manquaient. Je lui demandai l'autorisation de les retrouver pour passer une semaine de vacances avec eux, et ainsi renouer le contact, car cela faisait trop longtemps que nous ne nous étions vus. Je proposais à la justice de nous laisser aller tous les quatre ensemble à la montagne, à Valloire, chaperonnés par l'association du Secours populaire avec qui j'avais monté ce projet. Ainsi les enfants évolueraient-ils dans un cadre susceptible de rassurer tout le monde.

La juge accepta : j'étais folle de bonheur. Début juillet, ma belle-mère et moi nous donnâmes donc rendez-vous à la gare de La Part-Dieu, à Lyon. J'avais choisi mes vêtements avec soin : je portais une tunique rose pâle, sur un pantalon blanc, et j'avais laissé mes cheveux longs libres. En me regardant dans le miroir, je me trouvai jolie : pour la première fois, j'assumais ma féminité. Et je voulais être belle pour mes enfants.

Lorsque je descendis du train, et que je vis mes enfants sagement postés sur le quai, l'émotion me submergea. Ils avaient changé bien sûr, tellement grandi, mais c'était bien eux, mes fils et fille chéris. Ils coururent vers moi et se jetèrent dans mes bras. Nous sanglotions tous les quatre. Même ma belle-mère avait la larme à l'œil, tout en affichant un immense sourire. Elle était restée un peu en retrait, et me regardait avec étonnement : pour la première fois, elle me voyait sans voile en public.

Passé les premiers moments d'émotion, je me rapprochai d'elle pour la serrer dans mes bras. Je la remerciai avec effusion d'avoir pris soin de mes enfants aussi longtemps, et d'avoir accepté de me les amener. Elle se mit à pleurer :

— Je te demande pardon, ma fille, j'ai été parfois dure avec toi, je le sais. Je regrette, tu étais une brave fille. Tu as beaucoup souffert et tu ne méritais pas ça, ma petite… J'ai sûrement mal agi parfois mais j'étais très inquiète, je voyais bien que ça n'allait pas avec Bachir… Je veux que vous soyez heureux maintenant, toi et tes enfants, je voulais que ces petits anges retrouvent leur mère, j'ai accompli ma mission jusqu'au bout grâce à Dieu. Maintenant, je peux partir tranquille…

Elle me parlait comme si elle avait su qu'elle nous voyait pour la dernière fois.

Je la pris dans mes bras et l'embrassai :

— Merci, Amti, tu as fait la plus belle chose qui soit en me ramenant mes enfants. Dieu t'en saura gré.

— Comment je vais faire pour vivre sans eux maintenant ?, a-t-elle murmuré.

— Ne t'inquiète pas, lui dis-je, tu les reverras aussi souvent que tu le souhaiteras.

J'essayai de lui remonter le moral, et je lui promis de venir la voir avec les enfants.

Les digues cédèrent à cet instant : elle me raconta tout. Depuis que Bachir s'était remarié, elle le voyait de moins en moins. Il ne faisait plus l'effort de parcourir les 85 kilomètres de distance de Lyon à Roanne. Ses enfants, il ne les avait pas vus depuis des semaines.

— Mon fils se conduit mal, il a abandonné ses enfants et sa mère, pleurnichait-elle. Toi, tu es une fille bien, je te regretterai, tu sais !

J'étais une fille bien, mais surtout j'avais été une épouse soumise : sans doute est-ce cela qu'elle regrettait le plus, car sa nouvelle belle-fille, elle, avait visiblement une grande influence sur Bachir…

Ma belle-mère, cette femme, qui par le passé m'avait fait plus de mal que de bien, comprenait enfin qui j'étais. Je regrettai que nous n'ayons pas réussi à nous entendre plus tôt, mais je lui pardonnai bien volontiers ses erreurs.

— Devant Dieu lui dis-je, ce que tu as fait pour tes petits-enfants est magnifique. C'est cela qui compte.

(Par la suite, nous nous téléphonâmes régulièrement, elle se sentait très seule, et ses problèmes de santé s'aggravaient.)

Nous avons pris le train, tous les trois, et nous sommes allés passer des vacances merveilleuses à la montagne. Il faisait incroyablement beau. Nous nous levions très tôt, je préparais des sandwichs, et nous partions en randonnée toute la journée. Les enfants étaient curieux de tout, enthousiastes, tendres : ils étaient heureux. Adam, que je craignais de retrouver aigri après ses deux années en foyer, était au contraire joyeux et aux petits soins pour ses frère et sœur. Il n'avait pas une once de jalousie en lui, pourtant, il aurait pu : Cheïma et Ismaïl, eux, avaient eu la chance de vivre avec leur grand-mère. Lui n'avait pas quitté le foyer. Il n'avait pas vu beaucoup son père, ces deux dernières années. Sa belle-mère, Zoubida, la femme de Bachir, ne voulait pas de lui, même en week-end. Au fil des mois, Cheïma et Ismaïl avaient également reçu de moins en moins de visites de leur père. Il ne leur manquait pas. Lors de l'un des derniers week-ends où Bachir et sa femme Zoubida étaient venus les voir chez la grand-mère à Roanne, Cheïma avait été particulièrement choquée par une scène terrible. Elle avait fait une bêtise, et la punition fut terrifiante.

Alors qu'elle faisait quelques courses avec sa belle-mère, ma fille s'était laissé tenter par un petit carnet, accroché à un porte-clés à 1 euro (ce petit carnet ressemblait étrangement à celui sur lequel elle avait inscrit mon numéro de téléphone, et qui avait été détruit par Zoubida, la femme de Bachir, en même temps que la seule photo que la petite avait de moi).

Sa belle-mère ayant refusé de le lui acheter, elle l'avait volé et mis dans sa poche.

Mais une fois à la maison, alors que Bachir était parti à la mosquée, Zoubida s'en était rendu compte : elle avait d'abord giflé Cheïma, puis, d'un ton dur, le regard noir, lui avait dit que voler était un acte très grave :

— As-tu volé ? Réponds-moi !

— Oui, avait balbutié Cheïma en sanglotant.

— Avec quelle main ?

— Celle-là, gémit-elle en tendant sa main droite.

La femme de Bachir avait alors saisi sa main très fort, en hurlant :

— Tu sais ce qu'on fait aux voleurs au pays du Prophète ? Non ? Eh bien, tu vas le savoir ! On coupe la main qui vole ! On va donc te faire la même chose, on va te la couper, cette main de voleuse !

Cheïma s'était mise à sangloter de terreur, mais cela n'avait pas calmé Zoubida, qui avait prévenu son mari par téléphone. Quelques minutes plus tard, Bachir était entré comme un fou dans la maison, avait attrapé sa fille par les épaules et l'avait secouée brutalement :

— Pourquoi as-tu fait ça ? Réponds-moi !

— Parce que, balbutia Cheïma au milieu de ses pleurs, vous m'avez déchiré mon petit carnet avec le numéro de maman, alors j'en voulais un autre !

Bachir lui répondit le plus sérieusement du monde, d'une voix glacée :

— Tu sais maintenant ce que les Saoudiens font aux voleurs. Ils ont raison ! La main de celui qui vole doit être coupée !

Cheïma, terrifiée, essayait en vain de retirer sa main de l'étau paternel.

Bachir n'a pas coupé la main de sa fille, mais elle a eu si peur qu'aujourd'hui encore elle en fait des cauchemars.

Lorsqu'elle me raconta cette scène, je me revis, des années plus tôt, à La Mecque, découvrant avec horreur le spectacle d'esclaves noirs (oui, ce sont des esclaves puisque traités comme tels par les Saoudiens) aux mains amputées…

À Valloire, nous avions profité de quelques jours de paix et de bonheurs partagés, quand une éducatrice, inconnue de moi, me téléphona. Elle suivait à Lyon le dossier de mes enfants, me dit-elle. Elle connaissait bien mon mari et ma belle-mère. Elle entra aussitôt dans le vif du sujet :

— Madame, vous n'avez pas le droit d'emmener vos enfants avec vous. Vous n'en avez pas la garde, ils sont placés chez leur grand-mère et en foyer !

— Comment ? Mais la juge pour enfants de Rouen m'a autorisée à passer une semaine de vacances avec eux !

— Ce n'est pas le tribunal de Rouen qui décide, madame, administrativement ils dépendent de mon secteur, donc vous allez les ramener.

— Vous plaisantez ? Ça fait deux ans que je ne les ai pas vus !

Elle ne plaisantait pas du tout, et la fureur m'envahit. Si elle avait été face à moi, je pense que je n'aurais pas pu me dominer, je l'aurais giflée. Heureusement, ça n'était pas le cas. Hélas, elle fit un signalement en urgence auprès de la juge des enfants de Lyon, et celle-ci ordonna que je ramène mes enfants aussitôt, cassant ainsi le jugement du tribunal de Rouen. Si je n'obtempérais pas, les policiers viendraient les chercher, m'affirma l'éducatrice. Et quoi qu'il arrive les enfants seraient dorénavant tous les trois placés en foyer, il n'était même plus question de les laisser à nouveau à la garde de leur grand-mère. Je la suppliai qu'on nous laisse au moins terminer notre séjour. Elle refusa, et m'informa qu'elle viendrait en personne les récupérer le lendemain. Je raccrochai, ivre de rage. La colère m'empêchait d'avoir peur. Je venais de retrouver mes enfants, nous étions heureux, il n'était pas question de les remettre à qui que ce soit, encore moins de les abandonner dans un foyer.

Une heure plus tard, mon sac de voyage et les sacs à dos des enfants étaient prêts. Ils avaient parfaitement compris la situation. Je leur avais expliqué que nous allions tous retourner à Rouen, mais que nous ne devions rien dire à personne. Nous devions nous cacher, sans cela l'éducatrice nous séparerait.

Je commandai un taxi par téléphone, et lui donnai rendez-vous à deux cents mètres du chalet, car l'éducatrice avait prévenu tout le monde de sa visite. La chaleur était écrasante, c'était l'heure de la sieste, nous eûmes de la chance, personne ne nous vit prendre la poudre d'escampette.

Le taxi nous laissa à la gare de Valloire, et j'achetai des billets pour Rouen.

Il fallait changer à Lyon, et durant la demi-heure d'attente entre les deux trains, l'angoisse me rongea : j'avais tellement peur de croiser quelqu'un qui pourrait nous reconnaître ! Je tremblais en voyant passer des policiers. J'avais l'impression d'être une sorte de fugitive, une hors-la-loi. J'avais avec moi le courrier du juge de Rouen qui m'autorisait à prendre mes enfants pour la semaine, mais je craignais que cela ne suffise pas : cette éducatrice m'avait prise en grippe, sans doute sous l'influence de mon ex-mari, et elle était déterminée à me séparer de mes enfants.

Je tâchai toutefois de ne pas communiquer ma peur aux enfants.

Avant de partir, j'avais réservé une chambre dans un tout petit hôtel à Rouen : je ne voulais pas aller dans le studio, persuadée que l'éducatrice nous poursuivrait jusque-là, et nous y dormîmes tous les trois, exténués. Le lendemain je pris les devants, j'appelai l'éducatrice de l'Aide sociale à l'enfance qui gérait mon dossier auprès du tribunal de Rouen. Je lui expliquai la situation, et demandai officiellement sa protection, mais je refusai de lui donner notre adresse. Nous nous donnâmes rendez-vous sur un parking. J'avais pris soin d'habiller les enfants avec des vêtements propres et repassés. Nous avions déjeuné dans un kebab, ils étaient souriants, à les regarder, on comprenait tout de suite qu'ils étaient heureux d'avoir retrouvé leur mère. Le rendez-vous avec les représentants de l'Aide sociale à l'enfance fut assez incongru : la chef du service, que je connaissais, était venue en personne, accompagnée d'un éducateur qui nous bombarda de questions. Une sorte d'interrogatoire de police. Chacun à leur tour, Adam, Cheïma puis Ismaïl durent les convaincre qu'ils m'avaient suivie de leur propre volonté, et qu'ils ne voulaient pas me quitter. Ensuite, l'éducateur me dit que j'avais l'air fatigué. Je savais à quoi il pensait : j'avais été malade, peut-être étais-je en dépression comme le disait mon ex-mari, et, qui sait, peut-être étais-je dangereuse pour mes enfants…

— Madame B., vous avez fumé ?

Je tombai des nues :

— Fumé ? Je ne bois pas d'alcool et je n'ai jamais fumé, même pas de cigarette !, répondis-je calmement.

Les deux éducateurs, au départ très méfiants, se radoucirent peu à peu. Je répondis en toute franchise à leurs questions, leur racontai comment s'étaient passées nos retrouvailles, comment se déroulaient nos journées à Valloire, et comment nous nous étions enfuis pour ne plus être séparés.

Ma sincérité sans doute les convainquit. L'éducatrice prit la parole :

— Madame B., vous pouvez rentrer chez vous avec vos enfants, me dit-elle. Je vais contacter la juge des enfants, qui attend mon rapport. Je vais vous aider. Je vais lui demander de prendre une décision en votre faveur, mais je ne vous garantis rien, c'est elle qui décide. J'espère que vous aurez un nouveau jugement, qui annulera le précédent : vous pourrez alors garder vos enfants.

Au moins avions-nous réussi à les convaincre. J'étais fière de moi, et pleine d'espoir.

Le lendemain même, j'appris que la juge décidait en urgence d'un « placement au domicile de la mère ». Un éducateur viendrait chaque semaine chez nous, voir comment nous vivions. Je bondis de joie devant mes enfants, les pris dans mes bras en pleurant :

— On ne va plus être séparés, les enfants !

Eux aussi criaient et chantaient, ils étaient heureux, nous allions enfin pouvoir reconstruire notre vie ensemble !

Nous avions gagné !

Dans mon tout petit studio, nous avions à peine assez d'espace pour bouger, et nous n'avions qu'un clic-clac pour nous quatre. Autre difficulté, l'eau était coupée car je n'avais pas payé la facture à temps, et j'allais chercher des seaux d'eau chez un voisin pour boire et nous laver. Qu'importe ? Nous étions heureux. Je n'arrêtais pas d'embrasser mes enfants, de les câliner, et eux aussi s'accrochaient à moi. Nous étions enfin à nouveau réunis. Dans les semaines qui suivirent, je récupérai aussi mes droits pour la venue d'Adam à la maison, mais il restait administrativement confié à l'ASE, l'Aide sociale à l'enfance. Pour la justice, en tout cas, je n'étais plus une pestiférée. Nous étions à nouveau une vraie famille.

Je me mis en quête d'un logement un tout petit peu plus grand, avec toujours autant de détermination. J'eus énormément de chance : sur le site gratuit Le Bon Coin, je trouvai une annonce pour un trois-pièces, et pris immédiatement rendez-vous avec le propriétaire. Je me préparai avec soin, pris toutes mes fiches de paye, y compris celles des petits boulots qui n'avaient duré que quelques jours et je tentai le tout pour le tout. Le propriétaire était un chef d'entreprise à qui je n'essayai pas de mentir. Je lui expliquai que j'avais besoin d'urgence d'un toit, que j'étais une maman avant tout, une femme sérieuse, et que payer mon loyer serait toujours ma priorité. Il me fit confiance. Nous avons donc déménagé, une fois de plus, cette fois dans un joli appartement avec deux chambres, à Sotteville-les-Rouen.

En septembre, les petits firent leur rentrée dans leur nouvelle école, et Adam dans son nouveau collège. Ils avaient des vêtements tout neufs, ils étaient contents, et moi encore plus ! J'étais fière d'eux, et les pris en photo devant l'école.

Tout se passa bien pour Cheïma et Ismaïl. Ils étaient très complices. Mais ce fut beaucoup plus compliqué pour Adam.

Au foyer, il avait pris de très mauvaises habitudes. Il mentait effrontément, ce qu'il ne faisait pas avant. Il commença par sécher les cours, mais comme il partait avec son sac à dos et ses affaires scolaires, il me fallut plusieurs semaines pour m'en rendre compte. Il avait, me disait-il, « oublié » ou « perdu » son carnet scolaire, je ne voyais donc pas les mots des profs. Il subtilisait dans la boîte aux lettres le courrier en provenance du collège. La proviseure me convoqua, et je tombai des nues. Le soir même, quand je rentrai, bien décidée à mettre les choses au point avec lui, il n'était pas à la maison. Il n'avait rien dit aux enfants en partant. Quand arriva la nuit, je passai de la colère à l'angoisse : et s'il avait fugué ? S'il était parti définitivement pour ne pas se faire disputer ? Je retardai le plus possible le moment d'aller au commissariat déclarer sa fugue : je savais qu'on le placerait à nouveau en foyer. À 22 heures, de plus en plus angoissée, je m'habillai pour y aller quand même, la mort dans l'âme, lorsqu'il ouvrit la porte. J'éclatai en sanglots, à la fois extrêmement soulagée et folle de rage. Je lui criai qu'il n'avait pas le droit de se conduire ainsi, qu'il m'avait rendue folle d'angoisse, et que je voulais savoir où il passait ses journées puisqu'il séchait les cours. Il se montra arrogant. Il se moqua de moi, me disant que je ne comprenais rien. Des paroles banales chez un préadolescent en révolte. Mais lorsque je lui enjoignis sans ménagement d'aller dans sa chambre et d'y rester jusqu'au lendemain, il se retourna vers moi en un éclair, et me repoussa brutalement. Puis il claqua la porte de sa chambre et tourna la clé dans la serrure. Il me fallut de longues minutes pour me calmer. Je m'étais violemment cognée contre le mur, j'avais mal à l'épaule, et j'étais très choquée par l'agressivité de mon fils. Cette nuit-là je dormis très mal, me repassant mentalement la scène, me demandant si j'avais mal agi, si j'avais été trop intrusive, si Adam avait des soucis dont j'aurais dû me rendre compte. Je décidai de faire comme si rien ne s'était passé. Sans doute n'était-ce pas une solution judicieuse mais je ne savais pas comment me comporter. Je me sentais coupable. Savais-je encore être une mère ? Le lendemain, Adam était transformé, gentil, et même attentionné. Nous ne reparlâmes ni de la dispute, ni de sa brutalité, ni du fait qu'il séchait les cours. Durant quelques semaines, tout sembla rentrer dans l'ordre.

J'oubliai l'épisode désagréable. Et puis un matin, Adam refusa de se lever pour aller au collège.

— Fous-moi la paix ! hurla-t-il lorsque j'insistai.

Il m'insulta. C'était la première fois qu'il me parlait ainsi, et je fondis en larmes. Un quart d'heure plus tard, il vint me demander pardon. Cette fois encore, je décidai de passer l'éponge, mais au fond de moi je savais que le conflit ne faisait que débuter. Durant plusieurs semaines, j'essayai de comprendre ce qui n'allait pas. Adam cultivait le goût du secret, il ne ramenait jamais de camarades à la maison. Il disait qu'il allait les rejoindre pour jouer au foot. Mais un soir une connaissance me dit qu'elle l'avait vu dans la rue en plein après-midi, alors qu'il aurait dû être en cours. Il était adossé à un mur, au milieu d'un groupe de jeunes beaucoup plus âgés que lui. Tous fumaient, et des canettes de bière s'entassaient à leurs pieds. J'étais totalement désemparée. La situation m'échappait, je me sentais oppressée, écartelée entre l'envie de le bombarder de questions et celle de fermer lâchement les yeux. J'étais sûre qu'Adam ne me pardonnerait pas de m'immiscer dans sa vie. Mais je devais agir en mère responsable. Alors, chaque matin, je lui demandais à quelle heure il finissait les cours, et j'insistais lourdement pour qu'il rentre directement à l'appartement. Il ne me répondait jamais vraiment, haussait les épaules, et claquait la porte. Il commença à sortir le soir, à rentrer à point d'heure. Je me retournais dans mon lit jusqu'à ce que j'entende le bruit de sa clé dans la serrure. Un soir, n'y tenant plus, je tentai de l'empêcher de sortir. Il m'insulta et me repoussa en hurlant :

— Dégage le passage !

Je contactai le collège : il n'y avait plus mis les pieds depuis deux semaines. Cette fois, il fallait agir. Lorsque je lui dis que ça ne pouvait pas durer, il me regarda fixement et donna un violent coup de poing dans le mur avant de sortir quand même, en m'insultant. J'entendis alors Ismaïl sangloter dans sa chambre. Moi aussi, je pleurais en silence, le front appuyé sur la porte d'entrée. Cheïma vint m'entourer de ses bras. Bien sûr je savais, depuis des semaines, que ça ne pourrait pas durer ainsi bien longtemps. Il fallait me rendre à l'évidence, j'étais tout simplement incapable de gérer mon fils aîné. J'avais présumé de mes capacités de mère. Je savais qu'Adam m'en voulait d'avoir été placé en foyer à Lyon alors que son frère et sa sœur vivaient chez leur grand-mère. Ce n'était pas ma décision, j'étais à l'hôpital lorsque son père avait choisi cette solution. Pourtant c'est à moi qu'Adam en voulait. Je pensais pouvoir calmer sa colère avec de l'amour : j'avais échoué. Je me sentais infiniment coupable. Et j'avais peur de lui.

Quand l'éducatrice, comme chaque mois, vint nous voir, je lui expliquai la situation. Elle me devança :

— Madame B., ce n'est pas la peine de laisser la situation s'envenimer entre vous. Je crois effectivement qu'Adam vous en veut beaucoup, il vaut mieux dans un premier temps qu'il s'éloigne. Ce sera bénéfique pour vous deux. Je vais demander son placement au foyer de Rouen, il ira au collège, et vous pourrez le voir le week-end, au foyer dans un premier temps. Si ça se passe bien, il pourra venir chez vous par la suite.

Adam fut donc de nouveau placé en foyer, à Rouen cette fois. C'était le plus gros échec de ma vie.

Sur Messenger, en privé, je confiai à Zoubeyr, mon « confident », cette cruelle déception, et la culpabilité que j'éprouvais de n'avoir pas su élever mon fils. Il me répondit très gentiment, comme à chaque fois, m'expliquant que j'avais fait ce que j'avais cru devoir faire, et que personne n'avait le droit de me juger. Il me conseilla des lectures pour m'apaiser.

Alors que j'étais fragilisée par mon échec avec Adam, je fis la connaissance de Farid. Je croisais souvent cet homme sur son drôle de vélo, et nous avions sympathisé. Il élevait seul sa fille de 12 ans. La mère de sa fille était toxicomane, ils s'étaient séparés et il avait demandé, et obtenu, la garde de la petite.

Il était très rare à l'époque de voir un père de famille célibataire. Ce point commun nous rapprocha. Après plusieurs semaines, Farid m'invita à boire un café. Peu à peu, nous nous rapprochâmes l'un de l'autre. Il me plaisait beaucoup. Le visage émacié, brun, un regard de braise, il était grand et baraqué, très attirant. Il parlait vite, riait beaucoup, et cela faisait bien longtemps qu'un homme ne m'avait pas traitée avec autant d'égards. J'étais séduite, et son côté entrepreneur et businessman m'impressionnait. Il avait monté une petite société dans la publicité et faisait lui-même la communication en distribuant ses flyers à vélo. Mais j'avais beau être beaucoup plus ouverte qu'avant en ce qui concerne les relations « homme-femme », j'envisageais difficilement que nous puissions être amants. J'avais toutefois suffisamment confiance en Farid pour lui avoir raconté de nombreux épisodes de ma vie avec Bachir. Il disait me comprendre. Farid m'avait raconté son parcours difficile et aussi à quel point il tenait à sa fille. Je trouvais cela touchant : mon ex-mari avait abandonné ses enfants, et lui, Farid, se battait pour élever seul sa fille. Il avait ses propres horaires, cela l'arrangeait car il pouvait ainsi la récupérer chaque jour à 16 h 30 à l'école. Il venait la chercher, nous discutions, il nous raccompagnait, les enfants et moi, en bas de notre immeuble. Il laissait souvent sa fille chez sa mère à lui, chez qui il dormait parfois depuis son divorce. Puis il repartait travailler. Sa petite société avait l'air de bien marcher, Farid était toujours vêtu avec soin, et conduisait une belle voiture.

Puis un jour je n'eus plus du tout de nouvelles de Farid. Je m'inquiétais. J'attendis quelques jours, puis j'abordai dans la rue une femme que j'avais vue quelques fois avec lui, une collègue de travail, pensais-je. Je lui demandai des nouvelles de Farid. Était-il malade ? Elle me regarda d'un air étrange.

— Vous le connaissez bien ? Depuis longtemps ?, finit-elle par me demander.

Je rougis.

— Bien, non, mais… Nous nous connaissons un peu, quand même !

— Ah ? Et vous n'avez pas du tout d'idée concernant l'endroit où il peut être allé ?, me demanda-t-elle d'un ton brusque.

— …Non ! Où ?

Elle était accompagnée d'une petite fille. Elle attrapa la main de la fillette, et, baissant le ton, elle ajouta :

— Sa sœur m'a dit qu'il est en garde à vue, les flics l'ont serré.

Puis elle partit à grandes enjambées. J'étais sidérée. Je m'étais attendue à une mauvaise nouvelle, j'avais peur qu'il ait eu un accident, qu'il ait été hospitalisé, mais je n'avais sûrement pas pensé à la case prison ! Pour moi il était clair jusque-là que Farid était un mec bien.

Il me fallut quelques jours d'enquête pour apprendre la vérité. Le gentil, le doux, le prévenant Farid, faisait « travailler des filles ». Il était « tombé » pour proxénétisme.

Ainsi donc, j'étais tombé sous le charme d'un truand, un proxénète. J'aurais voulu disparaître dans un trou de souris. Comment avais-je pu être aussi stupide ? Aussi aveugle ? Aussi naïve ? J'avais cru tout ce que Farid m'avait raconté. Sa société, sa voiture, son argent : c'est en mettant des filles sur le trottoir qu'il les avait gagnés. Des filles comme moi ? Le choc était cruel.

Le lendemain, avant de sortir, je couvris minutieusement ma chevelure d'un foulard gris. Je ressentais le besoin de me protéger à nouveau du regard des humains. Deux jours plus tard, je ressortis un jilbab marron de l'armoire. Je pourrais écrire : c'était reparti pour un tour. Vu de l'extérieur, c'était bien ça, j'avais fait comme Samira. J'avais mis le voile, puis le jilbab, puis le niqab. Et, comme elle, j'avais tout enlevé, et vécu en « femme libre ». Comme elle, au premier coup du sort, je me dissimulais à nouveau sous ces attributs religieux. Pourquoi ? Parce qu'ils étaient mon seul rempart. Une fois de plus, un homme avait trompé ma confiance. Puisque j'étais incapable de trier le bon grain de l'ivraie, puisque je ne pouvais pas faire confiance à mon intuition, il fallait que je me protège. Au moins mon jilbab éloignerait-il de moi tous ceux qui craignaient l'islam. C'était un premier tri. Quant aux hommes, salafistes qui oseraient me draguer, je les connaissais par cœur, je saurais comment m'en défendre. Le chemin que Dieu m'indiquait était bien celui de l'humilité et de la pudeur. J'allai jusque dans une boutique islamique et y dépensai tout mon maigre salaire : j'en ressortis avec une dizaine de jalabib et même un niqab…

Du jour au lendemain, les institutrices me virent donc à la sortie de l'école vêtue de jalabib. Elles me regardaient d'un œil inquiet. Je laissai aussi perplexe l'éducatrice qui venait encore une fois par semaine à la maison :

— Madame B, je ne vous comprends pas ! Vous aviez fait le plus dur !, me dit-elle.

Au foyer, Adam s'était un peu calmé. Quand j'allais le voir, tout se passait bien.

Je lui proposai de revenir à la maison, à condition qu'il n'ait plus d'accès de violence comme par le passé. Il refusa. Mon fils, à nouveau, espérait pouvoir vivre avec son père.

C'est ce moment-là de ma vie que mon père choisit pour m'annoncer une nouvelle qui allait enfin m'ouvrir les portes d'un véritable métier : en tant que fille d'ancien militaire j'avais droit à « un emploi réservé dans la fonction publique ». Les détails, je les découvris avec l'agent administratif de la préfecture, qui m'indiqua la procédure à suivre. Il me demanda au sein de quelle administration j'aimerais travailler. Je me pris à rêver d'un emploi qui me permettrait d'aider les autres, et je postulai auprès du ministère de la Justice.

En février, une fonctionnaire de ce ministère me contacta, pour savoir si un emploi de greffier m'intéresserait. Sur le moment, je répondis calmement que oui, bien sûr… Et dès qu'elle eut raccroché, après m'avoir indiqué qu'elle m'envoyait les papiers à remplir pour postuler, et qu'il faudrait aller à Paris place Vendôme pour un premier entretien, je sautai de joie : greffière ! J'allais postuler à un véritable emploi, dans un vrai ministère ! À Paris ! Place Vendôme ! La Justice ! Je me souviens encore de la réaction enthousiaste de Cheïma et Ismaïl : ils ne savaient pas ce qu'était un greffier

– moi pas tellement non plus d'ailleurs ! – mais ils voyaient que leur maman était sur un petit nuage.

Que la France en soit ici remerciée : cette opportunité qui m'a été offerte – travailler pour le ministère de la Justice – a changé ma vie.

Lorsque, trois jours après le coup de téléphone, je reçus le dossier d'inscription, je le renvoyai aussitôt. Dans la foulée, arriva une convocation. Pour moi, c'était énorme : cette fois, c'était la République elle-même qui me tendait la main ! J'étais folle de joie et de reconnaissance.

Le matin du rendez-vous, je me réveillai à l'aube. La gare n'était pas très loin, mon train partait une heure plus tard, je serais à 9 heures à Paris. Le temps de me perdre – je connaissais très mal Paris – je serais à l'heure au rendez-vous.

Je me regardai longuement dans la glace de la salle de bains. Je fixai ces grands yeux marron, et leurs paupières un peu tombantes. Ces pommettes hautes, ces sourcils arqués et ce menton pointu. Ce nez un peu long. Cette chevelure brune, épaisse et bouclée. Cette cicatrice sur mon arcade sourcilière, qui témoignait de mon passé chaotique, et des coups que j'avais reçus enfant… Une cicatrice comme symbole de ma ténacité, malgré un chemin semé d'embûches. Mon image. Mon visage. C'était un visage honnête, un regard franc. C'était moi. Je ne me cacherais plus jamais.

Je n'avais plus peur de Dieu, car Il savait que j'étais une femme honnête, que mon cœur était bon (« un cœur blanc », comme disent les Arabes). J'étais une musulmane respectueuse de sa religion, même si je ne faisais plus les cinq prières à l'heure requise : ça n'était pas compatible avec une vie sociale et professionnelle. L'islam permet d'ailleurs de « rattraper » les prières manquantes, le soir, quand on est tranquille chez soi. Mais le soir j'étais épuisée. Parfois je ne prenais même pas le temps de dîner, je me couchais directement. Qu'importe ? Dieu savait, il connaissait ma vie, mon combat pour sortir de la galère, pour protéger mes enfants. Dieu m'aimait comme j'étais. Pour la dernière fois, j'enlevai mon voile.

Vêtue d'un tailleur, d'escarpins à talons, je partis la tête haute vers mon destin.

Au ministère, je fus reçue dans une petite salle, avec une dizaine d'autres candidates. Il fallait remplir un questionnaire, puis chacune d'entre nous fut appelée pour un entretien. Je me retrouvai face à un homme et une femme. Ils étaient sympathiques, souriants, mais ils me posèrent de nombreuses questions sur mon parcours, et parfois j'en eus des sueurs froides : je ne pouvais pas leur dire que les trous dans mon CV s'expliquaient par le salafisme ! Je bottai parfois en touche, et insistai sur le fait que j'avais élevé mes enfants et fait de nombreux petits jobs. La femme me demanda si je pouvais être mobile. Je répondis aussitôt que oui. J'étais prête, leur expliquai-je, à de nombreuses concessions, car je voulais absolument obtenir cette formation, et m'investir à fond. Je crois que je leur ai plu. Une semaine plus tard, je reçus un courrier du ministère de la Justice, avec le tampon et le drapeau bleu-blanc-rouge, m'indiquant que ma candidature à la formation de greffier était acceptée ! Je devais commencer le 29 mai à l'École nationale des greffes à Dijon. Mon rêve se réalisait !

L'État me tendait la main, et m'ouvrait une porte, celle qui allait me mener à la liberté. J'allais porter une robe noire, apparentée à celles des magistrats et des avocats : une robe aussi noire et aussi longue que mes anciens jalabib ou niqabs… Quelle revanche !

J'allais devenir pour mes enfants l'exemple à suivre. Ils comprendraient que leur maman était capable de réussir malgré les embûches, que les études servent à quelque chose, et ils apprendraient ainsi qu'il ne faut jamais baisser les bras.

Ce soir-là, je cuisinai un repas de fête, et Cheïma, Ismaïl et moi passâmes la soirée à danser et à rire. Quand j'annonçai la grande nouvelle à l'éducatrice qui me suivait, elle me tomba dans les bras :

— Madame B., je suis si fière de vous ! Vous êtes très courageuse ! Si toutes les femmes que je suis pouvaient être comme vous, ce serait formidable ! Tout ce que vous avez fait en un an, c'est génial ! Vous avez réussi à récupérer vos enfants, vous avez prouvé que vous étiez capable de vous en occuper, vous avez trouvé un métier ! Vous allez pouvoir fermer le clapet de tous vos détracteurs !

Chapitre 10

ZOUBEYR

Oui, j'étais fière de moi. Vraiment. J'avais enfin réussi quelque chose, seule. J'allais étudier, puis travailler, être en poste au ministère de la Justice, moi, l'ancienne salafiste !

Je laissai éclater ma joie sur Facebook : je postai une photo de moi comme photo de profil, prise par Mariama, une fille que j'avais rencontrée à la foire de Rouen : j'étais maquillée, les cheveux longs et détachés, je portais un blouson léger de cuir, et une jupe fluide. J'avais l'air heureux, mieux : je rayonnais. Mes enfants me félicitèrent, ils adoraient cette photo :

— Maman, on dirait une rockeuse !, répétaient-ils.

Mais à peine la photo postée, je reçus un message de Zoubeyr, le prédicateur théologien avec qui je correspondais régulièrement.

— Salam Alaykoum, Henda, que la paix soit sur toi. Comment vas-tu, ma chère sœur ? Je tenais à te dire que je suis surpris par ce que tu viens de faire.

— Alaykoum Salam, monsieur Zoubeyr. Surpris de quoi ?

— Poster cette photo, ce n'est pas bien.

Mortifiée, je lui demandai pourquoi.

— Parce que tu es maquillée, et en veste de cuir, tu risques d'attirer l'attention…

Je me sentis à la fois gênée, et contrariée par son reproche. Son avis était essentiel pour moi, il ne m'avait jusqu'ici jamais jugée, mais au contraire toujours conseillée, aidée et apaisée. Avait-il raison ? Ma tenue, mon attitude étaient-elles choquantes ? Je m'apprêtai à m'excuser et à clore la discussion, mais il me relança. Pour la première fois, il entreprit de me poser des questions plus précises sur moi. La conversation prenait un tour plus personnel. Cela m'étonna, à tel point que je commençai à douter : ça ne pouvait pas être le théologien réputé, voire même vénéré, qui me parlait ainsi sur Facebook ! Cette fois, il ne s'agissait pas de conseils éthiques ou religieux, mais d'une discussion à bâtons rompus, comme pourraient l'avoir deux amis proches… Non, décidément, impossible que ce soit vraiment lui, jamais il n'aurait ainsi perdu son temps en futilités avec moi. Un mauvais plaisantin avait sans doute piraté son compte. Je le prévins donc que j'avais compris l'entourloupe : il se faisait passer pour Zoubeyr, mais il n'était pas Zoubeyr.

Il fût très vexé et s'offusqua : puisque je ne le croyais pas, nous n'avions qu'à nous parler par Skype : je me rendrais ainsi compte par moi-même.

J'acceptai, et allumai ma web-cam : le visage de Zoubeyr apparut, et je fus stupéfaite. Il me souriait de toutes ses dents, l'œil amusé, et il était aussi beau que ce que j'avais pu en voir à la télévision. Mais j'avais encore des doutes, et lui dis qu'il pouvait n'être qu'un sosie ! Cette fois, il se fâcha pour de bon :

— Tu me traites de menteur, Henda ? Je ne supporte pas le mensonge, sache-le, et je suis très déçu de ta réaction. Nous allons en rester là.

Il me tutoyait ! Le sang me monta au visage. Je balbutiai des mots inintelligibles, et lui demandai aussitôt de bien vouloir me pardonner :

— Je suis confuse, vraiment, excusez-moi, mais comprenez-moi (impossible de le tutoyer !), je n'en ai pas cru mes yeux et mes oreilles ! Que vous m'accordiez de votre temps, c'est extraordinaire, je sais que vous êtes tellement pris ! J'ai tellement d'admiration pour vous ! Et il y a tellement de gens malintentionnés sur Facebook, j'ai cru qu'on avait piraté votre compte !

Il se radoucit aussitôt.

— Comment, Henda, c'est mon rôle d'accorder du temps et de l'attention à ceux qui en ont besoin ! Et tu en as besoin. Si tu le souhaites, d'ailleurs, nous pouvons même nous rencontrer.

J'étais abasourdie. Jamais je n'aurais osé imaginer que cet homme, que j'idolâtrais depuis mes 18 ans, accepterait finalement de me recevoir.

— Sache que vous réaliseriez ainsi un de mes plus grands vœux !, lui répondis-je aussitôt. J'ai toujours rêvé de vous rencontrer pour de vrai ! Si c'est possible, je peux me déplacer et venir à Paris, ou ailleurs si vous préférez ! Quand vous le souhaitez !

Mon enthousiasme le fit rire. Il me demanda mon numéro de téléphone, et me promit de me rappeler le lendemain.

Cette nuit-là, je rêvai de lui..

Quand il m'appela, le lendemain, je reconnus aussitôt sa voix chaude et calme. Elle m'était familière, depuis toutes ces années passées à écouter certaines de ses conférences ou à le suivre dans les médias. Il devait donner une conférence à Paris la semaine suivante, et me demanda si, pour raisons pratiques, je pourrais le retrouver à l'hôtel dans lequel il descendait systématiquement à Paris. Nous boirions un café ensemble, entre deux de ses interventions.

Je raccrochai, sur un petit nuage. Impossible d'empêcher mon imagination de divaguer : cet homme, pour lequel j'avais une admiration sans borne, allait me recevoir, moi, Henda, nous allions discuter librement, je pourrais lui dire à quel point ses écrits m'avaient marquée, et comment il m'avait donné le désir d'être une bonne musulmane, et de porter le voile... Bien sûr, il fallait que je fasse très très attention, je me connaissais, je savais que je risquais de m'emballer, j'étais capable de tomber folle amoureuse de lui, or il n'en était pas question : il était marié, je le savais !

Cette nuit-là, je dormis très mal. Ce rendez-vous avec Zoubeyr était si incroyable que je ne pus le garder pour moi. Au matin, j'appelai Mariama, l'amie que j'avais rencontrée à la Foire de Rouen, et lui racontai toute la discussion. Elle aussi admirait le grand théologien, et au début, comme moi, elle refusa de croire que c'était bien lui qui m'avait appelée. Je lui montrai nos échanges sur Facebook, et nos SMS, et elle finit par admettre la réalité.

— Non mais quelle chance tu as !!! me dit-elle alors. Incroyable ! Je t'envie ! Tu me raconteras, hein ?!

Durant les jours qui suivirent, je peinais à penser à autre chose qu'au rendez-vous. Je m'y préparais mentalement, et je fis de multiples essayages devant la glace : je voulais certes être jolie, mais aussi pudique, pour ne pas choquer Zoubeyr. Je me décidai pour une jolie jupe noire, droite, avec une petite ceinture, et une chemise tigrée un peu chic. Je portais des collants, un trench noir et des bottines à talons. Je m'étais fait un brushing, mais je pris soin de prendre avec moi un petit foulard noir, au cas où Zoubeyr soit déçu de me voir sans voile… Dès l'arrivée à Paris, je filai chez Mariama. Il pleuvait, et j'arrivai trempée. Elle m'aida à sécher mes vêtements, et à me recoiffer, elle semblait presque aussi stressée que moi !

Zoubeyr m'envoya son numéro de chambre d'hôtel, et me demanda de le rejoindre en taxi, le plus discrètement possible. Cela me surprit, car je pensais que nous allions boire un café au bar de l'hôtel. Mais je me repris : les musulmans « normaux » n'étaient pas obsédés par la mixité, il n'y avait aucun mal pour une femme à se retrouver seule avec un homme, c'était du temps où j'étais salafiste que cela était totalement proscrit ! Certes, un rendez-vous dans une chambre d'hôtel, cela pouvait prêter à confusion, mais je comprenais bien son souci de discrétion : si nous nous retrouvions dans le hall de l'hôtel, des dizaines de personnes viendraient nous déranger pour le saluer.

— Si je veux pouvoir te consacrer un peu de temps, m'avait-il dit, puisque tu as beaucoup de questions à me poser, il faut que nous soyons seuls.

De toute façon, j'avais totalement confiance en lui, et je fis comme il le souhaitait : quand j'arrivai à son étage, à travers la porte de sa chambre, je l'entendis parler au téléphone. C'était bien sa voix. Je frappai. Ce fut un grand moment : car c'était bien lui, Zoubeyr, qui se tenait devant moi. Il était grand, et encore plus beau qu'à la télévision... Il me sourit, me pria d'entrer. Sa chambre était grande, impersonnelle. Il referma la porte derrière moi, et me tendit une assiette remplie de pâtisseries orientales qu'il prit sur une table basse : on venait de les lui offrir, me dit-il, lors de sa conférence.

J'en pris une pour ne pas me montrer impolie, mais j'avais la gorge nouée, je la gardai bêtement à la main... Je me sentais à la fois très intimidée, et profondément heureuse de me trouver face à cet homme admirable. Zoubeyr reposa les gâteaux, en me tournant le dos. Je restai debout, un peu raide, très intimidée. Brusquement, il se retourna vers moi, m'enlaça, et m'embrassa fougueusement. Je m'étais d'abord raidie sous l'effet de surprise, mais je me laissai très vite aller. Ses mains me tenaient solidement aux épaules, ses lèvres étaient douces et sa barbe me chatouillait la joue. J'étais bouleversée. Cet homme m'avait fait venir, il m'embrassait, cela voulait forcément dire que pour lui aussi ce moment était important. Sa voix chaude murmurait à mon oreille, j'avais le sentiment de vivre un rêve. Je me sentais délicieusement soumise. Il m'embrassa, et je m'abandonnai...

Hélas, le rêve se transforma peu à peu en cauchemar. À mes yeux, et à ceux de milliers de personnes, cet homme incarnait la sagesse, la mesure, la maîtrise de soi. Son seul but, croyais-je, était de m'aider, moi, et tous les musulmans qui comme moi avions parfois des doutes et besoin de nous appuyer sur un guide éclairé. Lui savait quel islam il fallait pratiquer, sereinement, pour être un bon citoyen musulman, au quotidien, dans notre démocratie. Or cet homme, Zoubeyr, se transforma sous mes yeux en un être vil, vulgaire, agressif aussi bien physiquement que verbalement. Par pudeur, je ne donnerai pas ici de détails précis sur les actes qu'il m'a fait subir. Il suffit de savoir qu'il a très largement profité de ma faiblesse, et de l'admiration que je lui vouais. Il s'est permis des gestes, des attitudes et des paroles que je n'aurais jamais pu imaginer. Et quand je me suis rebellée, quand je lui ai crié d'arrêter, il m'a insultée et humiliée. Il m'a giflée. Il m'a violentée. J'ai vu à son regard fou qu'il n'était plus maître de lui-même. J'ai eu peur qu'il me tue. Je voulais partir mais en même temps je n'arrivais pas à croire à la réalité de ce que j'étais en train de vivre, que c'était bien lui, Zoubeyr, qui me traitait ainsi. J'étais complètement perdue. Je me mis à pleurer sans retenue. Il se moqua de moi. Je me souviendrais toujours de ses mots :

— Alors, petite, tu pleurniches ? Arrête de jouer les malheureuses ! Tu ne savais pas ce qu'était un homme, hein ? Eh bien, maintenant tu le sais !

J'étais effondrée, je me sentais sale, humiliée, meurtrie, mais lui me répétait que j'étais trop sensible et trop fragile, que j'étais une petite fille, pas une vraie femme.

Puis il décida qu'il était temps qu'il parte à son nouveau rendez-vous. Il m'obligea à quitter la chambre bien avant lui, seule, afin que personne ne nous voie ensemble. Je me rendis compte après qu'il avait glissé un billet dans mon sac. Comme si j'étais une prostituée…

— Pas du tout, me dit-il, lorsque je le lui reprochai. C'était pour le taxi !

Je rentrai à Rouen, malade de honte, complètement décontenancée. Durant les jours qui suivirent mon retour, je fis un cauchemar récurrent : Zoubeyr s'agenouillait pour faire la prière, puis il se relevait rapidement et courait vers moi en hurlant… À Mariama qui bien sûr me demanda immédiatement comment s'était passé mon rendez-vous, je dis que tout allait bien…

Plus je réalisais ce qui s'était passé dans cette chambre d'hôtel, plus je me sentais mal. J'en voulais à Zoubeyr, bien sûr, mais au fond de moi je me disais qu'il avait peut-être raison : je manquais cruellement d'expérience, je ne savais pas ce qu'était l'amour, et qui sait, peut-être mon comportement l'avait-il poussé à se montrer violent.

Je n'avais pas su combler ses attentes. Il m'avait dit que je n'étais pas une vraie femme, donc je l'avais déçu. Or je ne voulais pas le perdre. Je ne voulais pas qu'il m'oublie. Je me sentais coupable ! J'étais sous son emprise.

Sur Facebook, je lui envoyai à nouveau des messages privés.

Je lui dis que la prochaine fois j'essayerais de mieux faire.

Il me répondit. Il s'excusa, non pas de m'avoir humiliée et giflée, mais d'avoir commis l'erreur de me traiter comme une femme d'expérience et non comme la jeune femme immature que j'étais encore... Il était d'accord pour que nous continuions à nous voir, à la condition absolue que personne dans mon entourage ne soit mis au courant. Ce n'était pas à cause de sa femme, me dit-il, car il y avait bien longtemps qu'elle et lui n'entretenaient plus que des relations de frère et sœur. Et de toute façon la polygamie pouvait aider à gérer ce type de problèmes. Non, ce n'était pas à cause d'une autre femme que je devais être discrète, mais parce que Zoubeyr tenait absolument à protéger sa vie privée. S'il apprenait que j'avais parlé de notre relation à quelqu'un, il cesserait immédiatement tout contact avec moi. L'avais-je fait ?

— Bien sûr que non, répondis-je aussitôt. Personne ne sait.

Je m'en voulus beaucoup de mentir ainsi, mais je n'avais pas le choix : j'avais trop peur de le perdre. Or, de toute façon, il était beaucoup trop tard pour protéger un secret, Mariama était au courant de mon premier rendez-vous avec Zoubeyr avant même que je ne m'y rende ! Et de toute façon j'étais incapable de garder ça pour moi. Cette relation me dépassait, j'avais besoin d'extérioriser mes sentiments, mes émotions. Cela me permettait aussi de prendre de la distance vis-à-vis de lui, en observant et en réfléchissant aux réactions de mes amis : ceux, hommes et femmes, qui apprenaient que j'entretenais une « correspondance » avec Zoubeyr étaient impressionnés, car tous l'admiraient. Quand elles apprirent que je l'avais rencontré et qu'il m'avait embrassée (je ne rentrais pas plus avant dans les détails), plusieurs copines me firent une vraie crise de jalousie ; deux copains me dirent par contre qu'ils étaient choqués, et jugeaient notre relation anormale, puisque Zoubeyr était marié. Je bredouillais qu'il était quasiment divorcé...

Au téléphone, sur Skype, ou par SMS et Facebook, Zoubeyr et moi continuions à dialoguer. Je me sentais comme droguée. Mais plus les jours passaient, plus la scène de l'hôtel s'ancrait en moi, et plus la colère et la honte me tourmentaient. J'aimais et je détestais cet homme. Je crevais de trouille qu'il me rejette, et pourtant je ne lui faisais plus aucune confiance. Durant plusieurs mois, je continuai malgré tout à lui parler comme si je lui avais pardonné sa brutalité. Il me parlait de polygamie. Peut-être allait-il m'épouser ?

Il me dit qu'il allait organiser son emploi du temps afin que nous nous voyions deux fois par mois, mais que ce serait toujours moi qui le rejoindrais à Paris, et que je devais être disponible quand il me ferait signe. J'acceptai. Il était devenu pour moi une véritable obsession, et je ne pouvais me retenir de parler de lui, parfois juste pour le plaisir de prononcer son nom. Un soir, je racontai au téléphone à Salim, l'un de mes meilleurs amis, que Zoubeyr allait sans doute très bientôt me convier à nouveau à Paris, et que j'avais très envie de le revoir. Il me répondit que je ferais mieux de bien réfléchir avant d'accepter ; il savait que notre dernier rendez-vous s'était mal passé, même si je ne lui avais pas donné de détails.

Le lendemain, Zoubeyr m'appela. J'étais toujours heureuse d'entendre sa voix, surtout lorsqu'il m'appelait quand je ne m'y attendais pas.

Il me demanda comment j'allais, et me dis qu'il allait bientôt m'inviter à venir le voir.

— Super ! lui dis-je. Quand tu veux, je me débrouillerai.

— Mais dis-moi, tu n'as parlé de notre relation à personne ?

— Non, ne t'inquiète pas, bien sûr que non.

— Tu es sûre ?

— Mais oui, enfin…

Je me sentis mal à l'aise. Quelqu'un lui avait-il rapporté quelque chose ? Impossible, mes amis ne me feraient pas ça…

Il se mit à hurler dans le téléphone :

— Espèce de sale menteuse ! Tu n'es pas digne de confiance ! Tu es incapable de tenir ta langue !

Je bredouillai, mais il me coupa la parole :

— Je suis au courant de ce que tu as dit à ton ami Salim hier ! Alors, comme ça, je vais bientôt te faire venir à Paris ? Tu te fous de moi ! Arrête de mentir !

Et il raccrocha brutalement.

Je restai sans voix. Comment pouvait-il être au courant de ma discussion téléphonique d'hier avec Salim ? Il n'y avait que deux possibilités : soit Salim le connaissait, et lui avait parlé, ce à quoi je ne croyais pas une seconde, soit Zoubeyr avait piraté ma ligne téléphonique… Un long frisson me parcouru.

Quelques heures plus tard, je bouillais de rage. J'envoyai de longs SMS à Zoubeyr, des messages dans lesquels je lui disais mon écœurement : non seulement il m'avait maltraitée, mais ensuite il m'avait mise sous surveillance. Il n'avait aucun droit de se conduire ainsi, et je lui ferais payer son attitude. Il répondait à chaque SMS, apparemment aussi énervé que moi, me disant qu'il avait bien fait de ne pas me faire confiance, que j'étais vide et sans cervelle, et que je n'étais même pas une belle femme. Je lui répondis qu'il se comportait comme un pervers avide de sexe, et lui dis que j'allais porter plainte pour ce qu'il m'avait fait subir à l'hôtel. Quelques secondes après l'envoi de ce dernier SMS, mon téléphone sonna : c'était lui. Je ne lui laissai pas le temps de parler, je hurlai :

— Tu es un pervers ! Je vais porter plainte contre toi et je suis sûre que tu as maltraité d'autres femmes, je vais les retrouver et elles porteront plainte aussi !

— Henda, me coupa-t-il d'une voix sèche et calme, Henda, tu t'emballes, ma chère... Tu ferais sûrement mieux de ne plus parler à tort et à travers. Tu devrais savoir que je ne suis pas seul... Beaucoup de gens sont derrière moi, Henda... Tu es surveillée, et nous savons tout de toi. Tout. Le passé comme le présent. Tu as trois enfants, n'est-ce pas ? Et tu ne voudrais pas qu'il leur arrive quelque chose... Alors une bonne fois pour toutes, je te conseille de fermer ta bouche.

Et il raccrocha.

Je reposai le téléphone, tremblante. Oui, je l'avoue : j'ai pris peur. Ses menaces sur mes enfants étaient à peine voilées.

Quelques semaines s'écoulèrent. Je ne parvenais pas à tourner la page, j'avais le sentiment d'avoir été piégée, et trahie. L'homme juste et bienveillant que j'idéalisais avait abusé de ma naïveté et m'avait fait du mal, physiquement et moralement. Je me sentais bafouée, humiliée, la colère et le dégoût m'envahissaient, et je m'en voulais terriblement d'avoir aussi peur de lui. J'aurais dû aller porter plainte. Mais puisque je n'en avais pas été capable, il fallait au moins qu'il comprenne à quel point il s'était mal conduit, et qu'il me présente des excuses, sincères cette fois. Alors je repris contact. Je lui envoyai à nouveau un SMS, dans lequel je lui dis qu'il me manquait, que j'avais réalisé que tous les torts étaient de mon côté, que je regrettais mon comportement, et je le priai de me répondre.

Il m'appela quelques jours plus tard. Au téléphone, il me dit qu'il acceptait de me parler à nouveau, à condition que je lui sois, dorénavant, totalement soumise. Si je voulais rester en contact avec lui, je devais lui obéir sans jamais me rebiffer. J'acceptai.

À nouveau, nous passâmes quelques mois à nous écrire des SMS, des messages sur Facebook, ou à nous parler par téléphone, lorsque lui m'appelait (moi, je n'avais pas le droit de lui téléphoner). Nous prîmes rendez-vous pour nous retrouver un samedi à Paris. Quelques jours avant la date prévue, il me téléphona : il voulait que je lui envoie séance tenante une photo de moi en petite tenue… Je lui expliquai que j'étais dans la rue, et que ça ne serait pas possible avant un petit moment. Il s'énerva immédiatement, me traitant de « chienne soumise », et m'ordonna de faire ce qu'il me demandait au plus tard dans le quart d'heure qui suivait

— Sinon, me dit-il, j'annule notre rendez-vous de samedi.

À mon tour je perdis patience, et je criai dans mon téléphone, en pleine rue :

— Tant mieux ! Annule ! Qu'est-ce que tu veux faire avec tes photos, sale pervers !

Il m'insulta, et raccrocha.

Je n'ai plus jamais entendu sa voix au téléphone, et lorsque j'ai à nouveau cherché à le joindre sur Facebook, il m'a répondu d'un message poli et définitif :

— Malheureusement tu as été trop loin, je te pardonne, prends soin de toi.

Oui, j'ai été trop loin, mais pas au sens où lui l'entend, pas parce que je me suis permis de lui résister, non : j'ai été trop loin dans la soumission. Je n'aurais jamais dû accepter qu'il me traite ainsi. Mais j'étais complètement sous la coupe de cet être intelligent, séducteur et manipulateur. Un vrai pervers narcissique.

Je me demande encore dans quel but il voulait cette photo de moi en petite tenue. Était-ce uniquement pour assouvir ses désirs intimes particuliers ? Ou bien espérait-il me faire chanter ?

Depuis, j'ai revu Zoubeyr à plusieurs reprises dans certains médias. Il continue à donner des leçons de morale islamique, à se poser en philosophe éclairé, calme défenseur d'un islam moderne. Il balaye les – nombreuses – critiques le concernant d'une moue dédaigneuse, et défie quiconque de prouver qu'il ne serait pas tout à fait un démocrate respectueux de laïcité. Sa vie privée ? Il n'en parle jamais, et c'est bien son droit. Tout au plus admet-il être marié depuis longtemps et avoir des enfants. Mais ces dernières années des rumeurs ont couru : il aurait un nombre impressionnant de maîtresses, qu'il consommerait et jetterait comme des Kleenex. Ce n'est déjà pas très brillant pour un déontologue de l'islam. Mais ce qui est beaucoup, beaucoup plus grave, c'est que certaines auraient eu, elles aussi, à lui reprocher un comportement bestial et dégradant. Une ou deux l'ont d'ailleurs fait officiellement savoir au travers des réseaux sociaux. Elles ont même dénoncé ouvertement ses agissements. Puis, étrangement, elles ont disparu de la circulation…

Pour ma part, je peine à oublier le comportement pervers et manipulateur de Zoubeyr. Et je pense que d'autres femmes espèrent comme moi qu'il en sera un jour puni.

Chapitre 11

SAMIRA

Si je tiens à consacrer ces quelques pages à Samira, c'est pour lui rendre hommage. À elle, et à toutes les femmes que j'ai connues, ou dont j'ai entendu parler, qui ont vécu comme des ombres, enfermées dans leurs jalabib, ou, pis, leurs niqabs, prisonnières d'elles-mêmes, terrorisées, persuadées qu'elles finiraient en enfer si elles s'écartaient d'un pas du chemin tracé par les salafistes, ces hommes qui se revendiquent d'un islam fantasmagorique, ces soi-disant musulmans, emplis de haine et de rancœur.

Quand j'eus quitté Roanne, Samira fut la seule personne que j'appelai pour expliquer mon départ. Elle accueillit la nouvelle avec un grand cri de joie :

— Wouahou ! T'es trop forte, Henda ! Comment t'as fait !? Bravo ! Je t'admire !

Puis elle éclata en sanglots :

— Je t'envie tellement, Henda ! Tu es tellement courageuse ! Moi aussi je voudrais les quitter, tous ces pourris qui se foutent de moi tout le temps ! Et tu vas tellement me manquer !

Je lui promis que je l'aiderais, elle aussi, à se sortir du piège. Je la ferais venir, là où je serais. Hélas, avec le temps et les difficultés de chacune, nous perdîmes un peu le contact. J'avais déjà tellement de mal à gérer ma propre vie…

Au fil des mois, après mon départ de Roanne, Samira et moi nous parlâmes tout de même à plusieurs reprises par téléphone. Elle vivait encore à La Duchère, avec son mari Moustapha-Français et leur petite fille, dans un appartement glauque. Son mari, bien sûr, ne travaillait pas. Qui l'aurait embauché avec son énorme barbe rousse et son kamis blanc jusqu'aux mollets ? Samira n'allait pas très bien : son premier mari Steeve-Ali, avait demandé, et obtenu, la garde de leurs deux fils, sans doute à cause de ses hospitalisations en psychiatrie. Elle avait un droit de visite très limité, et voyait donc trop peu ses enfants. Elle voulait quitter son mari, Moustapha-Français, surtout depuis qu'elle avait trouvé une facture de 1 000 euros de téléphone rose ! Moustapha-Français, me dit-elle, était un pervers, il la dégoûtait. Elle m'avoua qu'elle avait encore craqué et enlevé son niqab. Elle était partie à l'aventure avec sa toute petite fille. Toutes deux avaient été ramassées dans la rue, et avaient fini dans un foyer. Elle était finalement rentrée chez elle, parce qu'elle ne savait pas où aller sans argent. Sa mère ne voulait pas la recevoir, elle lui reprochait encore le suicide du père en prison.

La dernière fois que j'appelai chez elle, son mari répondit :

— Samira ? Je l'ai répudiée y a longtemps, cette dingue ! Je l'ai foutue dehors ! À ce qu'on m'a dit, elle vit dans un squat avec des junkies, ça m'étonne pas d'elle, ç'a jamais été une bonne musulmane. La petite est avec moi.

Cette nouvelle m'attrista profondément. Samira devait être tellement malheureuse d'avoir à son tour perdu sa fille... Si j'avais su où la joindre, je l'aurais aidée. Mon amie avait besoin d'un vrai suivi psychologique, pas seulement des cachets qu'on lui donnait lors de ses passages en psychiatrie, et dont elle se débarrassait aussitôt rentrée chez elle. Elle avait, surtout, besoin de tendresse et d'attention. Samira n'en pouvait plus d'être rejetée.

Durant des années, Bachir m'avait répété que sa cousine était une fille perdue, dérangée, une malade mentale, qu'elle était la risée de la famille.

— Arrête de lui parler, me disait-il, sinon tu vas finir comme elle. D'ailleurs, vous vous ressemblez !, ajoutait-il parfois d'un ton sarcastique.

La suite de la vie de Samira, c'est hélas Bachir qui me la raconta, ou plutôt qui me la cracha à la figure. Il profita de l'une des très rares discussions téléphoniques que j'eus avec lui, durant les quelques semaines où Adam habita chez lui à Lyon.

— Alors ? me dit-il, t'es pas au courant ?

— Au courant de quoi, répondis-je, méfiante.

— Ta copine là, Samira, la folle dingue ! Elle est morte ! Elle a eu ce qu'elle cherchait depuis longtemps !

Je restai muette, abasourdie.

— Mais... Comment ?

— Elle a dû se suicider ! Ils ont retrouvé des médocs à côté d'elle, ça m'étonne pas d'elle, tiens, vous avez toujours été pareilles toutes les deux, deux dingues ! Tu finiras clocharde comme elle, je te l'ai toujours dit ! Qui se ressemble s'assemble !

Je raccrochai, le cœur au bord des lèvres. J'étais chez moi, dans le minuscule studio. Je m'affaissai à terre, dans l'entrée. La violence de l'annonce, la cruauté avec laquelle Bachir m'avait appris la mort de Samira me coupaient le souffle. Les larmes ruisselaient sur mon visage. Comme je regrettais ! Je pleurai toute la nuit. Je n'arrivais pas à admettre que je ne la reverrais plus jamais…

Pourquoi n'avais-je pas tenté de l'aider, pourquoi ne l'avais-je pas mieux soutenue ! J'aurais peut-être pu la sauver…

On a retrouvé Samira inanimée sur le sol de sa chambre, dans un foyer d'hébergement pour femmes. Sa boîte d'antidépresseurs était vide. Aucun membre de sa famille n'a jamais parlé officiellement de suicide.

Aujourd'hui, quand je repense à elle, paix à son âme, je suis très triste, mais j'ai cessé de culpabiliser : je sais que je n'avais tout simplement pas la force d'aider qui que ce soit à l'époque… Mais la colère, elle, est toujours là. Samira n'était pas destinée à mourir ainsi, dans la détresse et la souffrance. Lorsque je l'ai rencontrée, c'était une gentille et jolie jeune femme, qui ne faisait de mal à personne. Oui, elle était déséquilibrée, mais qui ne l'aurait pas été après avoir été victime d'inceste ? Qui ne l'aurait pas été après avoir été régulièrement rejetée par sa mère ? Frappée par ses maris ? Enfermée dans cette secte de salafis ? Son désespoir, je le comprends. Sa seule chance de s'en sortir aurait été de fuir son quartier, fuir ces salafistes qui la rendaient folle avec leur obsession de l'enfer, du *sheytane*, et leur haine de la société. La justice a fait ce qu'elle croyait bon pour les deux garçons, puis pour la petite fille de Samira. Certes, mon amie souffrait de troubles psychiatriques. Un ami médecin m'a dit un jour qu'elle était vraisemblablement bipolaire, que cela ne se guérit pas, mais se soigne bien, à condition que la personne malade vive dans un environnement équilibré... Samira était malade, donc, et perdre sa fille a précipité sa fin. Les juges ont décidé qu'elle ne serait pas capable d'élever sa petite dernière. Moi je pense qu'en prenant cette décision, ils l'ont involontairement condamnée à mort.

Aujourd'hui, la petite Sarah a 15 ans. Elle vit avec son père Moustapha-Français, qui s'est remarié. Depuis son entrée en sixième, Sarah porte le jilbab. Elle n'enlève son voile que contrainte et forcée, aux portes du collège. Je ne suis pas sûre que ce soit ce que les juges espéraient, lorsqu'ils ont accordé la garde de Sarah à son père salafiste.

De Radia aussi, je me souviens avec émotion. Radia, Cathy de son vrai prénom, était aussi mon amie, même si j'étais moins proche d'elle que de Samira. Elle aussi a mal tourné. Son mari, Abdel – celui qui voulait m'épouser – l'avait répudiée, et il avait gardé avec lui leur fils Brahim. Lui, comme les deux maris de Samira, ont obtenu la garde de leurs enfants. La justice, donc, a eu plus confiance en eux qu'en leurs épouses pour éduquer les enfants. Pourquoi ? Dans un pays où 85 % des jugements de droit de garde sont en faveur des mères...

Ces pères-là étaient tous des barbus salafistes. Comme Bachir : lui aussi a gagné contre moi en justice. Il a même réussi à me faire interdire de droit de visite. J'ai perdu mes droits à son profit. Pourquoi ? Il est tout de même étrange que dans cette région, sur quatre jugements, quatre aient profité au père. Certes, cela n'a pas valeur de sondage, mais tout de même… Par deux fois, pour refuser la garde de ses enfants à Samira, la justice a pris en compte le fait qu'elle était fragile psychologiquement (ses deux maris, l'un après l'autre, la frappaient, mais ça, ce n'est pas un signe de fragilité). Cathy-Radia, elle, a d'abord perdu la garde de sa première fille, Safira, puis de son fils Brahim. Elle portait le jilbab, parfois le niqab. Abdel, lui, affichait une barbe de longueur raisonnable. Les juges ont sans doute pensé que le petit Brahim courait plus de risques avec une mère qui porte le niqab qu'avec un père somme toute moyennement barbu.

La justice, et c'est bien normal, ne voit pas arriver devant elle sans frémir ces femmes et hommes salafistes qui souhaitent divorcer « selon les lois françaises » (les autres n'ont pas recours à elle, puisqu'ils n'ont conclu qu'une « union religieuse »). Comment choisir entre un barbu et une femme en jilbab pour élever des enfants ? C'est un véritable casse-tête pour ces magistrats qui se débarrassent du problème au plus vite. Un homme barbu, pour peu qu'il taille un peu sa barbe, est moins voyant qu'une femme en jilbab. Et pour peu qu'il ait fait un peu d'intérim, il peut produire quelques fiches de paye et prouver qu'il travaille par-ci par-là. Mais la femme, elle, n'a rien à montrer. Elle n'a la plupart du temps jamais travaillé, car qui l'aurait embauchée attifée comme elle l'est ? Et de toute façon son mari, ou tout simplement sa pratique de la religion le lui aurait interdit. Cette femme, devant la justice, semble à la fois ignare, décalée, et incapable de se débrouiller seule. Et pour cause : elle n'a jamais été autonome, elle a toujours vécu sous tutelle. Souvent, comme cela s'est passé pour moi, elle n'a ni carte bleue, ni chéquier, et ne sait pas à quoi ressemble une feuille d'impôts. Cette femme ne sait faire qu'une chose, plus ou moins bien : tenir un foyer. Mais lorsqu'elle arrive devant la justice, justement, elle n'en a plus, de foyer. Depuis que son mari l'a répudiée, elle squatte chez la famille ou les amis. Comment pourrait-elle louer un logement pour ses enfants ? Avec les allocations familiales ? Encore faudrait-il qu'elle obtienne la garde de ses enfants...

Moi aussi, j'ai eu droit à cette injustice. Mon ex-mari n'a jamais eu besoin de tailler sa barbe pour se faire présentable devant les magistrats : il ne se présentait pas aux convocations. Une technique qui lui a réussi. Moi, j'étais présente. On me convoquait, je me déplaçais, en jilbab marron ou noir. Aux juges, l'assistante sociale – d'origine algérienne, oui, ça peut jouer – a fait de moi un portrait effrayant. Elle ne m'a jamais vue, mais elle aimait bien Bachir, et il lui affirmait que j'étais folle et suicidaire. Bien sûr, la lettre que j'avais adressée au juge lui expliquant que je ne pouvais momentanément plus m'occuper des enfants n'a pas joué en ma faveur. C'est vrai, à ce moment-là, je n'avais plus assez de force. Mais je crois que justement, le reconnaître a été la meilleure façon de prendre soin de mes enfants. Et dès que je l'ai pu, j'ai tout fait pour les récupérer.

J'ai eu des nouvelles de Radia, il y a quelque temps. Elle était en prison à Saint-Étienne, condamnée à huit mois fermes pour avoir agressé une policière. Je ne dis pas qu'elle ne méritait pas cette peine. Je dis qu'une femme embrigadée dans une secte, à qui on répète toute la journée que les Français sont des kouffars et que leurs lois n'existent pas, a peu de chances de se comporter raisonnablement en société. J'ai écrit à plusieurs reprises à Radia en prison, mais je n'ai pas obtenu de droit de visite. Quand elle est sortie, elle a épousé religieusement un homme marocain. Puis un autre. Elle est toujours salafiste, elle porte toujours un jilbab ou un niqab, elle a coupé les ponts avec moi. Je lui souhaite de trouver la stabilité et la paix.

Samira, Radia, étaient mes amies. Mais je pense aussi à toutes mes autres sœurs en salafisme, mes sœurs de galère et de souffrance. Je pense à cette jeune fille de La Duchère, près de Lyon, qui vit en fauteuil roulant depuis qu'elle s'est jetée par la fenêtre. À cette autre jeune femme de 25 ans, que peu après Samira on a retrouvée morte sur son lit, des médicaments non loin d'elle. Elle laisse deux enfants en bas âge.

L'entourage de cette jeune femme, ou de Samira, n'a jamais voulu évoquer la possibilité du suicide. Leur mort serait due, selon leurs proches, à la négligence des psychiatres. Parce qu'elles portaient le jilbab, les médecins ne les auraient pas prises au sérieux, les auraient mal soignées, abruties de médicaments. Elles auraient fait une surdose, les pauvres. Les médecins coupables :

c'est avec cette version que leurs enfants vont grandir. La vérité, tout le quartier la connaît, personne n'en parle. Le suicide est haram. C'est un très grave péché en islam. Il jette l'opprobre sur toute la famille. De toute façon, ces femmes étaient folles…

Folles : combien de femmes salafistes finissent-elles ainsi ?

J'écris pour toutes celles qui fréquentent les hôpitaux psychiatriques plus souvent qu'à leur tour. Je dédie ce livre à celles qui errent de foyer en foyer parce que leurs deuxième, troisième, ou quatrième mari les ont répudiées. À celles dont les enfants sont placés en famille d'accueil par l'aide sociale et dont on finit par donner la garde aux pères. J'écris pour toutes ces femmes fragiles, qui entrent en salafisme comme on entre au couvent, qui pensent faire don d'elles-mêmes à Dieu, persuadées comme je l'étais que là est la voie pour accéder au paradis. J'écris pour celles qui épousent un barbu dont elles ignorent tout, un mari qu'elles acceptent, et même qu'elles recherchent, parce qu'elles ne peuvent rester célibataires, et que parfois elles le trouvent beau : il ressemble au prophète Mohammed, il sera donc bon, et juste. J'écris pour toutes celles qui entrent dans la secte salafi, qui se coupent du monde en obéissant aux ordres grotesques de gourous illuminés, vaniteux, imbus d'eux-mêmes, persuadés que la Vérité leur appartient. Pour toutes ces femmes qui sont coupées, ou se coupent elles-mêmes de leur famille, de leurs amis, de la société. Qui vivent à la façon de la Sunnah (l'imitation des actions du Prophète), qui mangent assises par terre, parce que le Prophète mangeait assis par terre, qui ne sortent qu'avec leurs maris, leurs frères, leurs pères, les fils de leurs frères, etc. Qui ne regardent jamais un homme dans les yeux, qui se cachent dans la cuisine quand les amis de leurs maris arrivent, qui ne travaillent pas, qui ne font pas de sport. Celles qui ne doivent montrer ni leurs cheveux, ni leurs sourcils, ni leurs pieds, ni leurs mains. Celles qui se font happer puis broyer par un système entièrement fabriqué par les hommes, et entièrement dévolu aux hommes.

Mais j'écris aussi pour celles qui, comme moi, ouvrent un jour les yeux. Celles qui disent non au niqab, non au jilbab, non à une pratique rigoriste de l'islam. Car je ne suis pas un cas unique : d'autres que moi ont un jour repris en main les rênes de leur vie, d'autres ont compris que le salafisme est une secte, et ont réussi à en sortir. La plupart du temps, leur famille n'avait pas soutenu leur choix, et quand elles abandonnent le niqab, ou même le jilbab, elle ne les recueille pas toujours. Je le sais, car j'entends parfois parler de sœurs qui ont fait ce chemin-là. Mais elles se font discrètes. Elles préfèrent vivre leur libération dans l'ombre. Elles déménagent, et se fondent dans l'anonymat, car elles ont peur : la communauté salafi est à la fois méprisante et violente envers elles. Elle les considère comme des renégates, des apostats. Or les salafis de nombreux pays punissent les apostats de mort. C'est ce que prévoit la charia. Ces femmes le savent, comme elles savent que certains esprits dérangés pourraient lancer une fatwa contre elles.

Heureusement, en France, et malgré ces temps troublés, dans les quartiers et les cités où fleurissent les salafistes, on a beaucoup trop de choses à régler pour perdre du temps à courir derrière « une folle » qui a enlevé son niqab. Comme Samira en son temps, comme Radia, on lui fera une réputation d'hystérique, de malade psychiatrique, et puis on l'oubliera. C'est ce qui s'est passé avec Hasnia, la toute première femme en niqab que j'ai rencontrée à Mantes-la-Jolie quand j'étais encore étudiante. Celle qui m'expliquait que Satan se cachait dans la chanson *Hotel California* et que je devais arrêter mes études et me marier ! Celle qui a amené Bachir jusqu'à moi. Il y a quelques mois, cette vertueuse salafiste a enlevé son niqab, elle a divorcé et quitté Mantes-la-Jolie. Elle est devenue une femme indépendante, elle travaille dans une compagnie d'assurance et ne porte aujourd'hui ni jilbab, ni voile. Comme moi. Elle est toujours croyante, comme moi. Elle aussi a compris que la relation à Dieu est intime et qu'aucun être humain n'a le droit de la juger.

Que l'on me comprenne bien : contrairement à de nombreuses féministes, je ne suis pas en guerre contre le voile. Je lutte, certes, contre le jilbab et le niqab, car ils sont les symboles du salafisme. Et le salafisme est la marque de la soumission à l'homme.

Il faut s'élever contre les signes ostentatoires de sectarisme. Le niqab en est un bien sûr, mais le jilbab est l'antichambre du niqab. Toutes les femmes qui portent le jilbab ne revêtiront pas forcément le niqab, mais ces deux vêtements destinés à cacher au maximum le corps de la femme ont un lien. Leur parenté ressemble un peu à celles qui lie le cannabis aux drogues dures : tous ceux qui fument des joints ne passent pas à l'héroïne, mais presque tous ceux qui deviennent accros à l'héroïne ont d'abord fumé des joints. Et très rares sont les musulmanes qui passent directement du voile au niqab.

Le jilbab est de plus devenu un outil de séduction pour les jeunes filles, et un moyen de s'affirmer. Affirmer leur foi, leur religiosité, et surtout parader, montrer aux « frères » qu'elles feront de bonnes épouses ! Car elles pensent avant tout aux hommes, et, oui ! comme toutes les jeunes filles de leur âge, elles veulent tomber amoureuse d'un homme. Un homme qui gagnera de l'argent, qui les entretiendra, qui leur fera des enfants. Elles s'imaginent mener une vie confortable. Elles seront en sécurité, leurs maris les protégeront de cette société de mécréants qui leur veut du mal, qui risque de les entraîner en enfer ! Je les vois, dans le métro, elles sont fières d'elles, immatures et romantiques : les vierges du paradis, ce sont elles. Je le sais, j'ai ressenti la même chose à leur âge. J'espérais qu'un beau barbu, qui ressemblerait au Prophète, viendrait demander ma main… Lorsque je croise ces jeunes femmes, aujourd'hui, je suis triste. Je sais ce que va être leur vie. J'ai envie de leur dire : « Réveillez-vous ! Arrêtez de vivre dans un monde imaginaire. L'ennemi, ce n'est pas la société dans laquelle vous vivez. Les non-musulmans ne passent pas leur temps à chercher comment vous faire du mal, ils ne s'intéressent pas à vous, ils veulent juste vivre en paix ! Oui, il y a des racistes parmi eux, bien sûr. Mais dans les pays musulmans aussi il y a des racistes. Arrêtez de vous croire supérieures aux autres communautés, de penser que vous êtes le caviar du monde musulman, que vous êtes la secte élue de Dieu (selon les salafistes, un hadith dit qu'il y a 73 sectes et que l'une d'entre elles sera choisie par Dieu et sauvée de l'enfer et du diable). Vous vivez dans le mensonge et la duperie. Je le sais, j'ai été salafiste. Heureusement, Dieu m'a envoyé des épreuves pour me réveiller. Je crois en tous les prophètes, je crois au prophète Muhammad, donc je peux dire que je suis musulmane. Mais les salafistes aussi se disent musulmans. Alors ? Le sont ils vraiment ? Ne sont-ils pas plutôt seulement salafistes ?

Le mot *islam* est souvent interprété comme « la soumission à Dieu » mais sa première signification, peu connue, c'est « la paix ». Car le mot *islam* a une racine sémitique, « *slm* », qui exprime l'idée de paix et que l'on retrouve aussi dans le mot hébreu *shalom*, *salam* en arabe. L'islam, c'est d'abord être en paix avec soi-même, avec les autres, avec le monde dans lequel on évolue. Ç'est respecter la différence et prôner la tolérance, à l'inverse de ce que font les salafistes qui se considèrent supérieurs à tous, autres musulmans compris.

J'ai été salafiste parce que j'avais besoin d'être regardée, reconnue par un groupe, une communauté. Parce que j'ai manqué d'amour enfant. Parce qu'une faille narcissique était ouverte en moi. J'aurais pu tomber dans la drogue, non, je suis tombée dans une secte. Et il m'a fallu des années pour comprendre que je devais d'abord être en paix avec moi-même, pour pouvoir vivre en paix avec le monde.

Arrêtez de croire qu'en vous mariant à un salafiste avec une longue barbe, en élevant ses enfants et en cuisinant pour lui, vous obtiendrez le paradis ! Si c'était si simple ! Le paradis, c'est en traversant les épreuves de la vie que vous l'obtiendrez, peut-être… Les épreuves de la vie au XXIe siècle ! À l'époque du Prophète, il n'y avait pas le téléphone et la wifi, pourtant vous les utilisez… Faites pareil, tout simplement, avec la vie, là, sous vos yeux.

Chapitre 12

GREFFIÈRE, UN JOUR...

Hélas, je n'ai pas réussi à aller jusqu'au bout de ma carrière de greffière au sein du ministère de la Justice. J'ai fait de mon mieux, mais parfois les choses ne se passent pas comme prévu... Je me suis assez vite rendu compte que l'emploi réservé dont j'avais bénéficié était en fait un cadeau empoisonné, un fardeau dont je ne parviendrais pas aisément à me délester.

À Rouen, pourtant, j'ai découvert avec bonheur le monde de la justice. J'ai passé plusieurs semaines dans des juridictions différentes, conseil des prud'hommes, tribunal pour enfant, d'instance ou grande instance... Et j'y ai toujours été très bien accueillie. Puis j'ai dû déménager pour Dijon : là, l'ambiance fut considérablement différente. À l'École des greffes comme au palais de justice de Dijon, j'ai compris que je n'étais pas la bienvenue : on me reprochait, sans l'avouer, de « prendre la place de quelqu'un d'autre », sous-entendu : quelqu'un plus capable que moi. Il est vrai que je manquais de bagage universitaire, j'avais végété près de dix ans au sein d'une secte dont mes collègues greffiers n'imaginaient même pas l'existence, et je me retrouvais fonctionnaire stagiaire à l'École des greffes, tâchant de suivre le rythme dans un amphi de deux cents personnes. Autour de moi, des jeunes diplômés, qui avaient quasiment tous étudié le droit pendant deux ans au minimum, et étaient beaucoup plus jeunes que moi… Et pour la plupart sans enfants à charge ! Je rêvais d'être une stagiaire comme les autres ; je ne parlais jamais de mon passé, j'avais bien trop peur d'être jugée, et rejetée. Il fallait que je reprenne confiance en moi pour m'intégrer dans cette école.

Malgré tout, je pense n'avoir pas démérité : durant près de dix-huit mois, j'ai travaillé dur, et adoré apprendre. Pour être à la hauteur du poste, j'ai étudié tard le soir, pendant que mes enfants dormaient. J'ai été greffier stagiaire, à Rouen, Dijon, Montbard et Châlon-sur-Saône. J'ai dû déménager à plusieurs reprises, cherchant à chaque fois un nouvel appartement, une nouvelle école pour Cheïma et Ismaïl, et un nouveau lieu de vie pour Adam (qui demandait à rester proche de nous, sans toutefois vivre complètement avec nous). J'ai parfois été en retard, j'ai manqué quelques journées de formation, parce que l'un des deux petits étaient malades, ou à cause des grèves, des intempéries… Lorsque je me suis retrouvée en stage à une heure de notre domicile, en pleine campagne, j'ai paniqué chaque jour à l'idée que les enfants se retrouvent seuls devant l'école à 18 heures. Souvent, ils devaient se débrouiller pour rentrer. Heureusement je pouvais compter sur la maturité de Cheïma.

Bref, on le sait, être mère célibataire de trois enfants n'est pas chose facile.

Un an après le début de ma formation, à ma grande surprise, l'École des greffes m'a affectée à Fort-de-France en Martinique. J'avais deux mois pour préparer mes bagages et me former à mon nouveau poste. Quoique peu enthousiaste, j'ai d'abord accepté, car j'avais peur de perdre mon travail. Mais une éducatrice me conseilla fortement de rester en métropole, à cause du suivi éducatif et psychologique d'Adam.

L'École des greffes donna une suite favorable à ma demande, mais elle m'affecta au tribunal de Bobigny, en Seine-Saint-Denis, l'un des départements français les plus célèbres pour ses bandes et ses divers trafics. Le ministère me proposait un appartement au cœur d'une cité mal famée. J'étais une femme seule, mère célibataire : impossible pour moi d'y élever tranquillement mes enfants. Alors je refusai l'appartement, et je pris le parti de rester sur Rouen avec mes enfants. Je ferais des allers retours en train, de mon domicile jusqu'à mon lieu de travail. Je voulais être greffière, coûte que coûte. Pour moi, c'était ma place : je serais utile à la justice, car je savais ce que signifiait être victime d'injustice. Chaque dossier entre mes mains était l'histoire d'une vie, je me mettais à la place des justiciables, et mon passé faisait que, souvent, je les comprenais. Malheureusement, des problèmes de santé me rattrapèrent, et je fus alitée durant plusieurs semaines.

À la date prévue de ma titularisation, en plein arrêt maladie, mon employeur, le ministère de la Justice, me licencia pour « insuffisance professionnelle ». Cela me choqua et me blessa profondément. Je me sentis humiliée et victime d'une grande injustice. Tous ces efforts et ces sacrifices pour finir par me faire virer, jeter comme une malpropre, sans explication, en plein arrêt maladie ? Je déprimai profondément... Puis, comme à mon habitude, je décidai de rebondir. Je ne pouvais pas avoir fait tous ces efforts pour rien. J'avais retiré définitivement mon voile, déménagé à plusieurs reprises, chamboulé la vie de mes enfants, je m'étais accrochée malgré les difficultés, et une double discrimination, due à mes origines et au fait que j'étais entrée au ministère de la Justice par la porte des emplois réservés. On m'avait mis des bâtons dans les roues. Ma situation de mère célibataire n'avait pas enclin mes employeurs à une plus grande souplesse, au contraire, on me faisait comprendre que j'étais une stagiaire trop « atypique » ! J'allais me battre pour faire reconnaître mes droits : un avocat accepta de me défendre gratuitement, et il contesta mon licenciement.

À l'heure où j'écris ces lignes, ce licenciement a hélas été confirmé.

ÉPILOGUE

Cheïma, Ismaïl et moi menons aujourd'hui une petite vie tranquille en banlieue rouennaise. Mes deux plus jeunes enfants sont épanouis, ils ont enfin pu s'enraciner dans un environnement qui leur plaît. Tous deux sont sérieux au collège et à l'école. Ils ont des amis, ils profitent de la vie, ils sont très complices. Cheïma est une adolescente très mûre, indépendante et affectueuse, très sportive. Ismaïl est un petit garçon très facile à vivre, joyeux, qui comme de nombreux enfants de son âge pense un peu trop à la X-Box... Mais ces enfants adorables ne voient plus leur père, qui ne demande d'ailleurs même pas de leurs nouvelles.

Mon fils aîné, Adam, est un écorché vif. Il mesure presque 1,90 mètre, c'est un beau jeune homme, au sourire éclatant, très intelligent, un hypersensible. Hélas, avec moi, il sourit peu. Son père le manipule à distance, il cherche à l'entraîner à son tour sur la voie du salafisme. Je le sais, parce qu'au fil des années mon fils s'est montré de plus en plus souvent agressif avec moi. Je sais pourquoi : Adam se sent abandonné, depuis le jour où son père l'a envoyé dans un foyer, en 2009. Mais c'est à moi qu'il fait des reproches, et cela me fait mal. Peut-être aurais-je dû refuser qu'il aille vivre chez son père à l'âge de 9 ans, mais j'ai cru qu'il y trouverait son bonheur. Parfois, il me reproche d'avoir enlevé mon voile, d'avoir des amis hommes, et il m'insulte parce que je me suis maquillée ou que je porte une jupe au-dessus du genou. Il regrette que je ne corresponde plus à l'image de la maman voilée qu'il avait autrefois, une époque à laquelle j'étais encore une femme soumise, et une mère dévouée qui s'occupait exclusivement de son foyer et de ses enfants.

Quand mon fils tient des propos violents, j'entends dans ses mots la voix de mon ex-mari. En février de cette année 2016, sur les conseils d'amis, j'ai d'ailleurs déposé plainte pour « menaces de mort sous conditions » contre Bachir, car c'est lui qui pousse notre fils à la violence envers moi, mais aussi envers tous les kouffars, les mécréants. Les éducateurs de l'Aide sociale à l'enfance, qui gèrent toujours le quotidien d'Adam, ont noté dans leur rapport que « son père a été quasi absent depuis les 8 ans de l'enfant, et qu'il a réapparu soudainement à sa quinzième année ». Ils écrivent aussi qu'Adam est « en lien discret, voire secret avec son père, un homme fiché S ("atteinte à la sûreté de l'État") à l'antiterrorisme ».

En 2014, j'ai à nouveau tenté de récupérer mon fils aîné pour qu'il grandisse enfin avec sa famille. Il est très attaché à sa sœur et à son frère, et j'ai pensé que vivre avec eux l'apaiserait. Mais Adam a refusé.

Quand il m'envoie des SMS violents, j'essaye de garder mon calme. Je ne réponds pas, ou le moins possible. Mon cœur se tord et pleure, mais je n'en montre rien. Je ne veux pas que Cheïma et Ismaïl souffrent pour moi, ni qu'ils en veuillent à leur frère, et je ne veux pas qu'Adam culpabilise. Je sais qu'il a énormément souffert, je sais qu'il me rend responsable de cette souffrance, et je ne lui en veux pas : j'imagine aisément ce que son père est capable de lui raconter.

Mais je garde espoir : mon fils aîné a 17 ans, il est encore mineur, et toujours suivi par un juge pour enfants. Il vient de s'installer dans son premier studio, sous la responsabilité de l'aide sociale. Il continue ses études. Je l'ai aidé à trouver un petit job à temps partiel. Il est courageux et travailleur, j'espère qu'il va aller de mieux en mieux, et qu'un jour il me pardonnera de ne pas avoir toujours été une mère idéale, et d'avoir fait des erreurs. J'espère qu'avec le temps sa colère s'apaisera.

Lorsque j'ai dû laisser mes enfants, j'étais malade, démunie, je coulais, j'avais besoin d'aide, mais jamais je n'aurais abandonné ma chair et mon sang. Je les aime tous les trois, plus que tout au monde, et si j'ai décidé de m'enfuir un matin de juin 2006, c'était avant tout pour eux, pour leur assurer un avenir serein et une vie meilleure. Je refusais que ma fille porte le voile à 7 ans comme le souhaitait mon ex-mari, ou que mes fils soient contraints de suivre la voie du salafisme. Je veux que mes enfants aient le choix de décider de leur voie, une autre voie que celle de leur père qui exprime ouvertement ses positions haineuses à l'encontre de la France et des Français, des non-musulmans, ou des musulmans différents de lui ; la voie d'un islam de paix et de tolérance, celui que m'ont appris Latifa, ou mon père.

Ma belle-mère, ou plutôt mon ex-belle-mère, est décédée en 2012. Depuis qu'elle m'avait rendu les enfants, nous étions restées proches. Nous nous parlions régulièrement par téléphone. Quelques jours avant sa mort, j'ai su par une de ses filles qu'elle demandait à me voir. Bien sûr, j'ai décidé d'y aller. Hélas, je suis arrivée trop tard. Mais je lui ai parlé, devant son cercueil. Je lui ai dit à quel point j'étais heureuse que nous ayons pu faire la paix, et je l'ai encore remerciée d'avoir accueilli et aimé mes enfants. De là où elle est, je sais qu'elle m'a entendue.

Depuis bientôt dix ans, j'ai repris ma liberté, elle m'a coûté cher, j'ai beaucoup souffert mais cela en valait la peine, et j'en suis fière. Aujourd'hui, je m'habille et je sors comme je veux. Je revendique ma féminité, sans en faire une arme. Je ne me juge pas féministe, mais défenderesse de la liberté de la femme. Je me considère comme une survivante et une combattante. Je suis toujours debout. Je consacre beaucoup de temps à l'association que j'ai fondée pour soutenir les femmes seules, en difficulté avec des enfants : je l'ai appelée « Libératrices ». Je multiplie les petits boulots pour m'en sortir. Une femme doit être active quoi qu'il arrive, l'isolement est pire que tout. Je me bats aussi, parfois, contre mes propres sentiments de colère ou d'injustice, et j'essaye de les transformer en énergie positive.

Je dis ce que j'ai envie de dire, et parfois tout haut ce que d'autres pensent tout bas, j'écris ce que j'ai envie d'écrire, sur Facebook et ailleurs, et je ne laisse personne me censurer. Dès que je reçois des messages ou des commentaires insultants ou agressifs, je les partage immédiatement sur les réseaux sociaux : c'est la meilleure façon de décourager les extrémistes, salafistes ou autres, qui cherchent à me faire peur. Car ces gens sont lâches : ils ont très peur de la femme en réalité, ils utilisent la religion pour mieux la dominer, ils ont peur de la lumière et préfèrent insulter et menacer de mort depuis l'ombre. Et s'ils utilisent la religion pour dominer la femme, c'est parce qu'ils la craignent. Certes, il m'arrive d'avoir peur, quand je retrouve ma voiture rayée, mes pneus crevés. Quand la sonnette de mon interphone retentit en pleine nuit, et que pourtant personne ne parle lorsque je réponds, ou quand la sonnerie du téléphone troue l'obscurité, à 2 heures du matin, et que j'entends :

— Henda, on sait où tu habites !

Ces nuits-là, je peine à me rendormir.

Mais je vais à chaque fois déposer plainte contre X, et je le fais savoir. Car il est définitivement derrière moi, le temps où je me soumettais aux menaces.

Au cours de ma vie, j'ai souvent été naïve et influençable. Je sais parfaitement maintenant décrypter la façon dont j'ai été aspirée par le salafisme, et aussi comment on peut, tout seul, s'autoradicaliser, sans même sortir de chez soi, sans aller à la mosquée. Il suffit d'un ordinateur et d'une connexion wifi. Je le sais, car j'ai moi-même passé des heures, ou plutôt des jours, des semaines sur internet ! Et j'ai ainsi, à une époque, plongé la tête la première dans la théorie du complot judéo-américano-maçonnique, dont les musulmans du monde entier sont censés être les victimes. Les vidéos de propagande montrant des enfants palestiniens pris pour cibles par les Israéliens, ou des civils syriens exterminés par Bachar el-Assad, ont un impact évident. Mais les mots aussi manipulent insidieusement. Sur internet, il suffit de chercher de banales informations sur la façon de vivre dans l'islam pour tomber sur des sites louches, au mieux rigoristes, au pire extrémistes. Heureusement, leur vocabulaire se repère aisément : méfiez-vous lorsqu'on y parle de « savants », de « preuves », et de « sources ». On y décrypte des hadiths et des versets sans jamais annoncer l'obédience salafiste, souvent saoudienne ou qatarienne. C'est grave. Car même si aujourd'hui les salafistes veulent être regardés comme un simple courant religieux, piétiste, et non agressif, même s'ils annoncent officiellement être « les ennemis de Daesh », ils représentent pour moi l'antichambre du terrorisme, car ils sont absolument insolubles dans la démocratie. Or, c'est bien dans cette démocratie que j'ai trouvé tous mes soutiens, et la plupart de ceux qui m'ont aidée n'étaient pas musulmans. Ils étaient français ou étrangers, chrétiens, juifs, athées, agnostiques, bouddhistes, hétérosexuels, homosexuels. Ces hommes et ces femmes, qu'auparavant parfois je rejetais au nom de ma religion, m'ont ouvert leur cœur et tendu la main, lorsque j'étais au plus bas. Qu'ils en soient tous ici remerciés. Ils m'ont appris que la générosité n'a pas de religion. Ils m'ont appris que nous sommes tous des êtres humains quelles que soient nos différences. Que nous pouvons avancer et grandir tous ensemble. Ils m'ont appris la tolérance et à m'ouvrir au monde.

Aujourd'hui j'aimerais que les très longues années que j'ai passées enfermée dans ce courant obscurantiste et misogyne n'aient pas été vaines. Je sais que mon expérience peut servir. Et à toutes celles qui survivent sous le joug d'un mari, d'un père, d'un frère (ou même d'une mère, cela arrive) pervers et dominateur, et qui aimeraient pouvoir croire en des jours meilleurs, à toutes celles-là, je dis ceci : accrochez-vous. Ne baissez pas les bras. Votre vie vous appartient. Si je suis arrivée, moi, à me libérer de mes chaînes invisibles, vous le pourrez aussi. Et je vous y aiderai.

Je m'appelle Henda, et j'ai fait un long chemin : du salafisme à l'humanisme…

Fin

Remerciements

Lorsqu'on tombe, c'est plus facile de se relever avec une main tendue…

Au cours de ma vie j'ai croisé beaucoup de gens tous différents, des hommes, des femmes, de tous les âges, de toutes origines, de toutes les religions… et parmi toutes ces rencontres il y en a certaines qui sortaient du lot et qui m'ont marquée plus que d'autres… Car ces personnes, sans le savoir, ont débarqué dans ma vie au moment où il le fallait ! Elles ont su m'apporter ce dont j'avais besoin pour me relever à chaque fois des épreuves difficiles que je traversais, que ce soit à travers des mots réconfortants, encourageants, ou simplement leur gentillesse, leur sourire, leur attention, leur compassion. Elles m'ont donné un peu de leur temps et cela est très important pour une personne qui traverse une épreuve douloureuse…

J'ai de la gratitude envers ceux et celles qui m'ont aidée du mieux qu'ils pouvaient, ils-elles m'ont énormément apporté humainement et permis de voir la vie différemment. Lorsque j'étais au plus bas et que je me croyais seule, au fond j'ai réalisé que je ne l'ai jamais été. Il y avait toujours la bonne personne qui apparaissait, elle sortait de nulle part, comme par magie juste au bon moment.

Je suis persuadée que le hasard n'existe pas… Et que ces gens qui croisent notre chemin de vie ont tous quelque chose à nous apporter, mais que nous avons aussi quelque chose à leur apporter, peut-être même sans le savoir…

Finalement, j'ai réalisé que nous avons tous besoin les uns des autres… Car nous avons tous des moments de faiblesse. Dans ces moments-là, il ne faut pas désespérer au point de se refermer sur soi, et de se couper du monde, bien au contraire, car la solution peut se trouver là où on ne l'attend pas… C'est, avec l'amitié, l'amour, la solidarité et la fraternité, la bienveillance qu'on avance, cela nous permet de trouver la force et les ressources nécessaires pour nous relever lorsqu'on traverse une période sombre… C'est plus facile avec une main tendue que seul…

Il y a tellement de personnes auxquelles je pense… J'ai le bonheur d'être restée toujours en contact avec certaines d'entre elles, ce sont des personnes exceptionnelles dont je parle ! Des hommes et des femmes tous très différents, ils sont de religions, d'âges et d'origines diverses, mais ils ont marqué ma vie les uns comme les autres… À l'époque où j'étais toujours salafiste, je voyais la vie et les gens totalement différemment d'aujourd'hui, j'étais enfermée dans ma bulle et je voyais le mal partout, je pensais que les non-musulmans nous voulaient du mal et qu'ils étaient nos ennemis car mon mari, aveuglé par sa haine, avait réussi à me persuader que tous les mécréants nous portaient avec eux vers les portes de l'enfer. Sans même m'en rendre compte, je suis devenue intolérante à l'égard des gens différents de nous, j'ai même ressenti un sentiment de supériorité, persuadée que nous faisions partie du groupe sauvé, que nous étions le peuple élu, et que les autres jaloux de nous voulaient nous attirer avec eux sur le chemin du mal. J'étais devenue quelqu'un d'autre, tout ce que je ne voulais pas être sans le savoir, raciste et renfermée sur moi-même, pensant que nous étions sur le meilleur chemin à suivre et que les autres voulaient notre perte. Voilà ce que m'a enseigné le salafisme : l'intolérance, l'arrogance, la prétention, le sentiment de supériorité, le renfermement sur soi, et le jugement sur autrui. Il ne fallait pas se mélanger avec ceux qui étaient différents de nous. Durant cette période, je peux dire que j'étais comme aveuglée, enfermée dans un autre monde différent de la réalité, une vraie secte. C'est avec les épreuves difficiles que j'ai appris à m'ouvrir aux autres car lorsque j'étais au plus bas ce sont ces gens avec des religions différentes ou des athées qui m'ont tendu la main. Ma propre communauté m'a rejetée, j'ai été très déçue, je me suis sentie telle une paria, car divorcée je représentais un danger pour les femmes qui avaient peur que je leur vole leurs maris. Beaucoup d'hommes musulmans et même salafistes me faisaient des propositions indécentes, à la limite de la prostitution en me disant : « Si tu m'épouses, je m'occupe de toi financièrement », sous couvert de halal, alors que la seule chose qui les motivait c'était d'avoir des relations sexuelles avec moi. Plus le temps passait et plus j'ouvrais les yeux. Petit à petit, je réalisais que je m'étais trompée sur beaucoup de choses, les gens qu'autrefois je jugeais et critiquais étaient là pour me tendre la main, que ce soit dans le cadre de leur travail. Je pense aux travailleurs sociaux ou dans les relations d'amitié.

Je vais faire le tour de ces personnes en souhaitant n'en avoir pas oublié, si c'est le cas, j'espère qu'ils voudront bien m'en excuser.

Malgré le temps, les années qui ont passé et la distance qui nous sépare, je ne vous ai jamais oubliés. Il m'arrive de penser à vous parfois en me demandant ce que sont devenus ces gens qui ont croisé ma route et qui m'ont tant apporté, car vous avez marqué une partie de ma vie, dans le bon sens du terme.

Ce n'était pas extraordinaire pour vous, mais votre soutien moral et tout le reste ont été essentiels, vous avez été comme des déclencheurs pour moi, vous m'avez donné le coup de fouet qu'il fallait pour me relever au bon moment ! Et, sans le savoir, la volonté et l'énergie nécessaire pour sortir du trou noir… Je pense à :

Mouss : Merci d'avoir toujours été là pour moi, mon cher ami Mouss. Tu étais toujours présent pour me soutenir durant la période où je ne voyais plus mes enfants. Ton soutien a été sans faille et je ne l'oublierai jamais. Tu es un ami précieux et je suis heureuse que nous ayons pu conserver cette belle amitié avec le temps.

Jacques : Le jour où je suis devenue amie avec mon patron, j'ai compris une chose très importante, c'est qu'on pouvait s'apprécier et se respecter au-delà de nos différences, de nos âges, de nos origines ou de nos religions.

Cet homme avait plus de 70 ans et moi la trentaine, il était juif, franco-israélien et moi musulmane franco-tunisienne, et pourtant nous nous sommes rapprochés tout naturellement en peu de temps, nous passions des heures au téléphone à discuter et à nous confier l'un à l'autre sur nos vies…

Malgré la distance qui nous sépare et le temps qui passe depuis plusieurs années, c'est toujours un grand plaisir de retrouver mon ami Jacques, et je sais que c'est réciproque. Comme quoi l'amitié sincère peut exister entre une jeune femme musulmane et un vieil homme juif, pour cela il suffit de s'ouvrir à l'autre et de ne pas se renfermer dans les préjugés et la peur, ni dans le communautarisme qui sépare les gens au lieu de les rapprocher... Nous avons tant à partager et à aimer ensemble... Merci pour cette belle histoire d'amitié, mon cher ami Jacques...

Ma première assistante sociale à Roanne, Atika Mezaber : qui a su être à l'écoute et me soutenir dans les moments difficiles durant mon mariage.

Le docteur Margot, psychologue : il m'a aidée à ouvrir les yeux et dit les mots qu'il fallait au bon moment : « Vous seule avez les clés de votre propre prison et vous seule pouvez vous en libérer. » Comment ne pas lui être reconnaissante d'avoir été la voix qui m'a réveillée de mon sommeil et poussée à fuir ma prison ?

Edia, la cousine de mon ex-mari ainsi que ses parents : pour leur soutien moral et leur aide précieuse lorsqu'ils m'ont hébergée chez eux dans les moments difficiles.

Samira, ma petite sœur chérie : paix à ton âme, mon amie précieuse, ma petite sœur de galère, je ne t'oublierai jamais, que ton âme repose en paix et qu'Allah t'accorde une belle place au paradis.

Khadija, la petite rigolote et fofolle du groupe : tu me faisais toujours des compliments et je sais qu'ils étaient sincères venant de toi. Je t'aime beaucoup, tu es une personne que je porterai dans mon cœur pour toujours.

Abdelmalik, mon frère : merci d'avoir été là pour me soutenir moralement pendant la période de tempête que j'ai traversée, tu es le seul homme salafiste que j'aie connu avec une aussi grande tolérance, un si grand cœur et tant de générosité et de sincérité.

Mohamed Metahri, le gardien de l'immeuble qui m'a aidée à avoir un appartement à distance : sans votre aide, je n'aurais sûrement jamais réussi à franchir le cap et à venir jusqu'à Rouen, merci pour tout ce que vous avez fait pour mes enfants et moi.

Karim le garde du corps : Un homme fort et courageux, merci d'avoir été un protecteur bienveillant pour moi malgré le temps qui passe, tu es toujours là.

Mme Gaëlle Tanasescu, juriste au CIDFF : merci à cette juriste très compétente et réactive, pour tout ce qu'elle m'a apporté, elle a su se rendre disponible et être à l'écoute par téléphone pour trouver des réponses à mes questions, son soutien a été très précieux à une époque.

Mon médecin, le docteur Arnaud Lefebvre : merci à mon adorable médecin qui me suit depuis presque dix ans. Je fus sa première patiente lorsqu'il arriva au cabinet situé au rez-de-chaussée de mon ancien immeuble, après la mort du docteur Magnan, qui était lui aussi un médecin formidable, paix à son âme. Je me souviendrai toujours de notre première rencontre avec le docteur Lefebvre qui est toujours mon médecin avec qui nous avons une belle entente et des discussions agréables. Merci d'avoir été là dans les moments difficiles pour moi et mes enfants, toujours gentil, doux et à l'écoute. Je n'oublierai jamais vos larmes lorsqu'à une époque je vous ai annoncé que j'allais déménager et changer de région. Vous m'avez beaucoup touchée ce jour-là et fait pleurer avec vous, car je sais qu'au-delà des relations professionnelles entre un médecin et sa patiente, il y a avant tout une relation humaine et cela prouve que vous êtes plein d'humanité et de compassion pour les autres, vous avez un grand cœur et je suis heureuse de vous avoir comme médecin encore aujourd'hui.

Madame Riat, gynécologue : je me souviens de votre visage et de vos éclats de rire chaque fois que je venais vous voir dans votre cabinet, vous aviez très vite compris que je ne serais jamais une patiente comme les autres, car j'avais toujours la hantise de passer sur la table d'auscultation. Grâce à votre douceur, votre sourire, votre tolérance, votre bienveillance, votre grande patience, j'ai pu donner la vie à trois magnifiques enfants, certes non sans difficulté puisque les trois accouchements ont été provoqués. Pour le dernier, vous avez tenu à être présente car vous saviez que ce serait très difficile pour moi d'accoucher avec quelqu'un d'autre que vous, vous êtes venue pendant vos congés pour mettre au monde mon petit Ismaïl, merci pour tout ce que vous avez fait pour moi, je ne vous oublierai jamais, chère madame Dia.

Gladys et Madeleine, les deux travailleuses sociales TISF qui intervenaient à mon domicile pour me soutenir dans les tâches du quotidien lorsque je traversais des périodes très difficiles : elles ont été des vraies mères pour moi, telles des anges tombés du ciel, elles ont débarqué chez moi et ont su m'apporter ce dont j'avais besoin pour me relever dans ces moments.

Nico le taxi : merci à Nico pour le soutien précieux, lorsque je suis venue plusieurs fois à Lyon. Nous sommes devenus amis, il avait perdu son épouse mais il a su tenir le coup et rester un merveilleux papa qui s'occupait admirablement de ses enfants. On ne se voit plus, mais je garde un très bon souvenir de toi.

Linda (ma jumelle) : que dire, à part qu'il n'y a pas qu'à moi que tu manques, tu n'es plus là mais je ne pourrai jamais oublier les moments qu'on a passés ensemble, tu resteras mon amie, ma sœur de cœur, ma jumelle pour l'éternité, tes enfants peuvent être fiers d'avoir une maman comme toi. Tu étais pleine d'amour pour tes petits anges que tu élevais toute seule. Je sais à quel point c'était dur pour toi de vivre avec un homme qui te maltraitait. Mais tu as été courageuse et tu as su te relever malgré les épreuves. On se chamaillait souvent pour des bêtises, mais heureusement pour se réconcilier après, on a des grandes bouches mais on a des cœurs blancs, on le sait, ma Linda... Notre sincérité nous a rapproché, tu étais une femme entière et honnête. Tu m'appelais ma jumelle, tu me disais qu'on se ressemblait trop et c'était vrai malgré nos différences. Tu ne m'as jamais jugée et tu m'as toujours soutenue dans mes choix... Toi, tu as choisi de garder ton voile et moi j'ai préféré le retirer, mais on se respectait malgré tout. Je me reconnaissais en toi et tu te voyais aussi en moi, on avait beaucoup de points communs et des choses importantes qui nous liaient... des principes, des convictions... nos parcours aussi se ressemblaient... Et surtout cet amour de maman pour nos enfants. Avant mon départ à Dijon, tu m'appelais tous les jours puis je suis partie et nous nous sommes éloignées, j'ai senti une déception après mon départ et tu as décidé de couper les ponts mais heureusement qu'on a pu se retrouver à mon retour à Rouen... Grâce à un ami commun à qui j'avais parlé de toi et qui t'a dit que je pensais à toi, tu m'as aussitôt recontactée pour me demander pardon de t'être éloignée de moi sans raison. C'est à ce moment-là que j'ai appris la terrible nouvelle de ta maladie, j'étais si heureuse de te retrouver, ma Linda, mais très triste d'apprendre que ta santé se dégradait gravement... On s'est pardonné mutuellement et on a pu enfin se retrouver... Après tout ce temps... Tu es venue à la maison m'apporter le soutien dont j'avais besoin au moment où je me suis retrouvée dans la difficulté, et tu m'as présenté ton adorable mari. Quelle joie ce fut pour moi de te retrouver, tu étais toujours aussi belle malgré la maladie et la fatigue... ma Linda chérie, merci pour ce que tu as fait pour moi et pour tout ce que tu m'as apporté. Pour ton amour, ta bienveillance et pour tous ces petits moments qu'on a passés ensemble, nos fous rires, nos engueulades, nos réconciliations… je ne te dis pas adieu ni au revoir mais à bientôt, Linda chérie. Je continuerai à prier pour toi de tout mon cœur… Je pense souvent à toi et aussi à tes enfants, je prie pour leur bonheur et le salut de ton âme. Je t'aime, mon ange du paradis… Repose en paix, ma petite chérie. Henda, ta sœur jumelle de cœur qui t'aime.

Les assistants-sociaux : M. Lheureux, Mme Cordevant, Mme Ben Assroum, des personnes bienveillantes, de grande compétence, qui aiment leur métier, et qui m'ont vraiment beaucoup soutenue et aidée.

Linda Yeddou (accompagnement PLIE éducation et formation) : qui m'a beaucoup soutenue dans mes recherches d'emploi.

L'éducatrice, Mme Amour (qui porte bien son nom) : merci d'avoir été là et pour votre bienveillance, je n'oublierai jamais lorsque vous m'avez serrée dans vos bras avec les larmes aux yeux le jour où je vous ai annoncé que le ministère de la Justice avait retenu ma candidature et que je devais déménager à Dijon, vous avez été là au bon moment pour moi et mes enfants.

Malika, une femme avec un grand cœur, une femme forte et libre, et féministe : qui a été là pour me dire les mots qu'il faut pour me donner la force de me relever. Tu resteras un beau souvenir, une belle rencontre à la foire-expo.

Mon dentiste, cher Dominique, mon ange gardien bienfaiteur : je te suis très reconnaissante pour tout ce que tu as fait pour moi, je sais que je n'ai pas été toujours facile avec toi mais tu as toujours su être patient et assez bienveillant et aimant avec moi. Merci d'exister, je ne t'oublierai jamais, tu auras toujours une belle place dans mon cœur.

La juge des enfants, Mme Donal à Rouen : je garde le souvenir d'une juge pour enfants très investie dans son travail, merci pour votre bienveillance à l'égard de mon fils.

Mme Coulibeuf, magistrat à Rouen : merci de m'avoir prouvé qu'on peut être juge mais aussi très humaine et pleine d'empathie, je n'oublierai pas le jour de l'audience où j'ai vu la tristesse et l'incompréhension dans votre regard lorsque vous avez appris mon licenciement. Merci pour vos mots réconfortants et pour votre bienveillance, j'ai été très émue ce jour-là et je n'oublierai pas ce moment fort.

Fadila, ma petite étoile filante : une belle rencontre avec une femme de cœur sur Facebook.

Yann, mon déménageur préféré : qui a toujours été là pour me soutenir dans mes déménagements, un homme gentil, travailleur et adorable qui mérite tout le bonheur du monde.

Houssam J. Nasrawin : un homme adorable. Merci de m'avoir donné de bons conseils pour l'association et d'avoir cru en moi.

Walid Boughanmi : merci pour ton soutien et tout ce que tu as apporté en faveur des réfugiés syriens, l'association « En vie ensemble » fut une belle aventure ravie d'avoir fait la connaissance d'un garçon qui a le cœur sur la main.

Armen, mon ami arménien : merci ainsi qu'à tes amis arméniens d'avoir été là pour me soutenir, lorsque je me suis retrouvée à plusieurs reprises en galère.

Thierry, mon coach de boxe préféré à l'humour inégalable : merci d'être là, je sais que je peux toujours compter sur toi. Tu es un homme formidable qui gagne à être connu.

Daka : tu es un homme adorable au grand cœur, tu as toujours le sourire, et je suis heureuse de t'avoir comme ami, mon cher Daka. Tu mérites tout le bonheur du monde.

Samir le boxeur : toujours là pour rendre service.

Salem Kali : mon cher et fidèle ami, mon meilleur confident depuis de nombreuses années.

Romain et sa copine : un jeune couple adorable, merci de m'avoir aidée pour mon déménagement, je vous souhaite tout le bonheur du monde avec votre petit ange.

Renaud, mon gardien d'immeuble préféré : toujours là pour rendre service, tu es un homme exceptionnel, je sais que tu as un cœur gros comme ça et que tu es un homme sensible.

Maître Paris : je tenais à vous remercier pour avoir eu la bienveillance de m'ouvrir la porte de votre bureau en 2013, et d'avoir accepté de prendre mon dossier lorsque je suis tombée très bas après mon licenciement, heureusement qu'il existe encore des gens comme vous dans le monde de la justice, assez humains et compatissants pour aider les autres. Sans vous mon dossier serait déjà tombé aux oubliettes. Vous m'avez soutenue et donné la force de demander justice contre ce licenciement que j'ai vécu comme une grande injustice, et j'espère que nous aurons gain de cause très bientôt.

Maïté, ma copine de lycée : une chouette nana ! Merci d'avoir été là pour le lancement de l'association et merci pour ton soutien sans faille.

Annie France : que j'appelais mon petit rayon de soleil, un sacré petit bout de femme.

Baitou, mon ami : j'avais plaisir à te voir lorsque je travaillais sur les marchés, tu es toujours là, et ça fait plaisir de te voir lorsque je passe sur Saint-Sever. Tu es un gars en or, Baitou, et un chouette papa, beaucoup de respect pour toi. Tu es brave et tu mérites de réussir. Nos jeunes ont besoin de toi.

Mon ancien propriétaire, en 2006, Bertrand Jeune : un homme d'une grande bonté, le premier homme non-musulman que j'ai pu côtoyer durant les derniers mois de mon mariage, il m'a appris qu'on pouvait être non-musulman et bienveillant. Je garde un très bon souvenir de M. Jeune et je suis ravie d'avoir renoué contact avec cet homme formidable.

David Morainville : mon ancien propriétaire, en 2013, qui a volé à mon secours lorsque je devais trouver un appartement en urgence. Il n'a pas hésité à me louer son joli appartement alors que nous avions eu une seule conversation téléphonique, il m'a fait confiance du début à la fin et a fait preuve d'empathie, de bonté et de générosité envers moi. Un homme très humain qui a des grandes et belles valeurs, j'ai beaucoup de respect pour ce grand monsieur.

Catherine la vendeuse d'huiles essentielles : mon ange gardien qui a accepté de me former gracieusement dans un domaine qui me passionne et qui a trouvé les mots qu'il faut pour me réconforter quand j'en avais besoin. Merci, d'être passé dans ma vie, mon ange gardien de Bordeaux.

Cédric M : très belle rencontre avec un homme de grande qualité, très positif, qui m'a appris beaucoup de choses, en particulier sur le développement personnel, pour pouvoir atteindre ses objectifs, et qu'on peut réaliser tous ses rêves si on s'en donne les moyens.

Christel B : adorable petit bout de femme qui souhaitait soutenir l'association pour aider les femmes en difficulté, une femme très touchante et courageuse, une belle rencontre que j'ai beaucoup appréciée.

Claire : nous ne sommes plus en contact mais je tenais à la remercier d'avoir participé au projet d'aide aux migrants et d'avoir accepté de loger les réfugiés syriens durant plus d'un mois, c'était un beau geste de votre part.

David Bobey : merci pour votre humanité et votre bon cœur, grâce à vous, nous avons pu éviter à des familles de réfugiés syriens de dormir à la rue, en leur trouvant des lieux d'hébergement.

Fantick ! Ma Fanfan : malgré la distance, tu resteras toujours dans mon cœur, qui aurait cru que la directrice d'école de mon fils allait devenir mon amie de cœur… je suis fière de vivre cette belle histoire d'amitié au-delà des différences et malgré la distance…

Fred Delavier : une de mes plus belles rencontres sur Facebook, un homme exceptionnel, d'une grande richesse intérieure et bourré de qualités.

Jacqueline Madeline : j'ai adoré cette rencontre avec vous, merci pour votre humanité, votre grand cœur plein de compassion et votre bienveillance. J'ai été honorée que vous pensiez à moi pour rejoindre votre belle association en faveur des migrants.

Ingrid Thomas : ma bienveillante et douce sophrologue qui m'a appris beaucoup de choses.

Nabil : mon ancien voisin de Dijon et ami, un mec en or.

Loïc, un garçon très positif, passionné de judo qui a décidé de se lancer dans le coaching pour partager ses compétences. Bravo pour ton titre de champion vétéran de judo 2016, et pour ta médaille bien méritée.

Grégoire Leclerc : une belle rencontre, grâce à l'association, avec un avocat d'une grande générosité de cœur.

Mansour : mon ami loyal et fidèle, je ne sais pas par quoi commencer, ni quoi te dire à part que tu as été un phare pour moi durant ces dernières années. J'étais dans l'obscurité et ta rencontre m'a éclairée et guidée. À travers tes précieux conseils, tu as su répondre à mes interrogations, mes doutes, apaiser mes blessures, tu as su me réconcilier avec l'islam, car tu es un bon musulman, si ce n'est le musulman le plus juste le plus sincère que j'aie jamais connu. Tu m'as réconciliée avec les hommes car tu es un homme un vrai, respectueux qui mérite le plus grand respect, le genre d'homme qui donne envie à une femme de l'aimer que ce soit d'amour ou d'amitié. Merci d'avoir été là pour moi, et merci d'être toi, surtout reste tel que tu es, ne change pas. Tu es une personne de grande valeur, avec d'énormes qualités, un exemple qu'on a envie de suivre. Je t'admire depuis longtemps, parfois il y a des choses qui ne se disent pas mais qui se ressentent seulement, car trop fortes pour être décrites avec de simples mots, tu me les inspires… Tu es et tu resteras mon meilleur ami pour toujours. Merci d'être toujours là pour moi mon cher Mansour.

Remerciements

Florence : comment te remercier d'avoir eu la bonne idée d'être l'initiatrice de toute cette aventure, écrire un livre, j'en rêvais secrètement depuis très longtemps, et grâce à toi et à Valérie ce rêve est sur le point de se concrétiser. Merci d'avoir eu la bonne idée de lancer ce projet, et d'avoir eu la patience de me supporter durant ces longs mois de boulot, de galère, de travail durant de longues heures, tard le soir, malgré la fatigue. C'était difficile mais on a tenu bon et le bébé est sur le point de naître, alors merci à « ma sage-femme » pour ta bienveillance et ta générosité de cœur. Un accouchement se fait toujours dans la douleur, mais finalement, un bébé, ce n'est que du bonheur... merci pour tous ces bons moments de rigolades, de fous rires, de colères, de doutes, mais surtout de sincérité, ces moments que je n'oublierai jamais...

Merci à Valérie pour sa volonté, son engagement, sa patience, son écoute, sa motivation, son humanité, sa générosité, son professionnalisme, son empathie, son courage, son travail. Merci de m'avoir permis de concrétiser mon rêve de faire ce livre avec l'une des plus belles et plus grandes maisons d'édition en France.

Merci à Virginie pour sa gentillesse, sa douceur et son professionnalisme.

Merci à Olivier pour sa bienveillance, sa générosité et son soutien très important.

Merci à ma belle-mère d'avoir gardé mes deux enfants durant deux ans et permis de les retrouver. Le pardon a pu prendre tous son sens grâce à elle.

Merci à mon beau-père Abdallah, de m'avoir ouvert les yeux sur le salafisme et de m'avoir conseillé de divorcer et de fuir son propre fils. Je n'oublierai jamais les larmes de tristesse qui ont coulé pour moi et mes enfants. Je te souhaite de trouver le bonheur et la paix car tu le mérites.

Merci à mon père. Je ne sais pas quoi te dire tu es l'une des personnes les plus importantes à mes yeux, avec mes enfants. Je n'ai pas eu la chance de grandir avec toi mais je sais que tu tenais beaucoup à moi, malgré les difficultés, la séparation, la souffrance, tu ne m'as jamais lâchée. Tu étais toujours là pour me tendre la main quand j'en avais besoin. Je regrette de ne pas avoir pu profiter de toi autant que j'aurai voulu mais je n'oublierai jamais ces moments passés avec toi tout au long de ma vie. Mon cher père, merci, d'avoir été là depuis ma naissance, de m'avoir aimé et prouvé que j'avais un père un vrai. Je suis fière de te ressembler, d'être la fille d'un brave homme avec un cœur aussi grand. Tu es d'une grande bonté malgré le mal et la haine des gens tu as su prouver qu'on pouvait pardonner et se reconstruire en partant de rien. Tu as réussi à bâtir une belle et grande famille, pleine d'amour, tes enfants peuvent être fiers d'avoir un père aussi admirable, et je suis fière d'avoir un homme d'honneur, de courage et de grande valeur pour père. Tu es mon exemple, je n'ai jamais osé te le dire en face par pudeur mais, aujourd'hui, je le crie : je t'aime papa, longue vie à toi que Dieu veille sur toi !

Merci surtout à mes enfants de m'avoir donné la force de me battre pour devenir celle que je suis devenue aujourd'hui.

Mon fils Adam. Je souhaite de tout mon cœur que tu puisses trouver la voie de la paix. Je me suis battue pour toi mon fils, mais un jour alors que tu avais 9 ans tu as décidé de me quitter. J'ai fait la plus grosse erreur de ma vie en acceptant de te laisser vivre chez ton père... J'aimerais revenir en arrière pour te garder près de moi mais cela est impossible. Tant bien que mal, j'ai essayé de tout rattraper et de te récupérer, mais j'ai échoué. Je sais que tu m'en veux énormément et je le comprends. J'essaye d'être toujours présente pour toi même si ce n'est pas facile.

Merci à ma petite Cheïma, princesse de mon cœur, pour cette joie, et cet amour que tu m'offres depuis ta naissance, tu es la prunelle de mes yeux, mon ange, le soleil de ma vie, l'amour de ma vie. Je t'aime de toutes mes forces, ma fille.

Merci à Ismaïl, mon petit prince, pour cet amour que tu me donnes chaque jour qui passe, grâce à Dieu, j'ai le bonheur de vous voir grandir et j'en suis comblée, chaque jour qui passe. Nous sommes unis pour la vie et même pour l'éternité.

Mes chers enfants, vous êtes mon moteur, mon souffle, mon oxygène, mon soleil, la lumière de ma vie, le plus grand amour de ma vie. Grâce à vous, j'ai appris le sens du mot Amour. Je vous aime plus que ma vie, mes enfants chéris...

Merci à mon ange gardien Latifa, ton prénom signifie « bienveillante » en arabe. Tu portes bien ton nom, de ton vivant tu as toujours été très bienveillante à mon égard et personne n'a pu remplacer cette bienveillance envers moi, pas même ma propre mère... Latifa, ma chère cousine, tu me manques tellement ! Latifa n'était pas seulement une simple cousine pour moi mais elle était beaucoup plus que ça...

Remerciements

La grande sœur que je n'ai pas eue, la mère protectrice qui ne supportait pas qu'on me fasse du mal, la femme que j'admirais, celle à qui je voulais ressembler, mon repère, celle qui m'a appris la vie, celle qui passait des heures à m'enseigner pour comprendre le monde... Celle avec qui je dormais à la belle étoile, en regardant la lune et les étoiles pendant qu'elle me racontait ses histoires, ses espoirs, ses projets, ses rêves... Latifa est mon plus beau souvenir d'enfance... Chaque été de mon enfance s'appelle Latifa. Les odeurs, les couleurs, les bruits, les images, et tout ce qui a fait les étés de la Tunisie de mon enfance s'appellent Latifa... Aujourd'hui Latifa n'est plus là, mais Latifa m'a donné les plus beaux souvenirs de ma vie... Je sais que quelque part dans l'univers, tu vis encore et tu es là pour veiller sur moi... Dieu est là et Dieu de Sa grâce divine me protège... Et toi, tu es près de Dieu et près de moi... Les gens m'ont toujours dit que j'ai eu beaucoup de chance dans ma vie, surtout après les épreuves difficiles que j'ai vécues, je m'en suis toujours sortie... Les gens me disent que j'ai sûrement une bonne étoile, comme une sorte d'ange gardien qui intervient et me protège tel un ange bienfaiteur... Moi, je sais que mon ange gardien, c'est ma bonne étoile, elle s'appelle Latifa, elle veille sur moi de là où elle est... Je t'aime du plus profond de moi, ma sainte Latifa... Ta petite Henouda.

Merci et pardon à toutes les personnes que j'ai oubliées, je ne cite pas vos noms car la liste serait trop longue mais vous resterez dans mon cœur...

Henda

TABLE

Imprimé en France par CPI
en octobre 2016

Cet ouvrage a été mis en page par IGS-CP
à L'Isle-d'Espagnac (16)

Dépôt légal : novembre 2016
N° d'édition : L.01EBNN000448.N001
N° d'impression : 137671